普通高等教育经管类系列教材

金融工程

——理论·实务·案例

第2版

周玉江　编

机械工业出版社

本书共五章。第一章对金融工程进行了系统介绍，其他四章分别对金融工程的四大核心模块——远期、期货、互换、期权进行了深入浅出、循序渐进的解析，包括交易原理、定价技术及投资方式与方法，既突出各模块的特点，又找出它们之间的联系，结构严谨、轮廓清晰，有独到的分析思路与视角。本书简化了复杂的数学推导，强调应用性，突出可操作性，对于所涉及的内容与方法均配有可用于实战参考的案例。

本书可作为普通高等院校金融学类专业本科生的教材，也可作为其他财经类专业本科生和研究生的“金融工程”课程教材，还可作为金融领域从业人员、研究人员的参考书。

图书在版编目（CIP）数据

金融工程：理论·实务·案例/周玉江编. —2版. —北京：机械工业出版社，2024.7

普通高等教育经管类系列教材

ISBN 978-7-111-75862-4

Ⅰ.①金… Ⅱ.①周… Ⅲ.①金融学—高等学校—教材 Ⅳ.①F830

中国国家版本馆CIP数据核字（2024）第100832号

机械工业出版社（北京市百万庄大街22号 邮政编码100037）

策划编辑：曹俊玲 责任编辑：曹俊玲 王华庆

责任校对：马荣华 张昕妍 封面设计：张 静

责任印制：郜 敏

三河市国英印务有限公司印刷

2024年8月第2版第1次印刷

184mm×260mm·16印张·375千字

标准书号：ISBN 978-7-111-75862-4

定价：51.80元

电话服务	网络服务
客服电话：010-88361066	机 工 官 网：www.cmpbook.com
010-88379833	机 工 官 博：weibo.com/cmp1952
010-68326294	金 书 网：www.golden-book.com
封底无防伪标均为盗版	机工教育服务网：www.cmpedu.com

前　言

20 世纪 80 年代末，西方发达国家将工程思维引入了金融领域，综合地采用数学建模、数值计算、网络技术、模拟仿真等各种工程技术的方法，设计、开发和实施各类新型金融产品，创造性地解决了各种金融问题，形成了一个崭新的学科——金融工程学。该学科大量应用了当代科技发展的最新成果，使金融业的效率大大提高，金融机构的运行机制更加完善，金融资源的配置更为合理。由于金融工程对金融领域发展的积极推动作用，因此自 20 世纪 90 年代开始传入我国后，相关人才的培养很快就在我国各大高校中展开。目前，这门课程不仅是金融学类专业本科生的必修课程，也是财经类其他相关专业选修的热门课程之一。

我国早期的金融工程教材，基本上是国外原版教材或原版翻译教材，从逻辑结构、思想体系到难易程度，真正契合我国国情的并不多，而且国外教材内容偏多，教师上课时在内容上很难驾驭取舍。在这种背景下，我国学者自行撰写的金融工程教材相继出现，有些注重数理模型的推导，有些注重金融衍生工具的介绍，这对我国金融工程学科的建设与发展起到了积极的推动作用，对人才的培养做出了很大贡献。但由于金融工程还是一门新兴学科，而且许多金融衍生工具至今在我国还没有开始应用，这就使得我国缺乏金融工程实务基础，因此，真正能和金融投资结合紧密、能用于金融投资实践的教材还不多。正因如此，本书编者从多年的教学实践出发，试图编写一本在内容安排、深浅程度、课时长短等方面均适用于金融学类专业及其他财经类专业本科生及相关专业研究生的教材，为我国金融工程教学与应用贡献微薄之力。为此，本书力求做到以下几个方面：

1. 结构严谨、轮廓清晰

全书分为五章。第一章对金融工程进行了系统介绍，并综合介绍了以后各章要用到的基本方法。其他四章分别对金融工程的四大核心模块——远期、期货、互换、期权进行了深入浅出、循序渐进的解析，包括交易原理、定价技术及投资方式与方法。

一些教材将远期与期货放在一起讨论，在初学者还没有分清这两种金融衍生工具区别与联系的情况下，分不清哪些理论与方法两种衍生工具可以共用，哪些不可以，容易造成逻辑与概念的混乱。本书分成四大模块分别介绍，既突出了各种金融衍生工具的特点，又给出了它们之间的区别与联系，思路更清晰，更适合初学者学习。

2. 确定目标、化整为零

心理学家曾做过一个实验，如果人们的行动有明确的目标并能够不断将行动与目标加以对照，那么他们就清楚地知道自己与目标之间的距离，这样人们行动的动机就会得到维持和加强，并会自觉地克服一切困难去实现目标。

相比较而言，金融工程用到的数学方法较多，逻辑性很强，给初学者增加了困难。为了提高学生的学习兴趣，降低学习难度，本书采用了分解目标、化整为零的描述方法。具体的做法是，避免大篇幅的描述，将学习内容分解成不同层次的目标；将各目标所涵盖的内容分解成知识点，将每个知识点用定义、命题的方式给出。对于每个命题的解析，同样分成多个层次。这样的表述方式突出了重点、分散了难点，使读者可以清楚地知道各个目标，知道哪些内容需要记忆，哪些内容需要理解。通过完成一个个小目标来不断激发读者的兴趣，逐一跨越，聚少成多。

3. 加强规范性、可读性

增加各个层次之间的过渡语言，读者通过简短、过渡的语言，了解层次之间的相互关系和来龙去脉，方向、目的更明确。强化金融工程的体系结构、基本概念、基本理论、应用策略，淡化烦琐的数理证明。

4. 配套案例解析

本书以衍生产品的定价理论为主线，在阐述理论的同时，对每个知识点精选了具有可操作性的配套案例。案例解析辅以数据流和收益曲线，在详细阐述操作过程的同时，给出每一步的操作理由和相应软件的计算过程与实现方法。读者通过对案例的剖析，可以理解实务操作的要领、精髓、手段与方法，从多个维度、多个层次加深对于知识的理解。

5. 强化投资实践训练

增加了期权价格的敏感性分析及风险分析的内容，给出了期货期权模拟交易的途径与方法。通过投资交易的实践训练，深化了知识的理解，学生在走入社会之前就有了丰富的投资经历。

本书内容按64学时设计，48学时用于理论教学，16学时用于模拟练习，教师可以根据教学计划视课时情况和课程体系不同进行选择性讲解。

本书配有课件和习题参考答案，选用本书作为教材的教师可登录www.cmpedu.com注册后免费下载。

本书是在编者多年金融工程讲义的基础上整理完成的，虽然倾注了全部的热情与精力，但由于学识和能力有限，不足之处在所难免，真诚希望广大读者不吝指正。

编　者

目　录

第一章

金融工程导论

本章要点

本章主要介绍以下内容：金融工程的基本概念、发展过程、基本框架、应用领域及投资方式，单利、复利及连续复利的计算，无套利均衡分析原理等金融工程经常使用的基础分析方法。

第一节　金融工程概述

一、金融工程的概念

金融（Finance）是指资金的融通，主要包括货币、金融机构、金融市场、保险、租赁和信托、汇率和国际收支等的运作流程与方法，多属于事务性处理业务。

随着世界金融市场的发展和信息技术的进步，事务性的业务处理已经无法满足金融管理的需要，迫切需要找到更先进的解决办法来适应瞬息万变的金融市场的决策需求。

完成这项工作，单靠金融自身的理论与方法，已力不从心。而工程（Engineering）技术的众多方法，如统计分析、信息与计算机技术、系统工程等，迅速在金融领域得到了广泛应用，于是一门崭新的交叉学科——金融工程逐渐发展起来了。

金融工程一词是从 Financial Engineering 翻译过来的，是金融与工程的融合。

（一）学科的产生

金融工程这一词汇，早在 20 世纪 50 年代开始就频繁地出现在有关文献中。

1952 年，哈里·马柯维茨（Harry Markowitz）发表了著名的论文《证券组合选择》，为衡量证券的收益和风险提供了思路。

20 世纪 60 年代，资本资产定价模型（CAPM）与罗斯（Ross，1976）的套利定价模型（APT）的建立标志着现代金融理论走向成熟。

（二）金融工程的定义

1. 金融工程广义定义

金融工程作为一门独立学科，出现在20世纪90年代初。最早提出金融工程学科概念的是美国金融学教授约翰·芬勒迪（John Finnerty），他在1988年给出了金融工程的初始定义。

1991年，国际金融工程师协会（IAFE）在约翰·芬勒迪对金融工程下的定义的基础上，给出了金融工程广义定义：

金融工程是借助庞大而先进的金融信息系统，用系统工程的方法，将金融理论与计算机信息技术综合在一起，通过建立数学模型、网络图解、仿真技术等各种现代方法，设计开发新型金融产品，创造性地解决各种金融问题的学科。

通过广义定义可以看出，金融工程是融合了金融理论、数学方法、工程技术等诸多学科和领域的交叉科学，见图1-1。

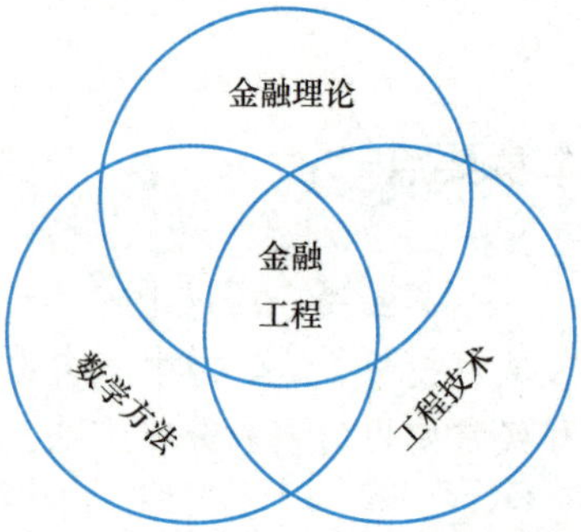

图1-1 金融工程交叉学科示意图

2. 金融工程被广为接受的定义

金融工程的广义定义，从宏观上对金融工程进行了概括，但过于泛泛，不具体。目前，被广为接受的金融工程定义如下：

定义1-1： 金融工程是根据金融理论，运用数学、信息及工程技术的方法，设计、开发和实施创新型金融产品，创造性地解决具体金融问题的学科。

这里的金融产品既包括金融商品，如股票、债券、期货、期权、互换、远期等，也包括金融服务，如结算、清算、发行、承销等。

而设计、开发和实施新型金融产品的目的，也是为了创造性地解决金融问题。因此，金融问题的解决，也可被看作为客户量身定做的一个新的金融产品（创新型金融产品）。例如吉利公司收购国际知名的汽车品牌沃尔沃汽车，就是运用金融工程的典型案例。

二、金融工具

金融工具是指用于投资、融资、结算等金融交易过程中的各种金融方面的工具，包括基础金融工具和衍生金融工具。

1. 基础金融工具

基础金融工具是指能够产生衍生金融产品的传统金融产品，主要有股票、债券、现金、商业票据等。

2. 衍生金融工具

衍生金融工具是指以某种基础金融工具的存在为前提，其价格也由基础金融工具决定的金融工具，主要包括远期、期货、互换、期权四种基本衍生金融工具，以及由它们通过组合的方式再衍生出来的一些变种。

这些不同的金融工具，适用于不同的具体金融问题和场合，是解决现实金融问题时经常使用的。

三、金融工程的应用

从实践的角度看，金融工程被广泛应用于公司理财、投资与现金管理、金融交易、风险管理等领域，其中风险管理被认为是金融工程最重要的应用领域。

用金融工程解决实际问题，主要表现在如下三个方面：

1. 资产定价

资产定价是指运用各种金融模型、经济模型为金融工具及其组合产品定价的行为，比如收购一家公司对该公司进行评估时，对该公司的股票、债券进行定价。

2. 风险管理

风险管理是指通过投资组合给出规避投资风险的解决方案，以降低投资风险的行为，如进出口贸易中的外汇保值，资产负债时的利率保值等。

3. 金融工具创新

金融工具创新是指为了解决投资、融资过程中的实际金融问题，进行新的金融工具创造的行为。

第二节　基础知识

一、单利与复利

衍生金融工具的定价及投资的盈亏分析经常要用到单利、复利、连续复利等利息的计算，以及初值、终值等资金时间价值的常用概念。

1. 单利

定义 1-2: 单利是指在规定的期限内，只就本金计算利息，每期的利息收入，在下一期不作为本金计算利息。若初值（本金）为 A，年利率为 r，每年付息一次，终值（本利和）为 S，则由初值确定终值：

$$S=A(1+nr) \tag{1-1}$$

由终值确定初值（折现）：

$$A=\frac{S}{1+nr} \tag{1-2}$$

若期限用天数 m 给出，这时 $n=m/365$。

2. 复利

定义 1-3: 复利又称利滚利，它是指每期的利息收入在下一期都转化为本金，产生新的利息收入，下一期的利息收入由前一期的本利和生成。假设每年付息 m 次，r_m 为 1 年计 m 次的复利，由初值确定终值：

$$S_m = A\left(1+\frac{r_m}{m}\right)^{nm} \tag{1-3}$$

3. 连续复利

定义 1-4： 一年中的计息次数 m 趋于无穷时称为连续复利。若期限为 n 年，对式（1-3）关于 m 取极限，有

$$终值为：S=Ae^{rn} \tag{1-4}$$

$$初值为：A=Se^{-rn} \tag{1-5}$$

式中　e=2.718 281 828 459…，为无限不循环小数。

事实上，如果每天计算复利，则将与连续复利等价。例如：$A=100$，$n=1$，$r=10\%$，$m=365$，复利和连续复利二者终值将同为110.52，见表1-1。

表1-1　计息次数与终值的关系

年计息次数 m	1	2	4	12	52	365	连续复利
1年末终值	110.00	110.25	110.38	110.47	110.51	110.52	110.52

4. 复利与连续复利的关系

命题 1-1： 若 r_c 为连续复利率，令式（1-3）、式（1-4）相等，则复利 r_m 与连续复利 r_c 存在如下关系：

$$r_m = m\ (e^{\frac{r_c}{m}}-1) \tag{1-6}$$

在实际的经营、评估、投资等实际工作中，经常要涉及给金融资产定价这个问题。给金融资产定价通常使用什么方法呢？

二、买空与卖空

1. 买空

投资者借入资金买入标的资产，称为买空。

适用场合：当预测标的资产的价格会上涨时，执行买空操作，即用借来的钱以低价买入标的资产，当其价格上涨到了一定的程度时，用卖出标的资产的资金平仓，可以达到盈利的目的。

但如果与预测的相反，标的资产的价格始终低于买入价，买空者将出现亏损。

2. 卖空

投资者向他人借入标的资产卖出，称为卖空。

适用场合：当预测标的资产会下跌时，执行卖空操作，即将借入的标的资产以现价卖出，当标的资产下跌到了一定的程度时，以低价买入标的资产平仓，可以实现盈利。

如果与预测相反，标的资产的价格没有下跌，而是始终上涨，卖空者将出现亏损。

利用买空、卖空操作，在不需要资金或需要很少的资金情况下，就可实现盈利的目的。

三、交易策略

金融工程的应用，是指运用金融工程的方法解决实际问题的过程，主要有套期保值、

投机、套利三个方面。

1. 套期保值

定义 1-5：套期保值是指当现货市场存在风险时，在金融衍生品市场同类商品中执行相反的操作，对冲现货市场交易风险的交易行为。

套期保值是用远期、期货、期权中的一种或组合的非现货市场，为现货市场商品保值，故涉及两个市场。套期保值的目的不是盈利，而是避险。

套期保值分为多头套期保值和空头套期保值两种方式。如果交易者在现货市场持有多头头寸，那么他在风险市场需要采取空头套期保值的交易策略；反之，如果在现货市场持有空头头寸，则他需要在风险市场采取多头套期保值的交易策略。

案例 1-1

保值可解后顾之忧

5 月份某粮食生产企业（以下简称粮企）预计半年后将有 1000t 大豆收获，每年 11 月份的大豆平均价格是 4500 元/t，企业担心届时大豆价格下跌，故在期货市场买入 12 月份到期的大豆期货合约 100 手（每手 10t），交割价格为 4450 元/t 保值。

11 月份，如果现货市场、期货市场分别下跌到了 4200 元/t、4150 元/t，粮企在现货市场上卖出，每吨与往年相比损失 300 元；在期货市场上买入，每吨将盈利 300 元。

如果现货市场、期货市场分别上涨到了 4600 元/t、4550 元/t，粮企在现货市场卖出每吨多收入 100 元；在期货市场买入每吨多支出 100 元。

可以看出，通过套期保值操作，无论价格上涨下跌，都实现了规避风险的目标。

2. 投机

“投机”在中文中一直具有浓厚的贬义含意，被认为是通过不正当手段获取非法收益的行为；而“投机”的英文是 Speculation，其含义为“预测”，是一个中性词。在金融市场中，投机与投资并无严格的界限，都被认为是活跃市场的正常交易行为。

定义 1-6：投机交易是指交易者基于自己对价格走势的判断所进行的以获取价差为目的的先买后卖或先卖后买的交易。

当预测商品的市场价格将上涨时，投机者执行买空操作，借入资金买入商品，待价格真的上涨了，再卖出商品归还资金；当预测商品的市场价格下跌时，投机者执行卖空操作，借入商品卖出，待价格真的下跌了，再买入商品归还。

投机是主动持有风险。当预测与实际情况相符时，投机者将盈利，否则将亏损。

投机可在现货市场进行，如股票市场，也可以在远期、期货、期权等非现货市场进行。投机是在一个市场内完成的交易活动。

案例 1-2

投机操作，风险与机遇并存

海信科技的股票现价是10元，某投机者根据宏观分析、市场分析及财务分析，预计该股票价格将上涨，故买入股票1000股共计1万元。

10天以后该股票涨到了13.5元，卖出后不计税费获利3500元。若预测失误，该股票总低于10元，则该投机者将亏损。

显然，投机的关键在于对市场价格变动趋势的分析、预测是否准确。由于影响股票市场价格变动的因素有很多，做出正确判断的难度比较大，投机的风险也比较大。

3. 套利

定义1-7： 套利是指利用市场上暂时不合理的价格关系，买进一种资产的同时卖出相同或相关资产，待价格变化符合自己的预期时执行相反的操作，从中赚取价差的交易行为。

套利和套期保值交易类似，二者的区别是：套期保值的目的是为现货市场的交易保值，一种交易位于现货市场，另一种交易位于衍生品市场；套利是为了赚取价差，两种交易既可以在同一市场，也可以在两种不同的市场。

套期保值、投机及套利的操作，都需要运用金融工程的方法给出相应金融资产的定价，以便对价格的未来走势做出科学的预测，为制定投资策略提供科学的依据。

四、无套利均衡分析

20世纪50年代后期，莫迪利亚尼（F. Modigliani）和米勒（M. Miller）在研究企业资本结构和企业价值的关系时，首先提出了无套利均衡分析。

这一理论的提出，导致了现代金融学方法论的革命，使其成为金融资产定价的核心技术，其应用贯穿了金融工程的始终。

1. 市场均衡与均衡价格

当某一商品的市场供给与市场需求相等，市场供求处于平衡状态时，即为市场均衡。

定义1-8： 为了测算金融资产A的现价，将该金融资产与未来价格与之相等且已知现价的金融资产B关联起来，在市场均衡状态下，用金融资产B的现价作为金融资产A的现价，将不能产生无风险套利机会，这样确定的金融资产A的现价被称为均衡价格。

案例 1-3

均衡价格并不神秘

根据绿豆的价格测算红豆当前价格。根据以往的经验，盛夏时绿豆及红豆的价格均为每斤[1] 8元，已知现在绿豆的价格是每斤6元，则红豆现在的均衡价格

[1] 1斤=500g。

应为每斤 6 元。

两种商品如果未来价格相等，则现在价格也应相等。

如果二者现在的价格不等，假如绿豆现在的价格为每斤 6 元，红豆价格为每斤 5 元。人们可以借来绿豆卖出，买进红豆，每斤节省 1 元。到了盛夏，红豆和绿豆的价格均为每斤 8 元，投资人将红豆卖出，买进绿豆归还，得到无风险套利 1 元/斤。

这表明每斤 5 元不是红豆的均衡价格。人们会纷纷买入绿豆套利导致价格上升，最终达到每斤 6 元的均衡价格。

将一种商品的头寸与另一种商品的头寸关联起来，由已知商品的价格确定的未知商品价格，即为均衡价格。

如果有时无法找到一种恰好合适的商品建立关联，该如何确定均衡价格呢？

2. 金融商品的复制

定义 1-9：金融市场中的一项金融商品 A，若能够找到与之未来现金流相同的金融组合 B，那么就称金融组合 B 为金融商品 A 的复制品，金融商品 A 是金融组合 B 的被复制品。

复制品与被复制品将来的价格若相等，则现在的价格也应相等，否则将出现无风险套利机会。用复制品的价格确定的被复制品的价格被称为均衡价格。

3. 无套利均衡分析原理

命题 1-2：金融市场上的套利机会总是暂时的，出现以后会迅速消失。因为一旦市场上出现套利机会，众多的投资者就会蜂拥而至进行套利，从而使价格迅速地朝着均衡价格的方向运动，市场很快又回到无套利机会的均衡状态。

金融产品的合理价格，是指使得金融市场不存在无风险套利机会的价格，这种定价原理就是无风险套利定价原理（或者简称为无套利定价原理），这样的分析方法被称为无套利均衡分析。

案例 1-4

无风险套利，只赚不赔的投资

假设 3 种不同期限的零息票债券面值均为 100 元，其中 1 年期当前价为 96 元，2 年期当前价为 93 元，3 年期当前价为 90 元。

现有面值 100 元，息票率为 10%，1 年支付 1 次利息，期限为 3 年的付息债券 A。

（1）试问债券 A 的当前价格应该是多少？

（2）如果债券 A 的当前价格为 116 元，是否存在套利机会？

(3) 如果存在套利的机会，如何套利？

解题思路：构造与债券 A 具有相同数据流的债券组合，用债券组合的价格，确定出债券 A 的价格。

解析：(1) 确定债券 A 的市场价格

1) 债券 A 的现金流。付息债券 A，利率为 10%，前两年每年支付一次利息（10 元），第 3 年还本付息为 110 元，数据流见图 1-2。

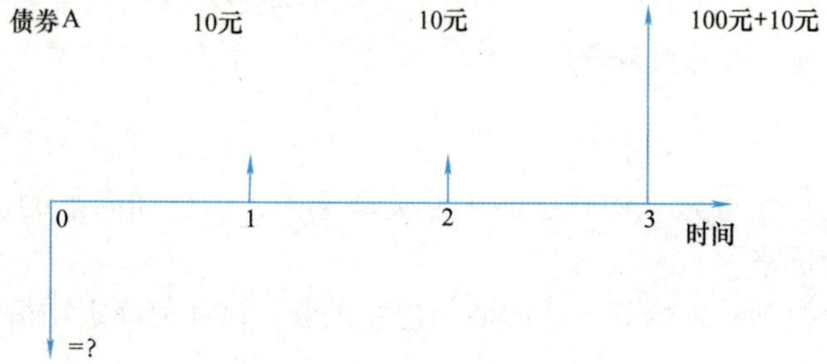

图 1-2 债券 A 的数据流

2) 构造与债券 A 具有相同现金流的复制组合。用已知的 3 个零息票债券，构造出与债券 A 未来现金流完全相同的复制组合。

① 购买 0.1 张 1 年后到期的零息票债券，1 年后的数据流：

$$100 \text{ 元} \times 0.1 = 10 \text{ 元}$$

② 购买 0.1 张 2 年后到期的零息票债券，2 年后的数据流：

$$100 \text{ 元} \times 0.1 = 10 \text{ 元}$$

③ 购买 1.1 张 3 年后到期的零息票债券，3 年后的数据流：

$$100 \text{ 元} \times 1.1 = 110 \text{ 元}$$

构造的债券组合的数据流见图 1-3。

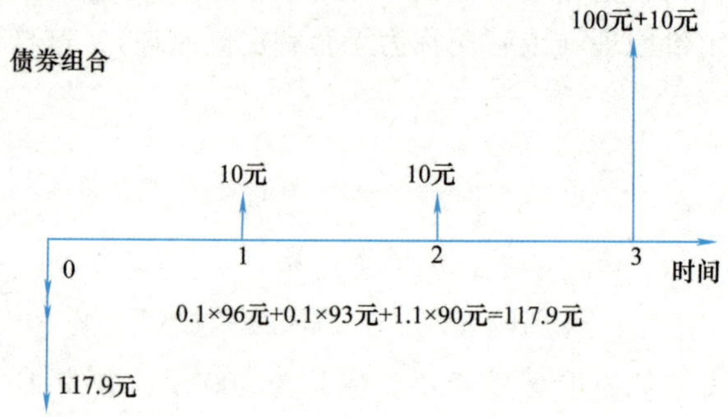

图 1-3 债券组合的数据流

未来 3 年的现金流与债券 A 完全相同，因此，该组合是债券 A 的复制，而组合的现值为

$$0.1 \times 96 \text{ 元} + 0.1 \times 93 \text{ 元} + 1.1 \times 90 \text{ 元} = 117.9 \text{ 元}$$

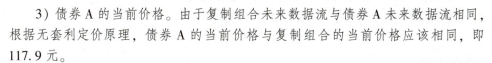

3）债券A的当前价格。由于复制组合未来数据流与债券A未来数据流相同，根据无套利定价原理，债券A的当前价格与复制组合的当前价格应该相同，即117.9元。

（2）套利分析

1）套利机会的判别。由于债券A的当前的出售价格为116元，小于其自身具有的价值117.9元，市场低估了债券A的价值，根据无套利均衡分析，存在套利的机会。

2）套利策略。套利的原则：买进被低估的，卖出被高估的，套利数据流见图1-4。

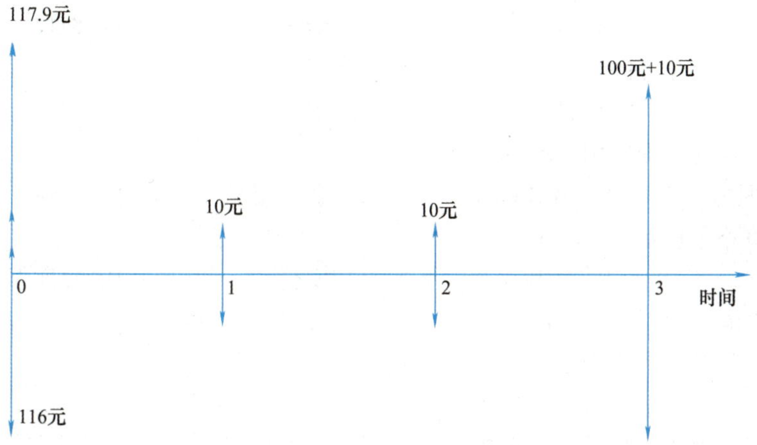

图1-4 套利数据流

因此，采用卖空复制组合，买进被低估的债券A，具体套利策略为：

① 卖空0.1张1年后到期的零息票债券。

② 卖空0.1张2年后到期的零息票债券。

③ 卖空1.1张3年后到期的零息票债券，总共收入117.9元。

④ 用卖空零息票的费用116元，买进1张息票率为10%，1年支付1次利息，3年后到期付息债券A。这样可以获得无风险利润为117.9元－116元＝1.9元。

本章小结

1. 金融工程是根据金融理论，运用数学、信息及工程技术的方法，设计、开发和实施创新型金融产品，创造性地解决具体金融问题的学科。

2. 金融工程主要用于资产定价、风险管理及金融工具创新。

3. 基本的衍生金融工具包括远期、期货、期权、互换四种。

4. 金融衍生工具的定价采用无套利均衡分析的方法。
5. 金融用于投资的方式为套期保值、投机及套利。

综合练习

一、名称解释

1. 套期保值　　2. 投机　　3. 套利　　4. 买空
5. 卖空

二、单选题

1. 不属于金融产品的是（　　）。
A. 发票　　B. 互换　　C. 债券　　D. 期权
2. 不属于金融服务的是（　　）。
A. 结算　　B. 清算　　C. 审计　　D. 承销
3. 不属于金融工程应用领域的是（　　）。
A. 公司理财　　B. 财务核算　　C. 金融交易　　D. 风险管理
4. 交易策略不包括（　　）。
A. 投机　　B. 套利　　C. 发行　　D. 套期保值

三、填空题

1. 金融工程被广泛应用于（　　　　）、（　　　　）、（　　　　）及（　　　　）等领域。

2. 金融工程解决实际问题，主要包括（　　　　）、（　　　　）及（　　　　）三个方面的综合运用。

3. 基础金融工具是指能够产生衍生金融产品的传统金融产品，主要包括（　　　　）、（　　　　）、（　　　　）、（　　　　）等。

4. 衍生金融工具是指以某种基础金融工具的存在为前提，其价格也由基础金融工具决定的金融工具，主要包括（　　　　）、（　　　　）、（　　　　）、（　　　　）。

5. 投资者向他人借入资金买入标的资产，称为（　　　　）。

6. 投资者向他人借入标的资产卖出，称为（　　　　）。

四、简答题

1. 金融工程定义是什么？
2. 无套利均衡分析原理是什么？
3. 基础金融工具有哪些？
4. 衍生金融工具有哪些？

第二章

远　期

本章要点

本章主要介绍以下内容：远期利率、远期汇率的确定及远期价格和远期价值的关系；远期合约的定价，包括无收益资产远期合约的定价、已知收益资产远期合约的定价及已知收益率资产远期合约的定价；远期利率协议结算金、远期汇率结算金的计算等。其中，远期利率、远期汇率的确定，远期价格和远期价值的关系是本章的重点。

第一节　远期合约概述

一、远期合约的概念

众所周知，农作物从播种到收获需要很长时间，生产者和收购者的收益完全取决于农作物收获时的现货价格。由于未来的价格存在不确定性，生产者和收购者难免为此惴惴不安。

如果在播种前生产者与收购者就签订合约，确定农作物收获时的价格、质量及数量，也就是通常意义的以销定产，那将为生产者和收购者屏蔽掉收获时因不确定性造成的风险。

以销定产是商品市场发展到一定阶段的产物，是生产者和收购者规避风险、稳定预期收益的工具，这一方法已经在农产品的生产与销售环节广泛应用。

农作物以销定产思想在金融领域的成功实践，就是金融市场上广为应用的远期合约。

定义 2-1：交易双方约定在未来特定的时间以特定的价格买卖特定数量和质量资产的协议，被称为远期合约。

案例 2-1

谁能破解房地产商贷款的烦恼?

某房地产开发商按原计划，6个月以后需要金额为5000万元的项目资金，使用期限为期3个月。由于国家实施抑制房地产价格过快上涨的宏观调控政策，该公司预测6个月以后的利率肯定会上涨。

若到时再办理贷款，公司将要多支付比现在高得多的利息，进而增加借款成本。如果现在就将资金借入存入银行，会使公司多支付6个月5000万元资金贷款与存款的利息差。

若将这5000万元资金进行其他的短期投资，那将是勉为其难，因为其他行业并不是该公司所擅长的业务，盲目投资将面临更多不可预估的风险。

公司该如何应对这两难的窘境呢？远期利率协议可以轻松化解这一难题。

案例 2-2

谁能避免外贸公司的外汇损失?

根据贸易合同，我国某服装企业将在3个月后收到1000万美元货款，当前美元兑人民币的汇率为1美元=6.15元人民币。由于人民币在不断升值，预计3个月后人民币汇率会变为1美元=6.10元人民币左右，这样，该公司将损失50万元人民币。

应如何避免汇率下跌造成的损失呢？直接远期外汇合约可以轻松地解决这样的难题。

二、远期合约的要素

远期合约由交易双方直接签订，不涉及第三方，其内容根据双方的具体情况经协商确定，但其中至少要包括如下四个基本要素：

（一）标的资产

远期合约中，用于交易的资产称为标的资产或标的物，是合约的客体，它可以是普通商品，如农产品、金属、石油等；也可以是金融产品，如货币、股票、债券、股票价格指数等。

案例2-1中的5000万元人民币和案例2-2中的1000万美元都是远期合约的标的资产。

（二）买方与卖方

远期合约中规定在将来买入标的物的一方称为买方或多方，在将来卖出标的物的一方称为卖方或空方。

案例2-1中的房地产开发商是远期利率合约中的借款一方，即远期利率的多方；这里与之对应的空方是银行或非银行的金融机构。

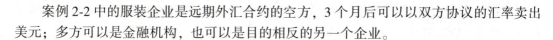

案例 2-2 中的服装企业是远期外汇合约的空方，3 个月后可以以双方协议的汇率卖出美元；多方可以是金融机构，也可以是目的相反的另一个企业。

（三）价格

1. 交割价格

交割价格是指远期合约中规定的、未来买卖标的资产的价格，也称为执行价格、协议价格。

2. 远期价值

远期价值是指远期合约的价值，和标的物的交割价格与市场价格有关。

为了避免套利，对于均衡市场，标的资产的交割价格应使得远期合约的价值在签署合约时为零。随着时间推移，标的资产的市场价格将发生改变，但交割价格不可能改变，远期价值有可能不再为零。

3. 远期价格

标的资产到期时刻的理论价格被称为标的资产的远期价格，其大小等于远期合约价值为零时的交割价格。

（四）合约期限

远期合约的期限是指合约从结算日至到期日的时间间隔。远期合约的期限可就签约双方根据各自的具体需要协商确定，没有统一的期限标准。

一般情况下，远期合约的期限为 1 个月、2 个月、3 个月、半年、1 年，甚至更长。

三、远期合约的盈亏分析

远期合约到期时，无论标的资产当时的市场价格是多少，双方都必须按照合约中约定的交割价格买卖标的资产。

若到期时市场价格 S_T 高于执行价格 K，远期合约多方将盈利，空方亏损，其数值为（S_T-K）；反之，若到期时市场价格 S_T 低于执行价格 K，远期合约多方亏损，空方盈利，其数值为（$K-S_T$）。损益见图 2-1。

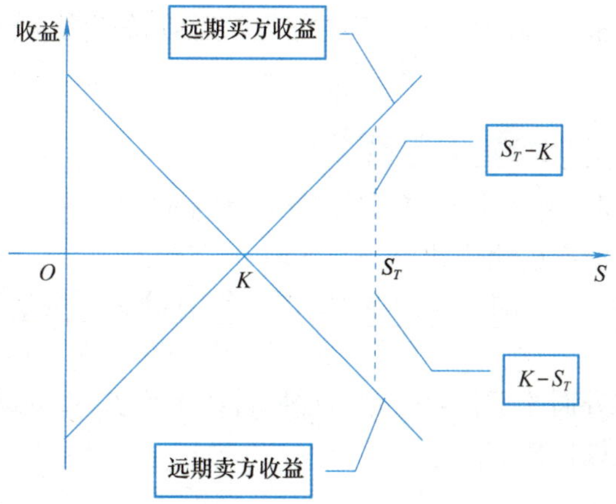

图 2-1　远期合约的损益图

只有知道商品的价值才能确定商品的合理价格，从而获得符合预期的利润。利用远期进行投资，应如何给标的资产定价呢？

第二节　远期合约的定价

一、定价的准备工作

（一）定价的思路

远期定价，包括确定远期价值及远期价格两部分，即确定远期合约的价格（远期价值）和标的资产的理论价格。

标的资产的理论价格，是市场参与者进行套期保值、套利和投机的依据，也是场外交易金融机构报价的基础。

远期合约定价的思路：构建与要定价标的资产终值相等且已知现值的投资组合，根据无套利定价原理，终值相等则初值也应相等，根据投资组合的现值确定出金融资产的现价。

（二）定价的符号体系

对本节及以后章节中经常使用的符号做如下统一规定：

T：远期合约到期时刻，即交割时刻，以年表示。

t：签订协议的时间，以年表示。

S：远期合约标的资产在 t（签订合约）时的市场价格。

S_T：远期合约标的资产在 T（到期）时的市场价格。

K：标的资产的交割价格。

f：远期合约多头的价值。

F：远期价格，即交割的 T 时刻标的资产的理论价格，当 $f=0$ 时其大小等于标的资产交割价格 K。

r：以连续复利计算的无风险利率。

远期合约的定价，根据标的资产的不同分为：无收益资产、已知收益资产及已知收益率资产三种情况。

二、无收益资产远期合约的定价

定义 2-2：持有期间没有现金流入的资产被称为无收益资产；以无收益资产为标的的远期合约被称为无收益资产远期合约。

无收益金融产品很多，如不分红利的股票、零息票债券等，在持有期都没有任何收益。

这里的定价包含两方面的工作：一是为远期合约定价 f；二是为标的资产定价，即标的资产在到期时刻的理论价格 F。

（一）远期价值

命题 2-1：无收益资产远期合约多头的价值，等于标的资产市场价格与交割价格折现

的差额，即

$$f=S-Ke^{-r(T-t)} \tag{2-1}$$

证明：为了确定远期合约价值f，根据无套利均衡分析的定价方法，建立如下两个资产组合。

组合 A：一份远期合约多头f加上一笔数额为$Ke^{-r(T-t)}$的现金，即为$f+Ke^{-r(T-t)}$。

组合 B：1 单位的标的资产S，在T时刻为S_T，见图 2-2。

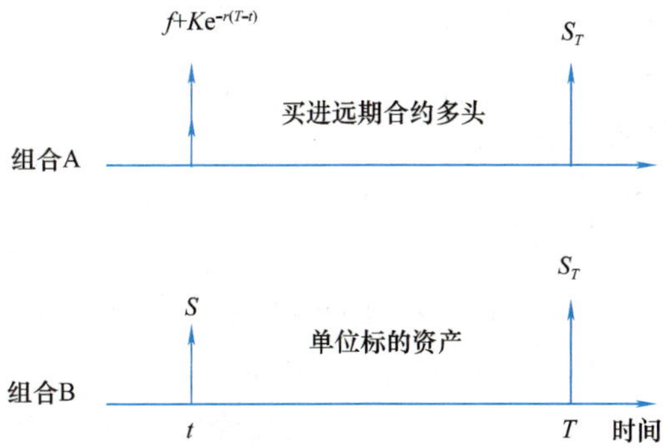

图 2-2　无收益资产远期合约定价图示

分析：对于组合 A，将现金$Ke^{-r(T-t)}$用于利率为r、期限为（$T-t$）的无风险投资，T时刻得到现金K，恰好用于到期的远期合约交割，换来一个价值为S_T的标的资产。

对于组合 B，1 单位的标的资产，现在的市场价格为S，到期时的市场价格是S_T。

组合 A 与组合 B 在T时刻的终值相等，根据无套利定价原理，二者在初始的t时刻价值也应该相等，否则将出现套利的机会。因此有

$$f+Ke^{-r(T-t)}=S$$

整理后有

$$f=S-Ke^{-r(T-t)}$$

从而确定了远期合约多头f在t时的价值。

（二）远期价格

命题 2-2（无收益资产的现货-远期平价公式）：无收益资产远期价格F（到期时刻的理论价格），等于其标的资产现货价格以无风险利率计算的终值，即

$$F=Se^{r(T-t)} \tag{2-2}$$

证明：远期合约标的资产的理论价格F在合约价值f为零时等于交割价格K，即当$f=0$时，$F=K$。据此，令式（2-1）中的$f=0$，式（2-1）变成：

$$0=S-Fe^{-r(T-t)}$$

整理后有

$$F=Se^{r(T-t)}$$

无收益资产远期合约的理论定价公式，又被称为无收益资产现货-远期平价公式。该式表明：对于无收益资产而言，远期价格等于其标的资产现货价格的终值。

这一公式给出了现货价格与远期价格二者之间的关系。

案例 2-3

无收益资产远期合约的套利

某只不支付红利的股票现价为 30 美元，无风险年利率为 5%，远期期限为 2 年，试问：

（1）当交割价格为 32 美元时，一份股票远期合约多头、空头价值各是多少？

（2）股票的远期价格是多少？

（3）当交割价格分别为 32 美元、34.5 美元时，是否存在套利的机会？如果存在，试给出套利策略并进行分析。

解析：已知 $S=30$ 美元，$K_1=34.5$ 美元，$K_2=32$ 美元，$r=5\%$，$T-t=2$。

（1）计算远期价值

当 $K_2=32$ 美元时，由式（2-1）可知远期合约多头价值：

$$f=S-Ke^{-r(T-t)}=30\text{ 美元}-32\times e^{-0.05\times 2}=1.05\text{ 美元}$$

与远期合约多头相对应，远期合约空头的价值是-1.05 美元。

（2）计算远期价格

根据式（2-2），该股票远期价格为：

$$F=Se^{r(T-t)}=30\text{ 美元}\times e^{0.05\times 2}=33.16\text{ 美元}$$

也就是说，该股票 2 年后到期时的理论价格为 33.16 美元，交割价格大于或小于该值，均存在套利机会。

（3）远期套利

套利是交易者利用市场上暂时存在的不合理的价格关系，通过同时买进卖出（两种操作）相同或相关资产，从中赚取价差的交易行为。

操作策略：用到期时刻的交割价格 K 与理论价格 F 进行比较，遵循在到期时刻低买高卖的原则，因而在初始时刻执行的操作，与到期时刻的操作应恰好相反。

1）交割价格大于远期价格的套利策略。如果交割价格 $K_1=34.5$ 美元>33.16 美元=F 远期价格，表明该股票的价值被高估，根据买低卖高原则，即到期时刻应卖出被高估的标的资产，故初始时刻应采用买空套利策略，见图 2-3。

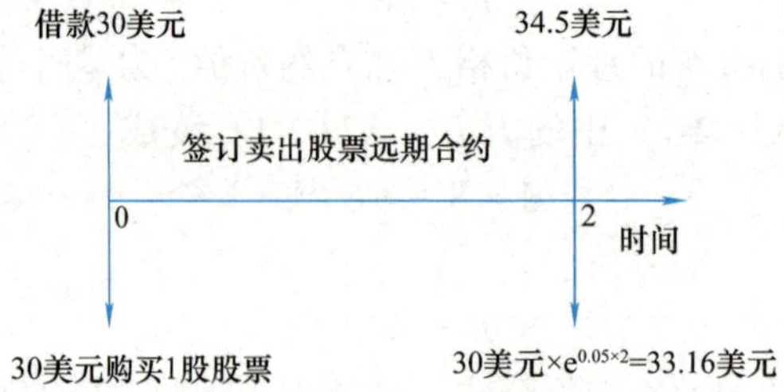

图 2-3　买入 1 股远期合约套利的现金流量

① 以 5% 的无风险年利率借入 30 万美元，期限为 2 年。这样，到期偿还银行

本息为

$$30\text{万美元}\times e^{0.05\times2}=33.16\text{万美元}$$

② 买入股票 10 000 股，每只 30 元，到时每只偿还银行 33.16 美元。

③ 签订远期合约，约定 2 年后以每股 34.5 美元的交割价格卖出 10 000 股。

盈亏分析：交割价格与借贷本息之差为每股盈利：

$$K-Se^{r(T-t)}=34.5\text{美元}-33.16\text{美元}=1.34\text{美元}$$

总收益为：1.34 美元×10 000＝13 400 美元。

2）交割价格小于远期价格的套利策略。如果交割价格为 $K_2=32$ 美元<33.16 美元＝F 的远期价格，表明该股票的价格被低估，根据买低卖高原则，即到期时刻应买入被低估的标的资产，故初始时刻应采用卖空的套利策略。

即现在借得标的物卖出，将所得资金进行无风险投资，到期时以低价买入标的物偿还，现金流量见图 2-4。

① 卖空该股票 10 000 股。

② 将得到的 30 万美元以无风险利率（5%）进行投资，期限 2 年，卖空一只股票进行无风险投资到期本利和为

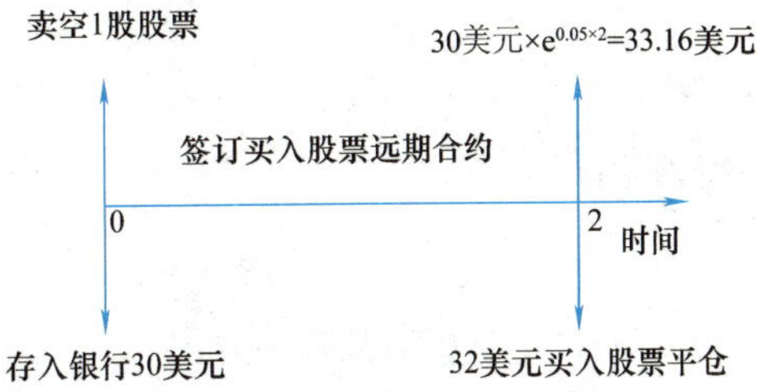

图 2-4 卖出 1 股远期合约套利的现金流量

$$30\text{美元}\times e^{0.05\times2}=33.16\text{美元}$$

③ 签订远期合约，约定 2 年后以每股 32 美元的交割价格买入 10 000 股平仓。

盈亏分析：投资所得本息与交割价格之差为每股盈利：

$$Se^{r(T-t)}-K=33.16\text{美元}-32\text{美元}-1.16\text{美元}$$

总收益为：1.16 美元×10 000＝11 600 美元。

结论：通过本例可以看出，远期协议价格无论高于远期价格还是低于远期价格，都存在套利的机会，除非二者相等。

（三）不同期限远期价格的关系

同一标的资产的两个远期合约，期限不同、利率不同，两个远期价格自然不同，见图 2-5。两个远期价格之间存在对应关系吗？

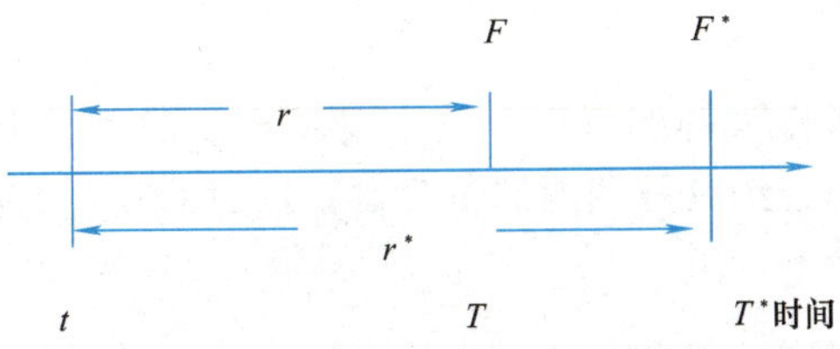

图 2-5 不同期限远期价格的关系

如果存在，确定出二者之间的对应关系，使其在已知一个远期价格时，可方便地确定出另一个远期价格。

命题 2-3：设 F、F^*、r、r^* 分别为 T、T^*（$T<T^*$）时刻交割的远期价格和无风险利率，则 T、T^* 时刻的远期价格 F、F^* 之间存在如下关系：

$$F^* = Fe^{r^*(T^*-t)-r(T-t)} \tag{2-3}$$

证明：由无收益资产远期价格的式（2-2）有

$$F^* = Se^{r^*(T^*-t)}$$

$$F = Se^{r(T-t)}$$

二者相除将 F^* 解出即可得到式（2-3）：

$$\frac{F^*}{F} = \frac{Se^{r^*(T^*-t)}}{Se^{r(T-t)}} = \frac{e^{r^*(T^*-t)}}{e^{r(T-t)}} = e^{r^*(T^*-t)-r(T-t)}$$

案例 2-4

用已知远期价格确定未知远期价格

3 个月与 6 个月期的无风险年利率分别为 4.0% 与 4.2%。某只不付红利的股票 3 个月期的远期价格为 22 美元，该股票 6 个月期的远期价格应为多少？

解析：已知 $F=22$ 美元，$r=4.0\%$，$r^*=4.2\%$，$T-t=0.25$ 年，$T^*-t=0.5$ 年。根据式（2-3），该股票 6 个月期的远期价格应为

$$F^* = Fe^{r^*(T^*-t)-r(T-t)} = 22\text{ 美元} \times e^{0.042\times0.5-0.04\times0.25} = 24.56\text{ 美元}$$

前边介绍了无收益标的资产远期合约的定价，对于存在现金收益的标的资产，应如何计算 f 和 F？

三、已知收益资产远期合约的定价

定义 2-3：持有期间会产生完全可以预知的现金流的资产，被称为已知收益资产；以已知收益资产为标的的远期合约，被称为已知收益资产远期合约。

（一）收益的类型

1. 收益为正

标的资产的现金流为正值，如附息债券、支付已知红利的股票等，以这些资产为标的的远期合约，在有效期内，将为合约持有者带来完全可以预知的现金收益。

2. 收益为负

黄金、白银等贵金属作为标的资产，其本身不产生收益，但需要花费一定的存储成本，存储成本可以看成是合约有效期内的负收益，这时的收益为负值。

（二）远期价值

对于已知固定收益资产的远期合约价值，有如下结论：

命题 2-4：支付已知现金收益资产的远期合约多头的价值，等于标的资产现货价格扣

除收益现值后的余额与交割价格现值之差，即

$$f=S-I-Ke^{-r(T-t)} \tag{2-4}$$

证明：远期合约到期前，标的资产 S 在时刻 t_k 可以得到 i_k 共 m 次的固定收益，各个时刻无风险利率为 r_k，总收益的现值为

$$I=\sum_{k=1}^{m}\left[i_k e^{-r_k(t_k-t)}\right]$$

证明方法类似于无收益资产远期合约的定价，首先构建投资组合：

组合 A：一份有收益资产远期合约多头 f 加上一笔数额为 $Ke^{-r(T-t)}$ 的现金，即 $f+Ke^{-r(T-t)}$。

组合 C：1 单位的有收益标的资产 S，及价值为 I 的负债，即为 $S-I$。

组合 A、C 的数据流见图 2-6。

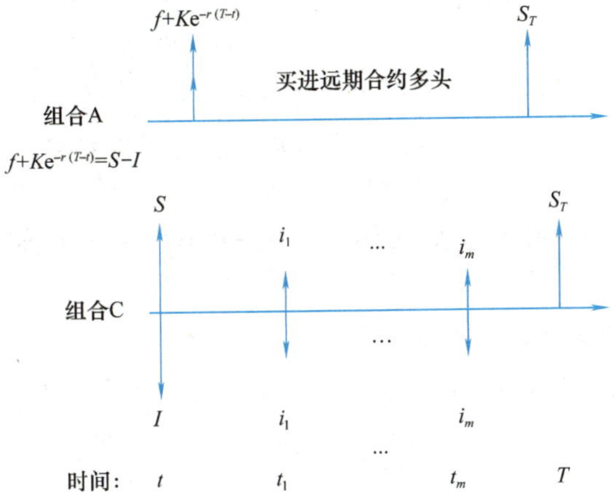

图 2-6 组合 A、C 的数据流

组合 A 分析：类似于前边无收益资产组合 A 的分析，组合 A 在 T 时刻的价值正好等于 1 单位的标的资产 S_T。

组合 C 分析：由于标的资产 S 在 t_k 时刻可取得已知收益 i_k，故投资者可以在持有标的资产 S 的同时，持有在时刻 t_k 偿还 i_k 的负债 I，这样，组合 C 在时刻 T 一样可以得到价值为 S_T 的标的资产，故组合 A、C 的终值都是 S_T。

根据无套利均衡分析，两个组合的终值相等，其初值也应相等，即

$$f+Ke^{-r(T-t)}=S-I$$

移项后有

$$f=S-I-Ke^{-r(T-t)}$$

证毕。

（三）远期价格

类似于无收益远期价格的讨论，可以得到已知固定收益资产远期价格的计算公式。

命题 2-5（已知固定收益资产的现货-远期平价公式）：支付已知现金收益资产的远期价格 F，等于标的资产现货价格 S 与已知现金收益现值 I 差额的终值，即

$$F=(S-I)\,e^{r(T-t)} \tag{2-5}$$

证明：远期价格 F 在 $f=0$ 时等于 K，由式（2-4）可得

$$0=S-I-Fe^{-r(T-t)}$$

$$S-I=Fe^{-r(T-t)}$$

$$F=(S-I)e^{r(T-t)}$$

证毕。

案例 2-5

已知收益标的资产远期合约套利

一份 5 年期附息票债券，价格为 900 元，每年的 6 个月和 12 个月分别支付债券利息 30 元，6 个月期和 1 年期无风险年利率各为 7% 和 8%。该债券一年期远期合约的交割价格为 915 元。

试确定该债券：

（1）远期价值是多少？远期价格是多少？

（2）若其交割价格分别为 925 元和 905 元，是否存在套利机会？若存在，如何套利？

解析： 已知 $S=900$ 元，$K=915$ 元，$r_1=0.07$，$r_2=0.08$，$t_1=0.5$，$t_2=1$，$T-t=1$。

（1）确定该债券远期价值、远期价格

1）标的资产有可以预知的现金收益，其数据流见图 2-7。

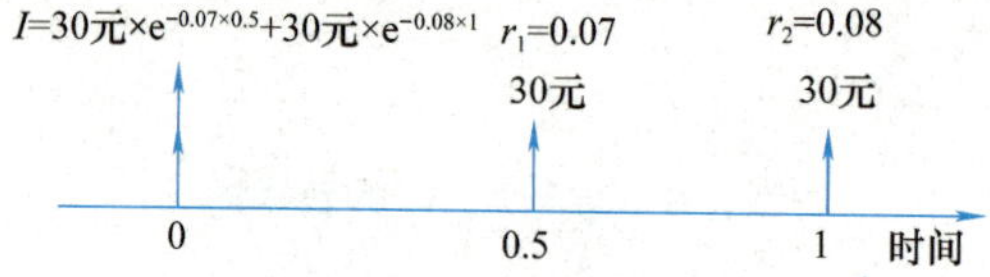

图 2-7　已知收益数据流

其收益总值为：

$$I=30\text{ 元}\times(e^{-0.07\times0.5}+e^{-0.08\times1})=56.66\text{ 元}$$

由式（2-4），该远期合约多头的价值 f 为

$$f=S-I-Ke^{-r(T-t)}=900\text{ 元}-56.66\text{ 元}-915\text{ 元}\times e^{-0.08\times1.0}=-1.31\text{ 元}$$

2）由式（2-5）可知，远期价格为

$$F=(S-I)e^{r(T-t)}=(900\text{ 元}-56.66\text{ 元})\times e^{0.08\times1.0}=913.58\text{ 元}$$

（2）套利

1）交割价格为 925 元。

① 判断：由于标的资产远期价格 $F=913.58$ 元，而交割价格为 925 元，这表明标的资产到期时刻的价格被高估，存在套利的机会。

② 套利策略：根据低买高卖的原则，交割时须卖出标的物，故初始时可采用买空的策略套利。

以无风险利率借入资金 900 元购买债券，签订远期空头合约，即在 1 年后以

925 元卖出债券平仓，解决方案的现金流见图 2-8。

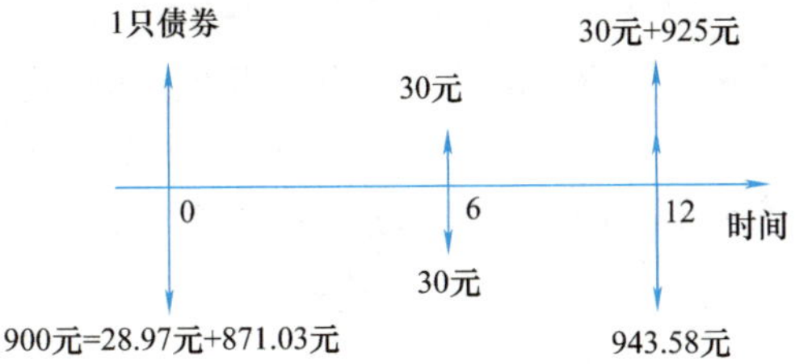

图 2-8 交割价格大于远期价格套利的现金流

③ 融资方案。对于购买的 900 元的附息债券，在 6 个月、12 个月分别获得利息 30 元，相应的利率分别是 7% 和 8%。

第一次付息的现值为：$i_1=30$ 元$\times e^{-0.07\times0.5}=28.97$ 元

因此，在借入的 900 元中有 28.97 元可以 7% 的年利率借入，期限为 6 个月，在第一个付息日偿还。剩下的 871.03 元以 8% 的年利率从银行借入，期限为 1 年。到期需向银行还款支付本利和为

$$i_2=871.03\text{ 元}\times e^{0.08\times1.0}=943.58\text{ 元}$$

到期末，套利者收到第二笔利息 30 元，将债券以远期合约的价格 925 元卖出：

$$\text{总收益}=30\text{ 元}+925\text{ 元}-943.58\text{ 元}=11.42\text{ 元}$$

2）交割价格为 905 元。

① 判断：由于标的资产远期价格 $F=913.58$ 元，交割价格为 905 元，因此标的资产的价格被低估，存在套利的机会。

② 套利策略：根据低买高卖的原则，交割时须买入标的物，故初始时可采用卖空的策略套利，届时可买入标的物平仓。

借入债券卖出，以无风险利率存入银行，签订远期合约多头，即在 1 年后以 905 元买入债券平仓，解决方案的现金流见图 2-9。

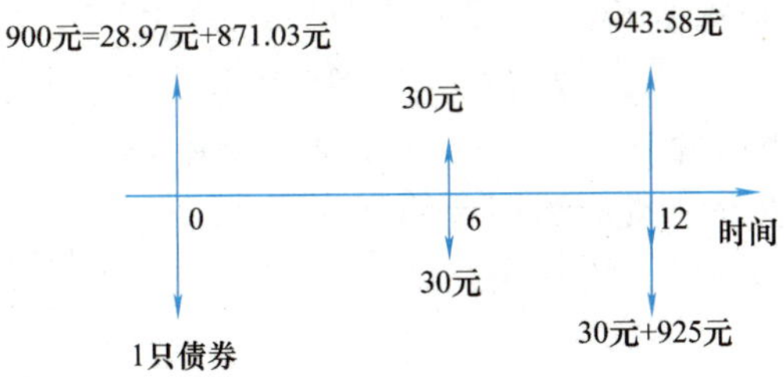

图 2-9 交割价格小于远期价格套利的现金流

③ 投资方案：在卖空债券所得的 900 元当中，有 28.97 元用于 6 个月期的投资，年利率 7%，以便半年到期时偿还借入债券的第一期利息：

$$i_1=28.97\text{ 元}\times e^{0.07\times0.5}=30\text{ 元}$$

剩下的 871.03 元存入银行 1 年，年利率 8%，1 年后可从银行获得本利和为

$$i_2 = 871.03\text{ 元} \times e^{0.08\times1.0} = 943.58\text{ 元}$$

其中的 30 元被用来支付第二期借入债券的利息，905 元被用来购买一支债券平仓。

$$\text{总收益} = 943.58\text{ 元} - 30\text{ 元} - 905\text{ 元} = 8.58\text{ 元}$$

四、已知收益率资产远期合约的定价

定义 2-4： 持有期间产生的与现货价格成一定比例收益的资产，被称为已知收益率资产；以已知收益率资产为标的的远期合约，被称为已知收益率资产的远期合约。

已知收益和已知收益率是有区别的，因为前者虽然收益是已知的，但与现货价格未必成比例。

（一）支付已知收益率资产的种类

1. 外汇

外汇远期合约在到期日之前支付一定比例的收益，其收益率为该外汇发行国无风险利率的远期合约。

2. 股票价格指数

股票价格指数是根据各种有代表性的股票收益编制而成的。

虽然各种股票的红利率是可变的，但是作为反映市场整体水平的股票价格指数，反映了所有股票的平均变化，其红利率被认为是可以预测的。因此，股票价格指数近似地被看作已知收益率的资产。

（二）远期价值

对于已知收益率资产的远期合约价值，有如下结论：

命题 2-6： 支付已知收益率 q 的标的资产的远期合约多头的价值 f，等于标的资产 S 的折现值 $Se^{-q(T-t)}$ 与交割价格现值 $Ke^{-r(T-t)}$ 之差，即

$$f = Se^{-q(T-t)} - Ke^{-r(T-t)} \tag{2-6}$$

证明：首先建立如下组合：

组合 A：一份已知收益率资产远期合约多头 f 加上一笔数额为 $Ke^{-r(T-t)}$ 的现金，即 $f+Ke^{-r(T-t)}$。

组合 D：1 单位已知收益率资产的折现为 $Se^{-q(T-t)}$。

组合 A、D 的现金流见图 2-10。

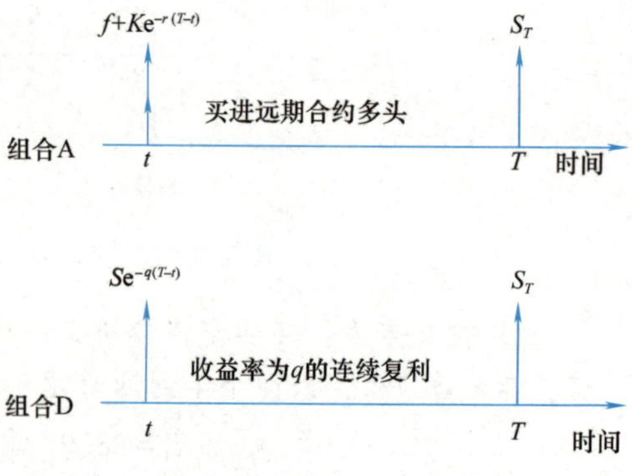

图 2-10　组合 A、D 的现金流

组合 A 分析：类似于前边的讨论，组合 A 在到期的 T 时刻可以得到市场价格等于 S_T 的标的资产。

组合 D 分析：由于标的物具有收益率，买方于初始时刻若持有 1 单位的标的物 S，到期时刻具有的价值将等于 S_T。

若买方并不急于获得标的资产，初始时刻只需将价值 $Se^{-q(T-t)}$ 的资产作为预付款给卖方，卖方可将该资产用于收益率为 q 的投资，期末时刻的价值为：$Se^{-q(T-t)}e^{q(T-t)}=S$，届时同样付给买方 1 单位标的资产 S_T。

组合 A 在初始时刻定了合同，组合 D 在初始时刻预付了款，二者在期末都得到了市场价格为 S_T 的标的资产。

根据无套利均衡分析，组合 A 与组合 D 终值同为 S_T，两个组合初值也该相等，故有

$$f+Ke^{-r(T-t)}=Se^{-q(T-t)}$$

整理后有

$$f=Se^{-q(T-t)}-Ke^{-r(T-t)}$$

证毕。

（三）远期价格

类似于无收益远期价格的讨论，可以得到已知收益率资产远期价格的计算公式。

命题 2-7（已知收益率资产的现货-远期平价公式）：支付已知收益率资产的远期价格 F，等于按无风险利率 r 与已知收益率 q 之差作为收益率的现货价格 S 在 T 时刻的终值，即

$$F=Se^{(r-q)(T-t)} \tag{2-7}$$

证明：由于远期价格 F 是合约价值 $f=0$ 时的交割价格 K，由式（2-6），有

$$0=Se^{-q(T-t)}-Fe^{-r(T-t)}$$

整理后有

$$F=Se^{(r-q)(T-t)}$$

证毕。

（四）利率平价关系

1. 远期汇率与即期汇率的关系

外汇在其发行国存入银行，将有现金收益，故可看成有收益率的标的资产。这时式（2-7）中的收益率 q 为外汇发行国无风险利率，则有如下外汇远期的定价公式：

命题 2-8（利率平价关系定理）：设本币无风险利率为 r，外汇发行国无风险利率为 q，S 是以本币表示的 1 单位外汇的即期价格，则外汇远期价格为

$$F=Se^{(r-q)(T-t)} \tag{2-8}$$

式（2-8）就是国际金融领域著名的利率平价关系。

各个国家调整利率的行为频繁发生，而汇率和利率有关，如何根据利率的变动判断汇率的涨跌呢？

2. 根据利率判断远期汇率的变化

命题 2-9：若外币利率大于本国利率（$q>r$），则远期汇率小于即期汇率；若外币利率小于本国利率（$q<r$），则远期汇率大于即期汇率。

证明：若外币利率大于本国利率（$q>r$），则（$r-q$）（$T-t$）<0，这时 $e^{(r-q)(T-t)}<1$，由

式（2-8），有

$$F=Se^{(r-q)(T-t)}<S$$

这时的远期汇率小于即期汇率；同样，若外币利率小于本国的利率（$q<r$），则（$r-q$）（$T-t$）>0，这时 $e^{(r-q)(T-t)}>1$，由式（2-8），有

$$F=Se^{(r-q)(T-t)}>S$$

这时的远期汇率大于即期汇率。

根据利率平价关系定理，通过两个国家利率水平的比较，即可以判断该国的即期汇率与远期理论汇率的相互关系。

案例 2-6

利率平价关系

美国某经销商从英国进口了一批商品，预计 3 月后需支付货款 100 万英镑，即期汇率为 1 英镑 = 1.6900 美元（本币），美元年利率为 5.4%，英镑年利率为 3.9%。

为了避免美元贬值的风险，该进口商决定利用远期外汇合约进行套期保值，那么该进口商应以怎样的套利策略实现保值？

解析： 已知 $S=1.6900$ 美元，$r=0.054$，$q=0.039$，$T-t=0.25$

首先计算远期汇率的理论价格，由式（2-8）可以得到远期汇率的理论价格为

$$F=Se^{(r-q)(T-t)}=1.6900\text{ 美元}\times e^{(0.054-0.039)\times 0.25}=1.6963\text{ 美元}$$

届时，进口商需支付英镑，只需现在签订买入英镑的远期合约：交割价格 1 英镑低于 1.6963 美元、期限 3 个月、合约规模 100 万英镑。将准备购买英镑的美元进行利率为 5.4% 无风险投资，将可以抵消美元贬值的风险。

前边讲了远期合约的定价，包括远期价值及远期价格，并给出了进行套利的策略、方法及应用。现在不禁要问，常用的远期合约有哪些？其格式如何？各有哪些条款？

第三节　远期利率协议

一、远期利率协议的基本概念

（一）远期利率协议的定义

定义 2-5： 远期利率协议（Forward Rate Agreements，FRA）是指交易双方签订的远期贷款合约，即约定从将来某一日期开始，以约定的利率水平，由买方（又称名义借款人）向卖方（又称名义贷款人）借入一笔数额、期限、币种确定的名义本金。

在结算日，根据合同约定的利率与基准日的参考利率之间的差额与名义本金额，由

一方付给另一方结算金。

（二）远期利率协议的应用场合

如果远期利率协议中的买方（借方或多方），预测未来利率会上涨，就可以作为“名义借款人”，与合约中的卖方订立远期利率协议，其目的或者是规避利率上升带来的风险，或纯粹投机，赚取由于利率确实上升而带来的利润。

如果远期利率协议中的卖方（贷方或空方），预测未来利率会下跌，就可以作为“名义贷款人”，与合约中的买方订立远期利率协议，其目的或者是规避利率下降带来的风险，或纯粹投机，赚取由于利率确实下降而带来的利润。

（三）协议的执行过程没有资金流动

在整个交易过程中，不需要实际借贷的发生，因此没有实际本金的支付。FRA 中的名义本金额，只是计算利息的依据，一般并不存在实际借贷资金的流动。

因此，尽管 FRA 已经签订，但由于没有实际资金的流出与流入，也就不列入资产负债表，不影响合约双方未来的融资，只是在结算日根据协议利率与参考利率的利差和名义本金额，计算出利息差额，由交易一方支付给另一方即可。

（四）重要术语

远期利率协议的主要条款有：FRA 的定义、报价标准、交易文件样式、建议条款等。

金融界所执行的远期利率协议都遵循英国银行家协会 1985 年颁布的远期利率协议标准化文件（FRABBA），这一文件除建立了规范的法律文本外，还对其中所涉及的基本术语进行了规范，主要包括如下条款：

1）协议金额：名义上借贷的本金数额。

2）协议货币：协议金额的货币币种。

3）交易日：签订协议的时间。

4）起算日：签订协议后，正式开始计算时间的日期，即交易日 2 天之后的日期。

5）结算日：又叫交割日、起息日，交易双方计算并支付利息差额的日期。

6）确定日：又叫基准日，以该日的利率为参考利率，是结算日的前两天的工作日，若遇非工作日，则向前延伸。

7）到期日：远期利率协议规定的名义存贷款的到期日期。

8）协议期限：名义存贷款的期限。

9）协议利率：交易双方所商定的在未来进行名义本金借贷时适用的固定利率，也就是远期交割利率的报价。

10）参考利率：又称结算利率，是指在确定日确定的协议期限内的市场实际利率，通常为 LIBOR。

LIBOR（London Inter Bank Offered Rate）中文为伦敦银行同业拆借利率，是伦敦金融市场上银行间相互拆借英镑、欧洲美元及其他欧洲货币的利率，由报价银行在每个营业日上午 11 时对外报出，分为存款利率和贷款利率两种报价。

11）结算金：在结算日，根据协议利率和参考利率之间的差额计算出来，由交易一方付给另一方的金额。

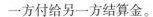

案例 2-7

远期利率协议

假定某远期利率协议的交易日是 7 月 1 日星期二，双方同意成交一份“1×4”金额 100 万元、利率为 4.25% 的远期利率协议，确定日市场利率为 5.0%，远期利率协议的各个时间点见图 2-11。

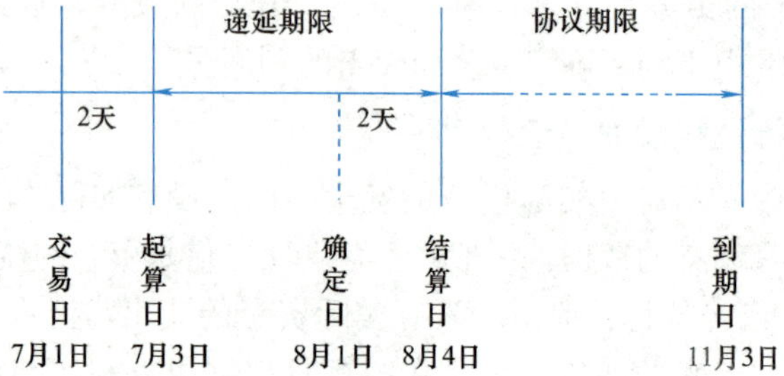

图 2-11 远期利率协议的各个时间点

“1×4”指的是起算日和结算日之间为 1 个月，起算日和名义贷款到期日之间的时间为 4 个月，借款期限为 3 个月。

1）协议金额：100 万。
2）协议货币：人民币。
3）交易日：7 月 1 日。
4）起算日：7 月 3 日。
5）结算日：8 月 4 日，星期一，由于 8 月 3 日为星期日，故后移一天。
6）确定日：8 月 1 日，星期五。
7）到期日：11 月 3 日，星期一。
8）协议期限：协议期限为 93 天。

注：实际交易过程中，交易日、确定日、结算日、到期日如遇法定节假日需前移或后移。

二、结算金的计算

（一）结算金计算的思路

一般的借贷，利息通常是贷款到期时才支付，而远期利率协议中的利息清算是在名义借贷的开始日（结算日）进行。用协议利率计算的利息与参考利率计算的利息之差，计算买卖双方的交割额。

本来是合同到期日结算，而远期是起始日就结算，故交割额是合同到期日结算金额贴现到结算日的值。

（二）结算金计算公式

首先给出计算结算金所需要的符号：

A：协议金额。

r_c：参考利率（单利）。

r_K：协议利率（单利）。

D：协议期限的实际天数。

B：年计息天数，英镑、澳元为 365 天，美元为 360 天。

I：结算金。

命题 2-10：远期利率协议的结算金是利息差的折现，用单利计算的公式为

$$I = A\frac{(r_c - r_K)D/B}{1 + r_cD/B} \tag{2-9}$$

其中，$A(r_c-r_K)D/B$ 是到期时刻的利息差，在结算时刻需要折现，由式（1-2）可知 $1/(1+r_cD/B)$ 为折现因子。

（三）盈亏分析

1. 参考利率大于协议利率

如果参考利率 r_c 大于协议利率 r_K，这时结算金 $I>0$。由于实际利率 r_c 上涨了，若买方没有签订远期利率协议，直接从金融市场上借款，成本将会增加，增加数值为结算金 I。

由于签订了远期利率协议，买方利率上涨的风险由卖方给予了补偿，借款成本没有因为利率上涨受到影响，锁定在远期利率协议规定的协议利率水平上。

2. 参考利率小于协议利率

若参考利率 r_c 低于协议利率 r_K，这时结算金 $I<0$。由于实际利率 r_c 下降了，如果买方没有签订远期利率协议，直接从金融市场上的借款成本将会更低。

由于买方预测失误，签订了远期利率协议，将利率下跌的好处结算金 I 让给了卖方，而卖方利率下跌的风险由买方给予了补偿，因此将盈利。

3. 总结

当参考利率 r_c 大于协议利率 r_K 时，表明利率上涨了，合约买方的损失 I，由卖方给予补偿，买方借款成本仍为协议利率 r_K。

如果参考利率 r_c 小于协议利率 r_K 时，表明利率下跌了，合约买方的收益 I 补偿给了卖方，买方借款成本仍为协议利率 r_K。

无论参照利率上升与下降，买方的借款成本永远固定在远期协议利率确定的水平上，避免了不确定性，这就是远期合约的意义所在。

案例 2-8

远期利率协议套期保值

续案例 2-7，当参考利率下跌到 4%、上涨到 5%，试对该合约进行盈亏分析。

解析： 已知 $A=100$ 万元，$r_{c1}=5\%$，$r_{c2}=4\%$，$r_K=4.25\%$，$D=93$ 天，$B=360$ 天。

1）当参考利率为 5%，由式（2-9）可知：

$$I=A\frac{(r_c-r_K)D/B}{1+r_cD/B}=\frac{(5\%-4.25\%)\times 1\,000\,000\text{ 元}\times 93\text{ 天}/360\text{ 天}}{1+5\%\times 93\text{ 天}/360\text{ 天}}=1912.79\text{ 元}$$

盈亏分析：参考利率 r_c 的 5% 大于协议利率 r_K 的 4.25%，利率果然上涨了，由于签订了远期合约，合约买方由于利率上涨造成的损失由卖方给予了补偿，数值为 1912.79 元，合约买方的利率锁定在了 4.25% 的水平。

2）若确定日的参考利率 $r_c=4\%$，小于协议利率 $r_K=4.25\%$，类似计算可得结算金为−637.79元。

盈亏分析：由于买方预测失误，没有享受到利率下跌带来借贷成本降低的好处，只能将盈利拱手支付给合约的卖方。这看起来有点遗憾，但该公司的借款利率依然锁定在了 4.25% 的水平上。

4. 总结

购买远期利率协议，可以避免利率上涨的风险，但也失去了利率下跌带来的好处，使借贷利率始终固定在协议利率的水平上，避免了未来利率波动的不确定性，这正是远期利率协议的意义所在。

亏损的产生，是因为未能准确预测出远期利率的大小，也就是未能预知利率的远期价格。

应如何确定远期利率（参考利率）的大小？

三、远期利率协议的定价

远期合约的定价包括两项内容：其一是标的资产的理论价格，这里是远期利率，即远期价格 F，其二是远期利率协议价格，即远期价值 f。

（一）远期利率的定价

定义 2-6： 远期利率是指未来某一时点 T_1 开始，到未来某一时点 $T_2(T_1<T_2)$ 结束的利率。

远期利率的定价与即期利率有关，如果不同期限的即期连续复利已知，如何计算相应的远期利率呢？

命题 2-11： 用 t 表示签订合约的时刻，r 和 r^* 分别表示 T、$T^*(t<T<T^*)$ 时刻到期的即期利率，则 T 至 T^* 期间的远期连续复利 r_F 的计算公式为

$$r_F=\frac{r^*(T^*-t)-r(T-t)}{T^*-T} \tag{2-10}$$

证明：为了证明方便，首先给出利率之间关系的数据流，见图 2-12。

根据连续复利的终值计算公式Ae^{rn}，投资者以利率r从t时刻开始，到T时刻结束进行1单位的投资，到期后将本利和以利率r_F从T时刻开始，T^*时刻结束进行1单位的投资，终值为：

$$e^{r(T-t)}e^{r_F(T^*-T)}=e^{r(T-t)+r_F(T^*-T)}$$

而从t时刻开始，连续复利率为r^*，T^*时刻结束的1单位的投资的终值为

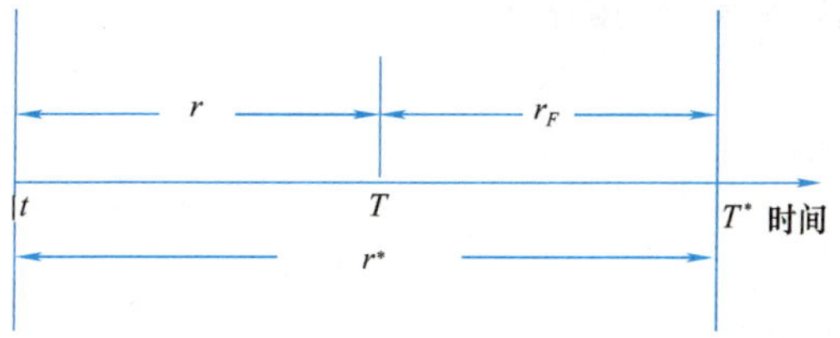

图 2-12　利率关系图

$$e^{r^*(T^*-t)}$$

二者的初值均为1单位的资金，根据无套利均衡分析原理，二者的终值也该相等，否则将出现套利的机会，因此有

$$e^{r(T-t)+r_F(T^*-T)}=e^{r^*(T^*-t)}$$

解得：

$$r_F=\frac{r^*(T^*-t)-r(T-t)}{T^*-T}$$

这就是远期利率的计算公式，即利率的远期价格，下面讨论利率的远期价值，即远期利率协议的价值。

（二）远期利率协议价值

命题 2-12： t至T时刻的无风险利率为r，T至T^*时刻的协议利率为r_K，名义本金为A，远期利率为r_F，则远期价值为

$$f=A[1-e^{(r_K-r_F)(T^*-T)}]e^{-r(T-t)} \tag{2-11}$$

证明：远期利率协议价值数据流见图2-13，无特别说明，这里的利率均指连续复利。

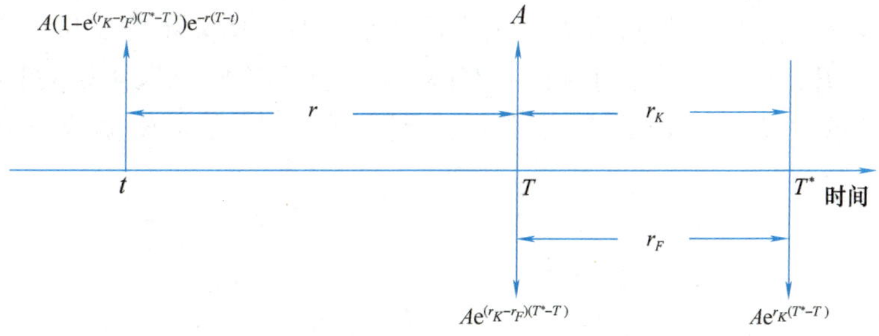

图 2-13　远期利率协议价值数据流

合约约定，买方在未来的T时刻，借得数量为A的名义本金，协议利率r_K，期限为(T^*-T)。T^*时刻按照协议利率计算终值还给卖方：

$$-Ae^{r_K(T^*-T)}$$

将T^*时刻的现金流按照远期利率r_F贴现到T时刻：

$$-Ae^{(r_K-r_F)(T^*-T)}$$

与该时刻的名义本金A相加后再用无风险利率r折现到签订合约的t时刻，即可得到

远期利率合约的价值：

$$f=[A-Ae^{(r_K-r_F)(T^*-T)}]e^{-r(T-t)}=A[1-e^{(r_K-r_F)(T^*-T)}]e^{-r(T-t)}$$

证毕。

案例 2-9

远期利率和远期利率协议的价值

2 年期即期利率为 5.5%，3 年期即期利率为 7%，本金为 100 万元的 2×3 年远期利率协议的协议利率为 9.5%，试问该远期利率和远期利率协议价值各是多少？

解析： 已知 $r=5.5\%$，$r^*=7\%$，$A=100$ 万元，$r_K=9.5\%$。

由式（2-10），远期利率为

$$r_F=\frac{r^*(T^*-t)-r(T-t)}{T^*-T}=\frac{0.07\times3-0.055\times2}{3-2}=10\%$$

由式（2-11），远期利率协议价值为

$$f=A[1-e^{(r_K-r_F)(T^*-T)}]e^{-r(T-t)}=1\ 000\ 000\text{ 元}\times[1-e^{(0.095-0.10)\times(3-2)}]e^{-0.055\times2}$$
$$=4467.99\text{ 元}$$

即远期理论利率为 10%，合约买方远期合约的价值为 4467.99 元。

四、远期利率协议的应用场合及原则

远期利率协议的应用主要包括如下两个方面：

（一）当企业负债时

当企业在未来某个时刻将持有大额负债需要贷款时，例如将要支付一笔货款，若预测未来利率将上升，可以现在签订远期利率协议在未来预定时刻以协议的利率借入资金，这样就锁定了低利率，从而避免了支付时刻利率上升造成负债成本增加的风险，见图 2-14。

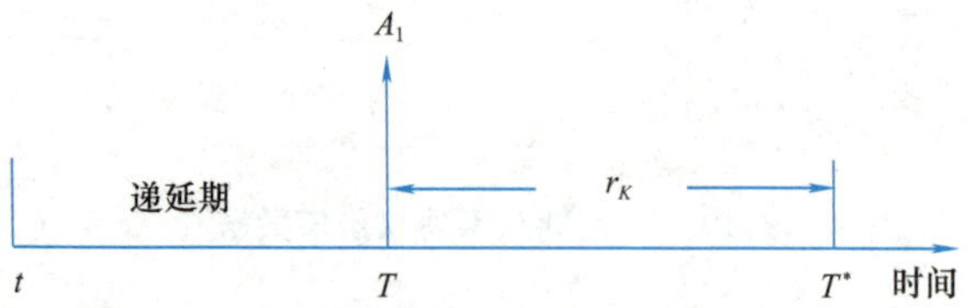

图 2-14　预计在未来的 T 时刻借入资金

（二）当企业持有资产时

当企业未来某个时刻将要持有大笔资产时需要投资时，例如将收到一笔货款，若预测未来利率将下降，可以现在签订远期利率协议在未来约定的时刻，按协议利率贷出资金，这样就锁定了高利率，从而规避了支付时刻利率下降造成收益减少的风险，见图 2-15。

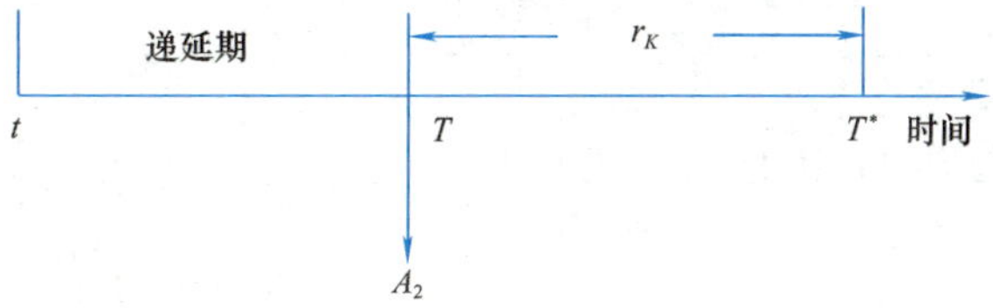

图 2-15 预计在未来的 T 时刻贷出资金

案例 2-10

远期利率协议融资策略及效果分析

某农业机械产品生产企业，其产品和季节有关，夏秋两季的销售旺季，需要大量的流通资金参与生产经营。

第 1 年 11 月，财务主管制定第 2 年财务预算，按照惯例第 2 年的 5~12 月，企业需要季节性借款 800 万元。为了准确把握利率的走势，财务主管查看了现货市场利率与远期利率的报价，见表 2-1。

表 2-1 部分即期存贷款利率及远期利率的报价

时间	即期利率（买入价/卖出价）	远期利率			
1 月期	8.69% ~ 8.94%	1×4	8.75%	1×7	8.37%
2 月期	8.75% ~ 9.00%	2×5	8.43%	2×8	8.10%
3 月期	8.69% ~ 8.94%	3×6	8.12%	3×9	7.83%
6 月期	8.44% ~ 8.69%	4×7	7.82%	4×10	7.57%
9 月期	8.00% ~ 8.25%	5×8	7.61%	5×11	7.40%
12 月期	7.81% ~ 8.06%	6×9	7.40%	6×12	7.23%

不难发现，即期利率、远期利率均呈下降的趋势。这表明：在接下来的一段时间，存在大幅降息的预期。

财务主管并不认为利率一定会下降，根据多年来的实际经验，销售旺季时随着资金需求量的增加，利率应该上涨。因此，决定通过签订 6 个月期的远期利率协议借入资金，锁定第 2 年 5 月份的利率。

1. 解决方案

公司第 1 年 11 月签订 6×12 的半年借入资金 800 万元的远期利率协议，第 2 年 5 月结算后将合约所得结算金 I 存入银行半年，同日在现货市场借入需要的资金 800 万元用于生产经营。

2. 签订远期利率协议

协议金额：800 万元。

交易日：第 1 年 11 月 13 日，星期二。

起算日：第 1 年 11 月 15 日，星期四。

确定日：第 2 年 5 月 13 日，星期一。

结算日：第 2 年 5 月 15 日，星期三。

到期日：第 2 年 11 月 15 日，星期五。

无风险利率：7%。

协议利率：7.23%。

协议期限：184 天。

远期利率协议的现金流见图 2-16。

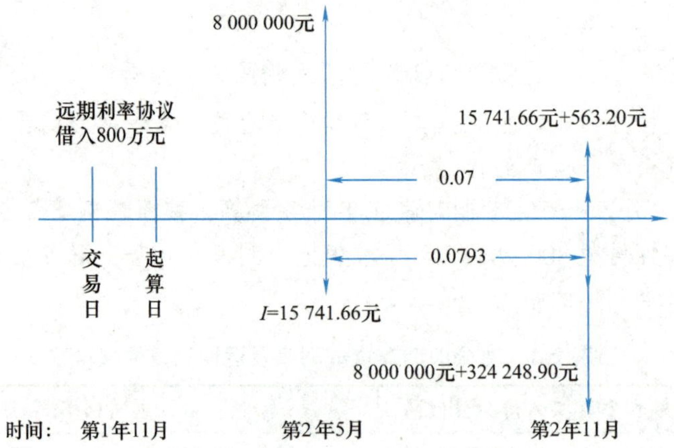

图 2-16　远期利率协议的现金流

3. 盈亏分析

(1) 远期利率协议收入

在第 2 年 5 月 13 日，人民币 6 个月期的 SHIBOR（上海银行间同业拆借利率）的参考利率 r_c 为 7.63%，远期协议利率 r_K 为 7.23%，显然利率上涨了，因此公司将在第 2 年 5 月 15 日从卖出该远期利率协议的银行那里得到结算金，按照式 (2-9) 计算为

$$结算金\ I=\frac{A(r_c-r_K)}{1+r_cD/B}\frac{D}{B}$$

$$=\frac{8\ 000\ 000\ 元\times(7.63\%-7.23\%)}{1+7.63\%\times184\ 天/360\ 天}\times\frac{184\ 天}{360\ 天}$$

$$=15\ 741.66\ 元$$

(2) 将结算金进行再投资的收益

公司把这笔结算金按 7% 的年利率，从第 2 年 5 月 15 日至 11 月 15 日存入银行半年赚取利息收入：

$$利息收入=15\ 741.66\ 元\times0.07\times\frac{184\ 天}{360\ 天}=563.20\ 元$$

(3) 结算金总收益。这家公司在最后到期日第 2 年 11 月 15 日，从这笔远期利率协议交易中实际得到的总收入为

$$I_1=15\ 741.66\ 元+563.20\ 元=16\ 304.86\ 元$$

（4）借入本金需要支出的利息。在第 2 年 5 月 13 日，公司按 7.63% 再加上正常加息率 0.3%，即以年利率 7.93% 借入所需的 800 万元，5 月 15 日提取这笔款项投入公司的经营活动，并于 11 月 15 日的半年后归还，需要支付利息如下：

$$8\ 000\ 000\text{ 元}\times 7.93\%\times\frac{184\text{ 天}}{360\text{ 天}}=324\ 248.90\text{ 元}$$

（5）借贷成本。

① 借款成本。从贷款的利息中，扣除远期利率协议的收入，可以得到借款净成本：

$$324\ 248.90\text{ 元}-16\ 304.86\text{ 元}=307\ 944.04\text{ 元}$$

② 借款利率。公司本次借入资金实际利率为

$$\text{利率}=\frac{\text{利息}}{\text{本金}\times\text{期限}}\times 100\%=\frac{307\ 944.04\text{ 元}}{8\ 000\ 000\text{ 元}\times 184\text{ 天}/360\text{ 天}}\times 100\%=7.53\%$$

（6）最终结论。公司在买入远期利率协议时，协议利率为 7.23%。现在的实际利率为 7.53%，大于协议利率。不是说远期利率协议可以锁定利率吗？为什么没有锁定呢？

事实上，将该公司在第 1 年 11 月成交的远期利率协议中的利率 7.23% 加上正常加息率 0.3%，正好是 7.53%。也就是说，该公司签订了远期利率协议，实现了该公司当初希望锁定借款利率的目的。

用同样的方法可以验证，对于利率下跌的情况，同样也可以实现锁定利率的目标。

第四节 远期外汇合约

一、汇率

（一）基本概念

外汇是可以在国际金融市场自由兑换、自由买卖的一种特殊商品，而汇率就是这种特殊商品的价格。汇率又称汇价、外汇牌价。

在国际汇兑中，不同的货币之间可以相互表示对方的价格，既可以用本币来表示外币价格，又可以用外币来表示本币的价格。

（二）汇率的标价方法

这里讨论即期汇率的标价，共分以下两种情况：

1. 直接标价法

直接标价法又称应付标价法，是用一定单位的外国货币作为标准（如 1、100）来计算可折合成多少单位的本国货币。

例如，9 月 17 日，国家外汇管理局公布的人民币外汇的即期汇率为：

100 美元 = 723.73 元人民币

100 日元 = 4.9087 元人民币

100 欧元 = 773.39 元人民币

100 英镑 = 899.23 元人民币

在直接标价法下，外币的金额不变，始终为一定的单位，本币的金额随着外币币值的波动而变化。目前世界上绝大多数国家都采用直接标价法，我国人民币对外币也采用这种标价方法。

2. 间接标价法

间接标价法又称应收标价法，是指用一定单位的本国货币作为标准（如 1、100）来计算可折合为多少单位的外国货币。

例如 9 月 17 日，纽约外汇市场各种外汇收盘价为：

1 美元 = 1.3523 加拿大元

1 美元 = 147.840 日元

1 美元 = 0.8977 瑞士法郎

间接标价法，本币金额不变，始终为一定的单位，应收外币的金额随着本币币值的变化而变化。世界上采用间接标价法的国家主要是以英国和美国为代表的少数几个国家。

二、远期外汇合约的基本概念

（一）远期外汇合约的定义

定义 2-7：远期外汇合约是指交易双方，现在约定在将来某一时间，按约定的汇率买卖一定金额某种外汇的合约。

远期利率协议适用于存贷款过程，货币需要持有一段时间；而远期外汇合约，可以是在未来某一时刻的一次性的外汇交易，也可以是持有外汇一段时间的套利。

因此，远期外汇合约可分为直接远期外汇合约和远期外汇综合协议两种。

1. 直接远期外汇合约

直接远期外汇合约是指远期外汇合约的期限直接从签约时（现在）开始，到未来规定的日期进行交割的外汇合约。

签约双方在签订合同时，须对将来进行交割时的远期汇率、交割币种、金额、日期、地点等条款进行约定。

可以看出，直接远期外汇合约和一般商品的远期协议相同。

2. 远期外汇综合协议

远期外汇综合协议（Synthetic Agreement for Forward Exchange，SAFE）是指远期的期限从未来某个时点开始，到未来某个规定的日期进行交割的外汇合约。

相对于直接远期外汇合约，远期外汇综合协议相当于远期的远期外汇合约。

（二）远期汇率的确定

远期汇率是指在远期外汇交易中使用的汇率。由于远期外汇合约是在将来交割，所以远期汇率一般不同于即期汇率。

即期汇率一般直接报出买价和卖价，而远期汇率，各国银行的报价方法不尽相同，通常有以下两种报价方法：

1. 完整汇率报价法

直接报出远期汇率的方法称为完整汇率报价法，它是直接完整地报出不同期限远期汇率的买入价和卖出价。

例如，某日法兰克福外汇市场上，某银行报出美元兑瑞士法郎（简称瑞郎）的汇率如下：

1 个月期远期汇率 USD/CHF = 1. 2356/78[㊀] = 买入价/卖出价

3 个月期远期汇率 USD/CHF = 1. 2560/79

这种报价方法一目了然，主要用于面向普通客户的报价，表 2-2 是中国银行利用直接报价法给出的人民币远期外汇牌价。

表 2-2　中国银行人民币远期外汇牌价（每 100 外币兑换人民币）　（单位：元）

交易期限	美元			欧元			英镑		
	买入价	卖出价	中间价	买入价	卖出价	中间价	买入价	卖出价	中间价
1 周	724. 73	736. 59	730. 66	769. 90	787. 25	778. 58	897. 65	916. 85	907. 25
1 个月	723. 18	735. 14	729. 16	768. 96	786. 50	777. 73	895. 73	915. 15	905. 44
2 个月	720. 91	732. 87	726. 89	767. 58	785. 14	776. 36	892. 87	912. 39	902. 63
3 个月	718. 80	730. 76	724. 78	766. 33	783. 88	775. 10	890. 17	909. 79	899. 98
4 个月	716. 55	728. 51	722. 53	765. 38	783. 00	774. 19	887. 53	907. 23	897. 38
5 个月	714. 25	726. 21	720. 23	764. 03	781. 71	772. 87	884. 72	904. 44	894. 58
6 个月	712. 19	724. 15	718. 17	762. 70	780. 42	771. 56	882. 10	901. 87	891. 98
7 个月	709. 68	722. 04	715. 86	761. 12	779. 28	770. 20	878. 74	899. 39	889. 06
8 个月	707. 48	719. 84	713. 66	759. 89	778. 09	768. 99	875. 94	896. 66	886. 30
9 个月	705. 38	717. 74	711. 56	758. 63	776. 87	767. 75	873. 22	894. 00	883. 61
10 个月	703. 01	715. 37	709. 19	757. 33	775. 60	766. 46	870. 43	891. 28	880. 85
11 个月	700. 87	713. 23	707. 05	756. 16	774. 45	765. 30	867. 62	888. 54	878. 08
1 年	698. 82	711. 18	705. 00	755. 06	773. 12	764. 09	864. 83	885. 82	875. 32

由于普通客户无汇率计算的专业知识，直接报出远期汇率，有利于客户顺利地进行交易。报纸、杂志引用外汇行情时，通常也使用这种报价方法。

另外，由于远期汇率是以即期汇率为基础的，即期汇率不是恒定不变的，是经常波动的，因而远期汇率也会随着即期价格的波动而波动，这就需要根据不断变化的即期汇率改变远期汇率，比较麻烦。

2. 远期差价报价法

（1）远期差价的定义

定义 2-8： 同时买进（卖出）货币相同、金额相同、交割期限不同的两笔外汇交易，

㊀ 1. 2356/78 即 1. 2356/1. 2378，因前几位数字相同，所以只保留“78”，后文也做如此处理，不再赘述。

即为货币掉期交易或时间套汇。

买进（卖出）某一币种即期汇率的同时，卖出（买进）币种相同数量相等的远期汇率的交易，就是掉期交易。

远期汇率与即期汇率的差价，被称为远期差价，又称为掉期率，是掉期交易的价格。

直接报出远期差价的方法，被称为远期差价报价法。

由于远期差价报价法是直接报出远期汇率与即期汇率相差的点数，所以又称点数报价法。它报出的是汇率数值中的后几位小数。

例如，某日伦敦外汇市场上，某银行美元兑欧元汇率报价如下：

即期汇率 USD/EUR = 0.8617/22 = 买入价/卖出价

1 个月远期差价 17/30

3 个月远期差价 34/25

（2）掉期率报价法的优势与不足

掉期率的报价方法使银行可以不用根据即期汇率频繁地调整远期汇率。但是，远期汇率到底是多少，需要客户自已根据即期汇率与掉期率算出。要如何算出远期汇率呢？

（3）计算远期汇率遵循的原则

若远期差价前小后大，则即期汇率与远期差价相加；若远期差价前大后小，则即期汇率与远期差价相减。例如：

远期差价前小后大：0.8617/22，1MONTH17/30

远期汇率：(0.8617+0.0017)/(0.8622+0.0030) = 0.8634/52

远期差价前大后小：0.8617/22，3MONTH34/25

远期汇率：(0.8617−0.0034)/(0.8622−0.0025) = 0.8583/97

（4）计算结果正确性的检验

如果远期汇率的买卖差价大于即期汇率的买卖差价，计算是正确的；反之，则是错误的。这是因为，作为银行来说，从事外汇交易的利润来源，主要是靠赚取买入和卖出外汇之间的差价。

在远期外汇业务中，银行所承担的风险要远比从事即期外汇业务的风险大，因而也就要求有较高的收益进行补偿。

表现在外汇价格上，就需要远期外汇的买卖差价比即期要更大一些。因此，当远期汇率的买卖差价小于即期汇率的买卖差价时，肯定是算错了！

本例的即期买卖差价为 0.0005，1 个月、3 个月远期汇率的买卖差价分别为 0.0018、0.0014，故是正确的。

3. 远期差价的波动

一般地，即期汇率随着时间的改变会发生波动，但远期差价（掉期率）并不随即期汇率的波动而变化，它基本上是由两种货币不同的利率水平决定的。

远期差价（掉期率）习惯上被称作远期汇水（Forward Margin），其中包括升水、贴水和平价。

升水（Premium）是指远期汇率高于即期汇率，贴水（Discount）是指远期汇率低于即期汇率，平价表明两者相等。

无论是套利还是避险，首先都该知道远期汇率的理论值如何计算？

（三）远期汇率的计算

命题 2-13： 在已知即期汇率、两种货币利率及期限的条件下，用单利计算的远期汇率（远期价格）的公式为

$$F = S\frac{1 + (rD/B_1)}{1 + (r_f D/B_2)} \tag{2-12}$$

式中 F——远期汇率；

S——直接报价法的本币即期汇率；

r——本币年利率；

r_f——外币年利率；

D——直接远期外汇合约的天数；

B_1——本币一年计息天数（人民币、日元、美元为 360 天）；

B_2——外币一年计息天数（欧元、英镑为 365 天）。

根据有收益率标的资产的远期价格公式，式（2-12）的含义是，将外币看作有收益资产，用直接标价法的外汇报价，单利的即期汇率的终值按照外币利率折现。

如果给出的利率均为连续复利，则式（2-12）可以转化为已知收益率资产远期价格的式（2-8）：

$$F = Se^{(r-q)(T-t)}$$

式（2-8）与式（2-12）表示期限的符号不同。

案例 2-11

远期汇率计算

美国某公司购买原材料需要美元，该公司在 6 个月（180 天）后可以得到销售收入 100 万日元，因此决定用收入的日元在外汇市场兑换成美元支付材料款，通过银行了解到：

1）即期汇率为：100 日元 = 0.8696 美元。

2）美元年利率：0.65%。

3）日元年利率：0.01%。

试问：该公司使用的远期汇率应该是多少？

解析： 已知 $r = 0.65\%$，$r_f = 0.01\%$，$S = 0.8696$ 美元，$D = 180$ 天，$B_1 = B_2 = 360$ 天，由式（2-12）有

$$F = S\frac{1 + (rD/B_2)}{1 + (r_f D/B_1)} = 0.8696\text{ 美元} \times \frac{1 + (0.0065 \times 180\text{ 天}/360\text{ 天})}{1 + (0.0001 \times 180\text{ 天}/360\text{ 天})} = 0.8723\text{ 美元}$$

这表明，该公司未来使用的汇率（远期汇率）应为 100 日元兑换 0.8723 美元。

三、远期外汇交易

远期外汇交易又称期汇交易，是指买卖双方在交易日签订远期外汇合约，规定买卖外汇的币种、数量、汇率和未来的交割时间。在交割日，买卖双方按照合约的约定，办理货币收付的外汇交易。

远期外汇交易属于场外交易，名义本金只是结算的依据，并不发生任何资金的转移。

远期外汇交易的期限有1个月、3个月、6个月和1年等多种，其中3个月最为普遍。超过1年的外汇交易很少，因为期限越长，不确定性越大，风险也就越大。

（一）远期外汇交易的方式

按交割日的方式划分，远期外汇的交易方式有以下几种：

1. 固定交割日外汇合约

固定交割日的远期外汇合约简称定期外汇远期合约，也就是典型的直接远期外汇合约。合约的买卖双方在成交的同时，就确定了未来的交割日期，交割日既不能提前也不能推迟。

例如，3月3日，中国出口商向美国出口一批服装，6月5日将收到外汇100万美元货款。为了避免人民币升值，于3月3日签订一份6月5日卖出100万美元的远期外汇合约。

此例具有明确的交割日期。若客户使用外汇只有大致的时间范围，没有确切的时间，这一交易方式将不适用。

2. 择期外汇合约

择期外汇合约是指不固定交割日的远期外汇合约。交易双方在签订远期合约时，只确定交易货币的币种、金额、汇率和期限，而将交割日确定为某一个区间。

择期外汇合约比固定交割日的远期合约交割时间灵活，给外汇的使用者提供了更多的方便。择期外汇合约有如下两种类型：

（1）交割日限定在两个具体的日期之间

择期进行交割，其时间在一个约定的期限内。例如，中国的某出口商在5月5日成交一笔出口美国100万美元的交易，预期3个月后的一个月内收到货款。

这样，该出口商及时地在外汇市场签订了一笔3个月后卖出美元的远期外汇合约，并约定择期期限为8月6日~9月6日。

在这一期间无论哪天货款到账，都可以按照合约约定的汇率将美元兑换成人民币，避免汇率波动损失。

（2）将交割时间定在几个不同的月份

如果经常从事有规律的外汇交易，如每隔一定的期限定期收到或支付一定数量的外汇款项的情况，可以将交割月份定在几个选定的不同月份中。

例如，中国从伊朗进口石油，万吨轮每两个月卸货一次，中国可以签订每两个月买入一次美元的远期外汇合约。

（二）远期外汇合约买卖双方的利益博弈

择期交割，外汇的拥有者可以选择在对自己最为有利的汇率时进行交割，能最大限度地盈利，或将损失降到最低。

而作为远期外汇合约交易的卖方，为了应对这一情况发生，在择期交易中往往使用对对方最为不利的汇率。也就是说，将选择从择期开始到结束期间，最不利于交易对方的汇率作为远期汇率。

案例 2-12

择期汇率的确定

某家美国银行的英镑对美元报价如下：

即期£ 1=US＄ 1.5500~1.5550

1 月期£ 1=US＄ 1.5600~1.5650

2 月期£ 1=US＄ 1.5700~1.5750

3 月期£ 1=US＄ 1.5800~1.5850

如果择期从第一个月开始，到第三个月结束，对向该银行出售外汇的顾客来说适用的汇率是£ 1=US＄ 1.5500，对于从该行购买外汇的顾客来说适用的汇率为£ 1=US＄ 1.5850。

如果择期在第二个月开始，第三个月结束，则出售和购买外汇的顾客适用的汇率分别为：£ 1=US＄ 1.5600，£ 1=US＄ 1.5850。

显然，被择期的一方选择了对自己最为有利的汇率进行了交易。

（三）利用远期外汇交易避险

同时进行两个方向完全相反的外汇交易，可以对冲汇率变动造成的风险。

定义 2-9： 同时买进、卖出货币相同、金额相同、交割期限不同的两笔外汇交易，即可称为货币掉期交易或时间套汇。

货币掉期交易有如下三种形式：

1. 即期对远期

即期对远期掉期，是指在买进（或卖出）一笔现汇的同时，卖出（或买进）金额相同、币种相同的期汇，这是掉期交易中最常见的一种。

2. 明日对次日

明日对次日掉期，是指在买进（或卖出）一笔现汇的同时，卖出（或买进）同种货币的另一笔现汇交易。

但两笔即期交易交割日不同，一笔是在成交后的第二个营业日（明日）交割，另一笔反向交易是在成交后第三个营业日（次日）交割。

这种掉期交易，主要用于银行同业的隔夜资金拆借。

3. 远期对远期

远期对远期掉期，是指同时买进并卖出具有相同金额、同种货币、不同交割期限的远期外汇合约。这种掉期形式，多为转口贸易中的中间商所使用。

案例 2-13

远期对远期

3 月 1 日，中国与科威特签订 5 月份进口 1000 万美元的原油合同；与朝鲜签订出口 1000 万美元原油的合同；6 月 1 日朝鲜给中国付款，6 月 15 日中国为科威特付款。该交易示意图见图 2-17。

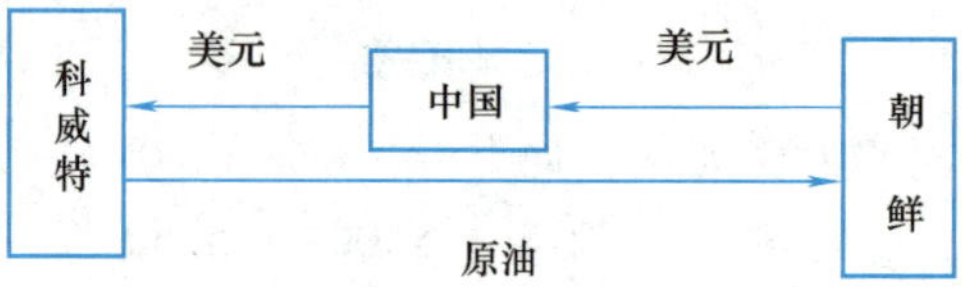

图 2-17　转口贸易的远期对远期掉期交易

为了避免汇率波动，3 月 1 日中国签订远期外汇协议：6 月 1 日以美元/人民币 = 6.23 的汇率卖出 1000 万美元；6 月 15 日以美元/人民币 = 6.22 的汇率买入 1000 万美元。

汇率和利率有关，两种货币的利率波动，会导致汇率的波动，给企业和投资者造成风险。那么应如何规避由于利率波动造成的汇率波动的风险呢？

四、远期外汇综合协议

（一）远期外汇综合协议的基本概念

远期外汇综合协议（Synthetic Agreement for Forward Exchange，SAFE）又称固定汇率协议，是交易双方为规避利率差波动或外汇远期价差波动的风险，或者为了在二者波动时进行投机而签订的远期合约。

1. 远期外汇综合协议的操作思路

远期外汇综合协议的交易双方约定，在结算日，买方按协议远期汇率 K 用本币买入一定金额的外币；在到期日，按协议远期汇率 K^* 把一定金额的外币卖出的协议。对于合约的卖方，其操作正好相反。

远期外汇综合协议，是远期对远期掉期交易，是用远期差价进行保值或投机而签订的远期协议。

2. 远期外汇综合协议与远期利率协议的区别与联系

远期外汇综合协议，是以远期汇率为操作对象的金融衍生工具，与远期利率协议既有区别又有相同之处。

（1）两种协议的区别

1）保值或投机的工具不同。同是保值或投机，远期外汇综合协议是基于两种货币不同期限的汇率差或利率差发挥作用的，而远期利率协议是基于一国利率的绝对水平发挥作用的。

2）远期外汇综合协议应用面窄。由于远期外汇综合协议涉及两种货币的两种利率，操作上比远期利率协议更专业、难度更大、应用面相对较窄、流动性也相对较差。

（2）相同之处

1）表达方式相同。远期利率协议与远期外汇综合协议的标价方式，都是使用 $m \times n$ 的形式，且意义相同。

2）具有相同的时间点。远期利率协议与远期外汇综合协议都有 5 个时间点：交易日、起算日、确定日、结算日和到期日，见图 2-18。

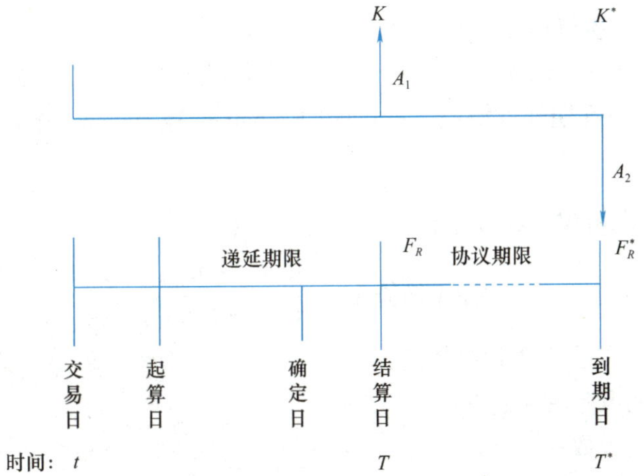

图 2-18 远期外汇综合协议买方数据流

3）表外作业，本金不交换。远期利率协议与远期外汇综合协议交易中都无本金的流动，只是根据利率差或汇率差及本金计算结算金，二者都属于表外业务。

（二）远期外汇综合协议的符号

远期外汇综合协议与远期利率协议类似但远期外汇综合协议的操作比远期汇率协议的操作更复杂，主要体现在交易过程和结算过程上。

首先给出用于结算金计算的一些符号：

A_1：结算日名义本金外币数额。

A_2：到期日名义本金外币数额，一般 A_1、A_2 相等。

K：结算日的协议远期汇率。

K^*：到期日的协议远期汇率。

F_R：确定日确定结算日的参考汇率（即期汇率）。

F_R^*：确定日确定到期日的参考汇率（远期汇率）。

（三）远期差价

远期外汇综合协议是交易双方根据对未来汇率走势的判断，签订的决定买入或者卖出数量为名义本金的外汇，用于实现保值或投机的目的。

通过图 2-18 可知，外汇投资的盈亏，与结算日、到期日两个时点的协议汇率差（K^*-K）、实际汇率差（$F_R^*-F_R$）有关。对于这两个时点的汇率差，有如下定义：

定义 2-10：交易日在远期外汇综合协议中约定的，到期日（T^* 时刻）的协议远期汇率 K^*，与结算日（T 时刻）的协议远期汇率 K 二者之差，被称为协议远期差价，即

$$W_K = K^* - K \tag{2-13}$$

确定日确定的到期日（T^* 时刻）的远期汇率 F_R^*，与结算日（T 时刻）的即期汇率 F_R 之差，被称为确定远期差价，即

$$W_R = F_R^* - F_R \tag{2-14}$$

将式（2-13）减式（2-14）整理后，汇率盈余的远期差价为

$$W_K - W_R = (K^* - F_R^*) - (K - F_R) \tag{2-15}$$

（四）远期外汇综合协议的结算金

根据结算金计算方法的不同，远期外汇综合协议又可分为汇率协议（Exchange Rate Agreement，ERA）和远期外汇协议（Forward Exchange Agreement，FXA）两种。

1. 汇率协议

命题 2-14：汇率协议的结算金计算公式为

$$\text{ERA 结算金} = \frac{A(W_K - W_R)}{1 + (rD/B)} \tag{2-16}$$

式中 A——用外币表示的名义本金额；

r——本币无风险利率；

D——协议期天数；

B——本币按年转换成的天数（一年 360 天或 365 天）。

说明：结算日买入外汇 A，到期日卖出外汇 A，二者收益之差：

$$\begin{aligned} & A(F_R - K) - A(F_R^* - K^*) \\ &= A[(F_R - K) - (F_R^* - K^*)] \\ &= A[(K^* - K) - (F_R^* - F_R)] \\ &= A(W_K - W_R) \end{aligned}$$

折现后即为式（2-16）。

总结：从式（2-16）可以看出，汇率协议的结算金是结算日、到期日期间的汇率改变之差（$W_K - W_R$），与到期日的外币本金之积，折现后是买方在结算日的本币收益。

2. 远期外汇协议

命题 2-15：远期外汇协议的结算金计算公式为

$$\text{FXA 结算金} = \frac{A_2(K^* - F_R^*)}{1 + (rD/B)} - A_1(K - F_R) \tag{2-17}$$

远期外汇协议结算金是结算日交易者买方的收益。

式（2-17）的第一项为到期日名义本金 A_2 的收益，需要折现；第二项为结算日名义本金 A_1 的收益，故无须折现。

远期外汇协议中的名义本金 A_1、A_2 通常相等，即 $A_1 = A_2$。

3. 结算金的含义

汇率协议及远期外汇协议的结算金是买方的收益，若大于 0，合约买方将盈利，合约卖方将亏损；结算金若小于 0，合约买方将亏损，合约卖方将盈利。

4. 应用场合

从结算金可以看出，两种外汇协议各有特点。在投资实际中究竟应用哪一品种，要视情况而定。

如果是对两种货币利差变动进行保值，可采用汇率协议；如果是对传统的外汇掉期交易进行保值，可采用远期外汇协议。

远期外汇综合协议有多种，不同的协议适应的情况不同，收益也不同。这里只讨论了经常使用的汇率协议和远期外汇协议两种结算金的计算。

直接远期外汇协议的结算金计算与通常商品的远期合约相同，无须讨论。

外汇是已知收益率的资产，远期价格已由式（2-8）和式（2-12）给出。对于远期外汇综合协议的价值，又该如何计算呢？

（五）远期外汇综合协议的价值

远期外汇综合协议结算金有两种计算公式，不同的结算方式远期合约的价值不同。这里只给出远期外汇协议的价值。

命题 2-16： 远期外汇协议的价值由如下公式确定：

$$f = A_1 e^{-r(T-t)}(F - K) + A_2 e^{-r^*(T^*-t)}(K^* - F^*) \tag{2-18}$$

证明：分别计算出 T、T^* 两个时刻远期外汇协议的现金流并折现到初始时刻，其现金流见图 2-19。

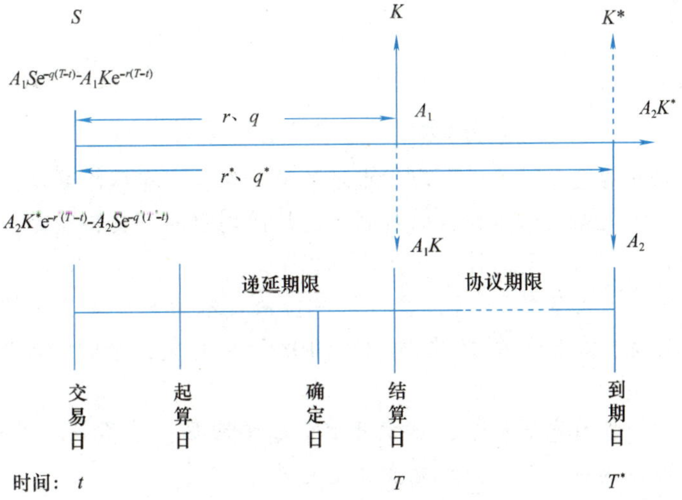

图 2-19 远期外汇协议现金流

部分符号的含义为：

S：t 时刻直接报价法的即期汇率；

r、q：T 时刻到期的本币与外币的即期利率；

r^*、q^*：T^* 时刻到期的本币与外币的即期利率。

1. 在 T 时刻

支出数量为 A_1K 的本币，买入数量为 A_1 的外币，将二者折现到 t 时刻，并注意到此

时的即期汇率为 S，总收益为

$$A_1Se^{-q(T-t)}-A_1Ke^{-r(T-t)}$$

2. 在 T^* 时刻

支出数量为 A_2 的外币，收回数量为 A_2K^* 的本币。类似的，折现到初始时刻的总收益为

$$A_2K^*e^{-r^*(T^*-t)}-A_2Se^{-q^*(T^*-t)}$$

因此,远期外汇协议多头初始的 t 时刻多头的价值 f 的计算公式为

$$\begin{aligned}f&=[A_1Se^{-q(T-t)}-A_1Ke^{-r(T-t)}]+[A_2K^*e^{-r^*(T^*-t)}-A_2Se^{-q^*(T^*-t)}]\\&=A_1e^{-r(T-t)}[Se^{(r-q)(T-t)}-K]+A_2e^{-r^*(T^*-t)}[K^*-Se^{(r^*-q^*)(T^*-t)}]\end{aligned}$$

由式（2-8），T、T^* 时刻远期汇率的理论价格分别为

$$F=Se^{(r-q)(T-t)}$$

$$F^*=Se^{(r^*-q^*)(T^*-t)}$$

可得到远期外汇协议多头的价值 f 为

$$f=A_1e^{-r(T-t)}(F-K)+A_2e^{-r^*(T^*-t)}(K^*-F^*)$$

五、远期外汇合约的应用

签订了远期外汇合约，相当于提前将汇率固定在协议汇率上，未来无论汇率如何变化，依然按协议汇率结算。远期外汇合约的应用，主要体现在套期保值与投机两个方面。

案例 2-14

利用远期外汇合约套期保值

在国际贸易的经营过程中，现货市场的资产经常存在风险暴露，因此可以在远期市场执行方向相反的操作，以达到规避风险的目的。其特点是，在远期及现货两个市场进行方向相反的操作，为现货保值。

美国某进口商于 7 月 15 日，签订了一份从日本购买价值 2.5 亿日元商品的合同。合同约定，用日元在 10 月 31 日（108 天）付款，当时的即期汇率是 135 日元/美元。

由于美元的货币宽松政策，日元升值的趋势明显，若不采取措施保值，108 天后，进口商存在支付更多美元兑换日元的风险。

进口商可以在即期市场购买日元，并持有日元到支付日，但进口商不愿额外付出占用资金的成本；同时，进口商也不愿意承担日元/美元汇率波动的风险。

试问：进口商该采取怎样的套期保值策略？

解析：利用外汇远期保值。由于远期合约是场外交易，交割日期可以由交易双方直接确定，可以避免交易头寸的风险暴露，远期外汇合约流程见图 2-20。

出口商于 7 月 15 日签订了用美元购买日元固定交割日交割的远期外汇合约，成交额为 2.5 亿日元，期限为 108 天，远期汇率为：1 美元 = 134 日元。

进口商运用远期外汇合约，现在确定了未来的交割汇率，实现了套期保值，

规避了日元兑美元汇率波动的风险。

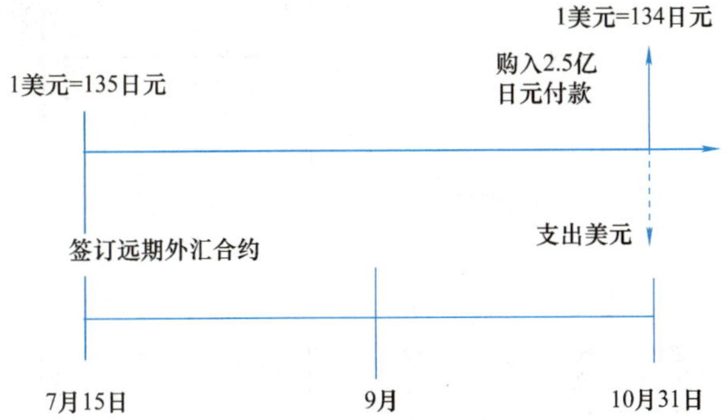

图 2-20 远期外汇合约流程图

在未来的 10 月 31 日，现货市场支出日元，远期市场买入日元，两个市场方向相反，用远期市场为现货市场保值。套期保值是对风险的被动防御。那么应如何利用风险投资呢？

案例 2-15

利用远期外汇合约投机

投机者根据对未来市场走势的预测，故意持有存在风险暴露的投资品种，在同一个市场上进行低买高卖或高卖低买方向相反的操作，其目的是盈利。

投资者对外汇市场进行了分析，发现美元兑欧元即期汇率为 1 美元 = 0.8667 欧元；1 个月、4 个月的直接远期汇率：53/56、212/215。

投资者认为，美元兑欧元的远期汇率价差增幅过大，未来汇率回调不可避免，故与银行签订一份卖出 1×4 远期外汇综合协议，卖出美元买入欧元，合约规模为 100 万美元进行投机。美元为外币，欧元为本币。

1 个月后的即期汇率没有发生变化，仍为 1 美元 = 0.8667 欧元，而 3 个月期的远期汇率报价为：176/179；3 个月期美元、欧元的利率分别为 6%、10%。

试计算该投资者签订的汇率协议和远期外汇协议的结算金。

（一）金融工程案例的分析要领

金融工程的实际问题一般涉及数据较多，对于其中的数据如何与公式中的参数进行对应，初学者往往难以理出头绪。

首先将最终要计算的公式给出，看看都需要哪些参数；如果是中间结果，预先将其求出；这样逐步倒查，可以理出解题需要的所有数据。

本例是计算汇率协议结算金和远期外汇协议结算金，从式（2-16）、式（2-17）可以看出，需首先确定 K、K^*、F_R、F_R^*、W_K、W_R，远期外汇综合协议的数据流见图 2-21。

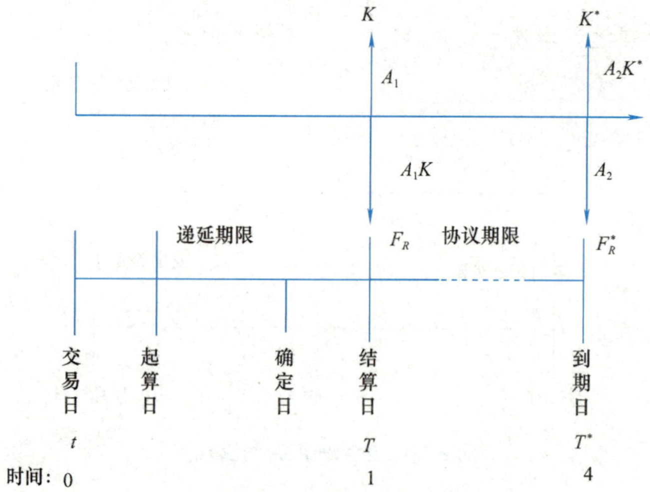

图 2-21　远期外汇综合协议的数据流

（二）参数分析

1. 计算交割价格 K、K^*、F_R、F_R^*

计算结算金，需要首先计算结算日 T、到期日 T^* 两个时刻的远期差价（W_K-W_R），故需已知 K、K^*、F_R、F_R^*。

交易日、确定日的即期汇率相同，只给出了一个汇价：USD/EUR = 0.8667，其含义是：买入价 = 卖出价。由题意还已知：

1 个月远期差价 53/56	交易日
4 个月远期差价 212/215	交易日
3 个月远期差价 176/179	确定日

远期外汇综合协议的结算金公式计算的是协议买方的盈亏；对于卖方，其值大小相等，方向相反，故只需计算买方结算金。

1 个月时投资者是卖出美元，银行使用买入价；4 个月时投资者是买入美元，银行使用卖出价，故远期汇率的交割价格分别为

$$K=0.8667+0.0053=0.8720 \quad \text{交易日}$$

$$K^*=0.8667+0.0215=0.8882 \quad \text{交易日}$$

$$F_R=0.8667,\ F_R^*=0.8667+0.0179=0.8846 \quad \text{确定日}$$

说明：计算结算金，K 与 F_R 比较，故须方向相同；K^* 与 F_R^* 比较，故须方向相同，同为买入价或卖出价。

2. 计算远期差价

由式（2-13）、式（2-14），交易日及确定日远期差价分别为

$$W_K=K^*-K=0.8882-0.8720=0.0162$$

$$W_R=F_R^*-F_R=0.8846-0.8667=0.0179$$

(三) 计算汇率协议结算金

已知：$A=100$ 万美元，$r=10\%$，$B=360$ 天，$D=90$ 天，$W_K=0.0162$，$W_R=0.0179$。

由式（2-16）可得汇率协议的结算金为

$$\text{FRA 结算金}=\frac{A(W_K-W_R)}{1+(rD/B)}$$
$$=\frac{1\ 000\ 000\times(0.0162-0.0179)}{1+(10\%\times 90/360)}\text{欧元}$$
$$=-1658.54\ \text{欧元}$$

(四) 计算远期外汇协议的结算金

已知：$A_1=A_2=100$ 万美元，$r=10\%$，$B=360$ 天，$D=90$ 天，$K=0.8720$，$K^*=0.8882$，$F_R=0.8667$，$F_R^*=0.8846$。

由式（2-17），可得到 FXA 的结算金为

$$\text{FXA 结算金}=\frac{A_2(K^*-F_R^*)}{1+(rD/B)}-A_1(K-F_R)$$
$$=\frac{1\ 000\ 000\times(0.8882-0.8846)}{1+(10\%\times 90/360)}\text{欧元}-1\ 000\ 000\times(0.8720-0.8667)\text{欧元}$$
$$=-1787.80\ \text{欧元}$$

(五) 结论

结算金小于0，合约的买方亏损，卖方盈利，即投资者盈利，银行亏损。

本例中，投资者预测远期汇率将下跌，与实际外汇市场一致（$K^*=0.8882$，$F_R^*=0.8846$），故作为汇率协议的卖方获得1658.54欧元收益，作为远期外汇协议的卖方获得1787.80欧元的收益。

六、远期合约的优势与不足

(一) 优势

远期合约由当事双方通过谈判签署，合约的开始与结束时间、交割方式、交割地点、标的资产的种类，都可以根据双方的需要通过谈判灵活确定。

(二) 不足

1. 市场效率不是很高

远期交易是场外交易，没有固定的交易场所，交易一般限于老客户或固定的合作伙伴之间进行，故市场效率不是很高。

2. 合约难免有失公允

合约双方凭借各自掌握的知识、信息、资源等进行谈判协商，由于诸多的不对称，签订的合约难免有失公允。

3. 违约率高

远期合约不需要交保证金，没有有效的监管机制，履约完全依靠各自的诚信保障，自觉完成。当市场价格对一方有利、违约收益更大时，或有一方无力履约时，都有可能造成违约的风险。

4. 流动性差

由于各方面的原因，当合约无法正常执行需要转让时，因远期交易属于场外交易，没有专门的交易场所，所以信息不畅、流通性差，存在转让困难。

如何克服以上不足呢？期货合约可以给出完美的回答。

本章小结

1. 远期合约是指交易双方约定在未来特定的时间以特定的价格买卖特定数量和质量资产的协议。远期合约的内容视双方具体情况而定，可多可少，但至少应包括多（空）双方、标的资产、交割（执行）价格、合约期限等一些基本要素。

2. 远期价格是指使得远期合约价值 f 为零的交割价格。远期价格的高低与远期合约中标的资产的现货价格紧密相连。远期价值则是指远期合约本身能够为交易者带来的价值，它是由标的资产的实际市场价格与远期合约的交割价格的差距所决定的。

3. 无收益资产是指在远期合约到期日之前，不支付红利或无其他现金流入的资产，其远期合约的价值为：$f=S-Ke^{-r(T-t)}$，远期价格为：$F=Se^{r(T-t)}$。

4. 支付已知现金收益的资产是指，在合约到期前会产生完全可以预测的现金流的资产，其远期合约的价值为：$f=S-I-Ke^{-r(T-t)}$，远期价格为：$F=(S-I)e^{r(T-t)}$。

5. 支付已知收益率的资产是指，在到期日之前将产生与该资产现货价格成一定比率收益的资产，其远期合约的价值为：$f=Se^{-q(T-t)}-Ke^{-r(T-t)}$，远期价格为：$F=Se^{(r-q)(T-t)}$。

6. 远期利率协议（FRA）是金融远期合约的一种，是利率市场化的产物，是指交易双方现在（t 时刻）约定从未来某一时刻（T 时刻）开始到未来另一时刻（T^* 时刻）结束的时期内按协议规定的利率（又称协议利率）借贷一笔数额确定、以具体货币表示的名义本金的协议。

7. 直接远期外汇合约是指远期的期限直接从签约时开始，到未来规定的日期进行交割的外汇合约。它实际上仅是双方的一种约定，在签约时任何一方不需要向另一方付任何款项。

8. 远期外汇综合协议（SAFE）又叫固定汇率协议，它是指交易双方为规避利率差波动或外汇远期价差波动的风险，或者为了在二者波动时进行投机而签订的远期合约。

综合练习

一、名词解释

1. 远期价格　2. 远期价值

3. 远期利率　　4. 远期汇率

5. 投机

二、选择题

1. 如果某公司未来需要借入资金，为避免利率上涨的风险，可选择的策略是（　　）。

A. 银行贷款　　B. 股票投资

C. 买入远期合约　　D. 卖出远期合约

2. 下列说法（　　）是错误的。

A. 场外交易的主要问题是信用风险　　B. 交易所交易缺乏灵活性

C. 场外交易能按需定制　　D. 远期是场内交易

3. 一份 3×9 的远期利率协议表示（　　）的远期利率合约。

A. 3 月达成 9 月到期　　B. 3 月开始的 9 个月期

C. 3 个月后开始 9 个月后到期　　D. 上述说法都不正确

4. 下列关于远期价格和远期价值的说法中，不正确的是（　　）。

A. 远期价格是使得远期合约价值为零的交割价格

B. 远期价格等于远期合约在实际交易中形成的交割价格

C. 远期价值与标的物的即期价格和无风险利率有关

D. 远期价格与标的物现货价格紧密相连，而远期价值是指远期合约的价值

三、填空题

1. 远期合约的要素包括（　　）、（　　）、（　　）、（　　）。

2. 计算远期汇率遵循如下原则：若远期差价前小后大，则即期汇率与远期差价（　　）；若远期差价前大后小，则即期汇率与远期差价（　　）。

3. 远期价值是指（　　）的价值，远期价格是指（　　）价格。

4. 若外币利率大于本国利率（$q>r$），则远期汇率（　　）于即期汇率；若外币利率小于本国的利率（$q<r$），则远期汇率（　　）于即期汇率。

四、简答题

1. 如何区分远期价值和远期价格的不同含义？

2. FRA 中的几个日期之间有何关系？

3. 为什么外币可以被视为支付已知红利率的资产？

五、计算题

1. 不支付红利股票的价格为 30 美元时，签订一份 1 年期该股票的远期合约，无风险利率为 5.5%（连续复利），试问：

（1）远期价格为多少？远期合约的初始价值为多少？

（2）两个月后，股票的价格为 33 美元，远期价格和远期合约价值各为多少？

2. 已知美元的即期利率为 5.5%，人民币的即期利率为 2.5%。当前的人民币对美元的汇率是 6.12 : 1，人民币计息天数为 360 天，问：一年之后的人民币对美元的远期汇率是多少？

3. 远期利率协议某交易日是 5 月 15 日星期三，双方同意成交 1×4 金额 100 万美元，利率为 5.25% 的远期利率协议，确定日市场利率为 5.4%。

请指出：① 1×4 的含义；② 起算日；③ 确定日；④ 结算日；⑤ 到期日；⑥ 结算金。

4. 某投资者投资于一个远期合约的空头头寸，在该合约中，投资者能以 1.3611 美元/欧元卖出 10 万欧元。当远期合约到期时的汇率为 1.3500 或 1.3700 时，投资者的损益分别是多少？

第三章

期　货

本章要点

本章主要介绍以下内容：期货的基本概念、要素、种类及交易机制；在比较远期合约与期货合约的联系与区别的基础上，进一步分析期货与现货、远期之间的价格关系；讨论利率期货、外汇期货及股票价格指数期货的定价原理及相应的投机、套利及套期保值的应用。其中期货与现货、远期之间的价格关系是本章的重点，利率期货、外汇期货及股票指数期货定价的原理是本章的难点。

第一节　期货交易概述

一、期货的产生

远期交易出现的时间可以追溯到古希腊时期，由于存在着诸多的不足，其应用范围一直有限，迫切地需要改进与完善。

在这样的背景下，1865 年，美国的芝加哥期货交易所（Chicago Board of Trade，CBOT）在从事多年远期交易的基础上，推出了第一份真正意义上的标准化期货合约——玉米期货合约。

经过了漫长的实践与探索，加之金融市场上利率、汇率及证券价格的频繁波动，金融投资避险的需求越来越强烈。

芝加哥商品交易所（Chicago Mercantile Exchange，CME）的国际货币市场部（International Monetary Market，IMM），于 1972 年推出了美元对英镑、加拿大元、西德马克、日元等七种货币的外汇期货交易，标志着金融期货的诞生。

金融期货的发展速度是惊人的。在芝加哥期货交易所，金融期货占期货交易的比重，1976 年不足 1%，1980 年为 33%，1987 年为 77%，1995 年已经超过了 90%。2006 年 CME 和 CBOT 合并为 CME 集团。

二、期货与期货交易

定义 3-1：期货交易是指交易双方在规定的地点，依照规定的规则和程序，现在确定在未来规定的时刻，买卖某种标准化标的资产的交易。

定义 3-2：所谓期货合约，是指由交易所统一制定，规定在将来某一时间和地点，按照规定价格买卖一定标准数量和质量的实物商品或金融商品的标准化合约。

期货交易的双方在特定的交易市场，参照现货市场的相关信息，以公开竞价的方式，决定未来一段时间买入或卖出某项标的资产。

期货交易者多为规避价格波动的风险或投机，而不是为了获取标的资产。

参与者必须向交易所交纳与合约价值相应的保证金，由交易所承担买卖双方的信用担保和中介。

合约中，买入标的资产的一方，称为多方，卖出标的资产的一方，称为空方；投资者无论是买入还是卖出期货合约，统称为开仓；这时期货合约的双方，都处于持仓状态。

一份期货合约达成以后，直至合约交割期到来之前，允许持仓者多次买进或卖出，进行与原来买卖角色相反的转换，以解除双方在合约到期后进行实物交割的责任，这种操作方式被称为对冲平仓。

三、期货合约的种类

1. 商品期货

商品期货品种繁多，但大体上可分为农产品期货、黄金期货和金属与能源期货三个层次。农产品期货主要包括谷物、畜产品、林产品等，金属与能源期货，包括铁矿石期货、石油期货等。

在我国，从事商品期货的交易所有：上海期货交易所，主要是铜、金属等；郑州期货交易所，主要是小麦、白糖等；大连期货交易所，主要是大豆、玉米等。

2. 金融期货

根据标的资产性质的不同，金融期货也可分为三大类：外汇期货、利率期货和股票指数期货。

与商品期货不同，金融期货一般以现金结算，并不进行实物交割。

外汇期货以外汇为标的资产，如人民币对美元、欧元、英镑、日元、澳大利亚元（简称澳元）和加拿大元（简称加元）等的外汇。利率期货的标的资产是货币及相应的债券，如欧洲美元期货、长期国债等。股票指数期货的标的资产是股票价格指数，如由芝加哥商品交易所推出的标准普尔 S&P500 股指期货，表 3-1 给出了股指期货合约。

表 3-1 芝加哥商品交易所的 S&P500 股指期货合约

条款名称	具体规定
合约标的	S&P500 股票指数
合约乘数	每点 250 美元
报价单位	指数点
最小变动价位	0.10 个指数点，相当于每份合约 25 美元
每日价格最大波动限制	不超过上一交易日结算价格±5%
合约月份	3、6、9、12 月
交易时间	美国中部时间上午 8:30 至下午 3:15
最后交易日	交割月第三个星期五之前的星期四，法定节假日顺延
交割日期	交割月的第三个星期五
头寸限制	交易商持有交割月合约形成净头寸不超过 2 万份合约
最低交易保证金	合约价值的 10%
交割方式	现金交割
交易代码	IF1020（Index Futures，指数期货）

我国从事金融期货的交易所是中国金融期货交易所，成立于 2006 年 9 月 8 日，位于上海。2010 年 4 月 16 日，第一个股指期货沪深 300 股指期货发行；2013 年 9 月 6 日，5 年期国债期货发行。目前我国金融期货仅有这两个品种，开启了我国金融期货崭新的一页。

四、期货交易的基本特征

期货交易的主要特征是场内交易和标准化，以及由此衍生出的一系列配套措施，这是期货有别于远期的重要标志。

可以看出，期货是对远期的标准化与完善，这也是期货比远期应用更为广泛的原因。

（一）期货交易与结算

1. 期货交易所

期货交易所是从事标准化期货交易的场所，期货交易的整个过程集中在这里完成，其主要职责是：

1）提供交易场所及交易平台。

2）制定标准化的期货合约，制定交易规则。

3）监督合同及规则的执行，解决交易纠纷，管理并维护市场的正常运行。

在期货的交易过程中，交易双方并不直接接触，而是由交易所和结算机构，充当所有买方的卖方和所有卖方的买方，匹配买卖、撮合成交、集中结算。

2. 交易所的客户

期货交易采用会员制。会员又称席位，其构成包括：投资银行、经纪公司与自营商，只有取得会员资格才能入场交易。

会员在交易所内直接进行交易，交易成本低，下单方便、快捷。非会员只能通过会员代理进行交易，部分会员既做自营交易，又做经纪业务。

3. 期货经纪公司

期货经纪公司是期货市场的中介机构，是期货交易所的会员，主要的服务对象是中小散户，主要业务是：管理客户的账户，接受客户的交易委托，提供期货投资的咨询服务。

期货经纪公司的机构设置：保证金账户部、结算部、信贷部、交易部、客户服务部、实物交割部、研发部等。

中小散户的操作流程是：在期货经纪公司建立交易账户，进行期货交易时，下单委托经纪公司进行交易。在接到客户的委托单并确认以后，经纪公司利用在交易所的席位进行交易。

4. 期货结算所

期货结算所也称为结算公司，一般隶属于交易所，是其中的一个部门；也存在结算公司是独立机构的情况。

结算公司的主要职能为负责期货交易的结算，包括：持仓到期未平仓期货合约的交割，未到期合约的平仓，并承担每笔交易的结算和期货合约到期履约的执行；计算期货交易盈亏，充当交易对手，管理会员资金，控制市场风险，监管实物交割。

为此，结算所不仅要监视会员的财务状况，而且会要求会员在结算公司必须开设保证金账户，以防止会员违约。

通过以上描述可以看出，结算所的业务是期货交易过程中的关键环节，是期货市场的神经中枢和控制中心。

与远期交易不同的是，期货交易所是所有买方的卖方，及所有卖方的买方。而期货投资是风险投资，交易所作为投资的一方，是如何规避风险的呢？

（二）保证金与逐日盯市制度

为了防止投资者违约，交易所制定了期货交易的保证金制度。保证金的收取分级进行，交易所收取会员保证金，经纪公司收取客户保证金。

1. 客户保证金

在交易前，作为客户的多空双方，都必须在经纪公司建立保证金账户。投资者建立头寸与增减头寸时，都需交纳初始保证金和维持保证金。

（1）初始保证金

1）初始保证金的数额。初始保证金的数额与交易所、期货品种、是套期保值还是投机等诸多因素有关。如果是投机，保证金可能高达合约价值的5%～7%；如果是套期保值，保证金一般为合约价值的2%～4%。

保证金的数量也与标的资产价格的变化程度有关。当标的资产价格波动的幅度大时，保证金需要交纳的也多。

2）保证金的载体。保证金可以是现金、债券和股票。但债券只能按相当于债券面值的 90% 计，股票只能按股票面值的 50% 计。

3）“逐日盯市”制度。建立头寸以后，期货经纪公司每天都会跟踪客户的保证金账户，用当天标的资产的收盘价与客户的协议价格进行比较，将当天的盈亏计入客户保证金账户，这就是所谓的“逐日盯市”制度。

因此，客户保证金的数额是动态的，随标的资产价格的变化而变化，故有出现负值的可能。

（2）维持保证金

1）维持保证金的意义。为了防止投资者的保证金出现负值，失去保证金的作用，期货交易规则规定，客户还需交纳维持保证金，其数额一般规定为初始保证金的 75% 左右。

2）维持保证金的管理。一旦初始保证金低于维持保证金的数额，投资者会收到保证金催讨通知单，要求投资者在下一个交易日前，将保证金以现金的形式追加到初始保证金的水平。

这一追加的资金称为变动保证金。如果客户没有及时提供变动保证金，经纪公司可以对客户的头寸进行强制平仓。

随着价格的变化，客户保证金可能高于初始保证金的水平，此时客户可以把超额部分提走。

案例 3-1

保证金计算

某客户参与芝加哥商品交易所 CMES&P500 股指期货交易，每份合约的初始保证金为 26 250 美元，维持保证金为 21 000 美元，一份合约每个指数点为 250 美元。

8 月 1 日（星期五）买进一份 12 月份到期的合约，当时期货价格为 1925 点。如果 8 月 4 日期货价格分别收盘于：①1901 点，②1940 点。他的保证金各变成多少？

解析：①买入价为 1925 点，如果 8 月 4 日的收盘价为 1901 点，下跌了 24 点，则投资者损失的金额为

$$
\begin{aligned}
\text{盈亏} &= (\text{收盘价}-\text{买入价})\times\text{每点的价值} \\
&= (1901-1925)\times 250\ \text{美元} \\
&= -24\times 250\ \text{美元} \\
&= -6000\ \text{美元}
\end{aligned}
$$

这时的初始保证金变成：

$$(26\,250-6000)\ \text{美元} = 20\,250\ \text{美元}$$

已低于维持保证金 21 000 美元的水平，故该投资者需要在保证金账户追加 6000 美元。

② 如果8月4日的收盘价为1940点，上涨了15点。

$$
\begin{aligned}
\text{盈亏} &= (\text{收盘价}-\text{买入价})\times\text{每点的价值}\\
&= (1940-1925)\times 250\text{ 美元}\\
&= 15\times 250\text{ 美元}\\
&= 3750\text{ 美元}
\end{aligned}
$$

投资者将盈利3750美元，初始保证金达到30 000美元。按照规定，投资者可以从保证金账户提走3750美元。

总结：初始保证金的变动幅度低于维持保证金时，需要追加到初始保证金的水平；高于初始保证金时，高出的部分可以提走。

（3）期货与远期结算的区别

远期是在结算日一次性结算，结算金只与交割价格及确定日的参考价的差额有关，故在合约的存续期内，无论标的资产的实际价格如何变化，都与结算金无关。

而期货交易是逐日结算计算盈亏的，因此，期货每个交易日的收盘价都相当于远期的确定日提供的参照价，期货的买入价或卖出价相当于远期的协议价格。

经纪公司根据投资者的买入价或卖出价与每个交易日的收盘价进行比较，计算盈亏，及时消除经纪公司的风险。

客户在经纪公司开设保证金账户，多空双方交纳保证金以规避经纪公司的风险；交易所面对的是经纪公司，经纪公司一样存在违约的可能，交易所该如何规避风险呢？

2. 会员保证金

（1）会员保证金的含义

交易所的会员在结算所开设保证金账户，其相应的保证金被称为会员保证金。与客户保证金不同，结算所只要求会员交纳会员保证金，不再交纳维持保证金。

会员在交易日需要根据当天的结算价格变动，补偿不足的会员保证金或提走盈余的保证金。

（2）会员保证金的计算

计算结算保证金，通常有如下两种方式：

1）基于总值方式，参照客户的多头头寸与空头头寸相加的总值收取保证金。

2）基于净值方式，认为一个经纪公司中的客户的多头头寸与空头头寸可以将风险相互抵消，按二者差额收取保证金。

例如，假设某结算所的一个会员持有30份期货合约的多头头寸和25份空头头寸。

基于总值方式，是以55份期货合约为基础收取保证金；基于净值方式，是以5份期货合约为基础收取保证金。多数交易所使用基于净值的方式收取保证金。

（3）保证金账户的管理

期货结算所管理其会员（经纪公司、投资公司）的保证金账户，期货经纪公司管理其客户的保证金账户，期货市场的保证金账户呈树状结构分布，见图3-1。

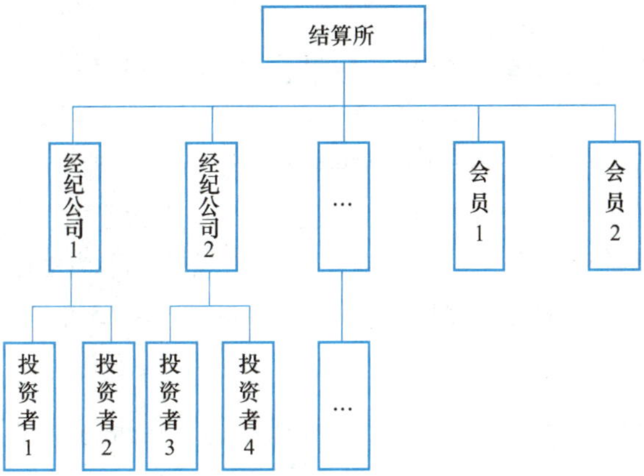

图 3-1 保证金账户呈树状结构分布

除保证金制度外，还有一些其他的保障制度，如登记结算制度、风险处理制度、每日无负债制度、涨停板制度、持仓限额制度、大户报告制度、实物交割制度、强行平仓制度、信息披露制度等。正是由于这些完善的制度，才使得期货市场得以正常运行。

（三）期货合约相关规定

期货合约的交易品种、合约规模、交割日期、交割方式等都是标准化的，不需要进一步确定，期货价格是合约中唯一的变量，期货合约的实例见表 3-2。

表 3-2 中国金融期货交易所 5 年期国债期货合约

条款名称	具体规定
合约标的	面值为 100 万元人民币、票面利率为 3% 的名义中期国债
可交割国债	合约到期月首日剩余期限为 4~7 年的记账式附息国债
报价方式	百元净价报价
最小变动价位	0.002 元
合约月份	最近的三个季月（3 月、6 月、9 月、12 月中的最近三个月循环）
交易时间	09:15~11:30，13:00~15:15
最后交易日交易时间	09:15~11:30
每日价格最大波动限制	上一交易日结算价格的±2%
最低交易保证金	合约价值的 2%
最后交易日	合约到期月份的第二个星期五
最后交割日	最后交易日后的第三个交易日
交割方式	实物交割
交易代码	TF
上市交易所	中国金融期货交易所

一般说来，标准期货合约包括如下主要条款：

1. 合约规模

合约规模是指一份合约中包含资产的数量，又称为交易单位。同一交易所内同一品种合约的规模相同。

合约规模的大小是经过精心设计的：合约规模太大，不利于小规模的套期保值操作，也不利于非机构投资者投机；交易要收手续费，合约规模太小有可能增加交易成本。

例如，中国金融期货交易所 5 年期国债期货合约规模每手为 100 万元人民币，CME 欧元每手为 12.5 万欧元，日元每手为 1250 万日元，美国 10 年、5 年期国债每手为 10 万美元。

2. 最小变动价位

最小变动价位又称为刻度，是指由交易所规定的，在进行金融期货交易时，买卖双方报价所允许的最小变动幅度。

每次报价的价格变动，必须是最小变动价位的整数倍；最小变动价位与合约规模的积，就是每份金融期货合约因为价格变动一个刻度的改变值。

不同标的资产的期货合约的最小变动价位不同，如外汇期货用计价货币表示，股指期货用点数表示。

3. 涨跌停板

为了防止恶意炒作和投资者的损失过大，期货交易规定了每日价格的最大波动限制，称为“涨跌停板”。涨跌停板规定，当日某金融期货合约的成交价格，不能高于或低于该合约上一交易日收盘价的一定幅度，只允许在规定的幅度内进行交易。

4. 交割月份

交割月份是指期货合约到期交割的月份。期货合约签订后至到期日之前，可以进行多次交易平仓。故持有至到期日的并不多，只有 2%~4%。

如果持有到期需要进行交割，交割月份是标准化的，由交易所规定，期货交易参与者可以在签订合约前自主选择。

例如，中国金融期货交易所 5 年期国债期货合约的交割月份为季月，即 3 月、6 月、9 月和 12 月。交割月的第一个交易日为通知日，从这一天起，买家会收到交割通知书。

在最后交易日，交割月份中最后一个允许的交易日，过了这一天未平仓的，只能进行实物交割。金融期货更多的是清算差价。

5. 其他约定

除以上介绍的条款外，期货合约中通常还有诸如交易时间、交割日期、交割方式、产品代码、头寸限额、交易手续费等条款，而商品期货里还包括交割等级、交割地点等。

（四）期货交易的结束方式

期货交易的结束方式有三种：交割、平仓、转现货。

1. 交割方式结束期货交易

（1）期货交割的实现

交割是指投资者持有期货头寸到期，按照期货合约的规定和要求，进行实际交割或现金结算。

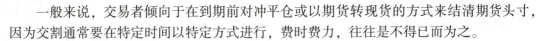

一般来说，交易者倾向于在到期前对冲平仓或以期货转现货的方式来结清期货头寸，因为交割通常要在特定时间以特定方式进行，费时费力，往往是不得已而为之。

（2）期货交割的意义

在期货合约的存续期内，如果没有进行平仓或转现货，随着交割月份的临近，期货价格与现货价格将趋于一致，否则将存在无风险套利机会。

正是由于存在实物交割这一最终的解决方案，使得期货交易无论在何种情况下都能顺利完成。

2. 平仓方式结束期货交易

（1）平仓交割的实现

在期货合约存续期内，如果标的资产的价格朝着投资者希望的方向变化，在最后交易日到来之前，投资者通过反向对冲交易结清自身的期货头寸，称为平仓。

（2）平仓的种类

平仓包括卖出平仓和买入平仓两种方式。

卖出平仓，即期货合约的多头将原来买进的期货合约卖出，一般是低买高卖。

买入平仓，即期货合约的空头将原来卖出的期货合约买回，一般为高卖低买。

（3）平仓的优势

平仓方式结束期货合约，既克服了远期交易流动性差的问题，又比实物交割方便灵活，而且平仓一般是在出现机会的情况下主动为之，会有更好的收益。

因此，目前大多数期货交易都是通过平仓结清头寸。

3. 期货转现货

（1）期货转现货含义

期货转现货是指买卖双方按交易所报价平仓期货，以双方商定的价格进行现货交收。

（2）期货转现货操作

期货转现货操作是指持有方向相反、同一品种期货合约的两个客户协商一致，向交易所提出申请，获得交易所批准后，分别将各自持有的期货合约，按交易所规定的价格由交易所代为平仓；同时按双方协议价格进行与期货合约标的资产数量相当、品种相同的现货买卖。

可以看出，期货转现货相当于买卖双方在期货、现货两个市场各执行了一次操作。

案例 3-2

期货转现货

8月初，美国一出口商根据出口合同，需要在10月份购买小麦50 000t。

为了防止价格上涨，在芝加哥期货交易所（CBOT）做了买期保值：买入12月份小麦期货合约367张（约50 000t），期货价格为830美元/t。

9月中旬，一小麦储存商为了防止小麦现货价格的下跌，在该市场做了卖期保值：卖出12月份小麦期货合约400张（54 432t），期货价格为850美元/t。

10月14日，12月份小麦期货合约的价格上涨到912美元/t（结算价格），现货价格为890美元/t。这时，出口商需要小麦，向储存商询购小麦，得知该储存商也在期货市场做了卖期保值，因而希望购买小麦和平仓期货头寸同时进行。

这样，出口商通过期货转现货方式，在期货市场由交易所代为平仓，在现货市场按约定的价格进行实物交割。

期货转现货方式的意义在于，现货市场的风险，由期货市场实现保值，并在现货市场实现了交割。

(3) 期货转现货方式与交割方式的关系

期货转现货方式，并不是通过交易系统自动结清头寸，而是两个交易者协商后向交易所提出申请，交易所人工完成。

而二者协商、实物交割均在场外完成，这时与交易所已经无关，它和远期的交割类似。因此，期货转现货巧妙地运用了远期与期货各自的优势。

五、期货交易的功能

期货交易的主要功能包括价格发现、期货套期保值及期货投机。

（一）价格发现

1. 现货市场预测价格的不完善性

在市场经济中，生产经营者根据市场提供的价格信息做出经营决策。价格信息是否真实、准确、及时，直接影响到经营者经营决策的正确性，进而影响经济效益。

在期货市场产生以前，生产经营者主要依据现货市场的商品价格来进行决策，根据现货价格的变动来调整自身的经营方向和经营方式。

由于现货交易多是分散的，生产经营者很难及时收集到所需要的价格信息。即使收集到现货市场反馈的价格信息，这些信息也是零碎、分散、片面、滞后的，其准确性及真实程度都很低。

利用这样的数据对未来供求关系变化进行预测，其准确性将无从谈起。因此，利用现货市场的价格指导经营决策，往往会造成决策的失误。

2. 期货价格的发现功能

期货的价格发现功能是指：在一个公开、公平、高效、竞争的期货市场，通过期货交易形成的期货价格，是未来不同期限标的资产的价格，具有真实性、预期性、连续性和权威性等特点，能够比较真实地反映出未来商品价格变动的趋势。

自期货交易产生以来，价格发现功能逐渐成为期货市场的一项重要经济功能。

3. 全球网络的一体化是价格发现的保障

现代期货交易集中在高度组织化的期货交易所内进行。在这里，交易者众多，供求集中，公开竞价；期货价格、需求等各类交易信息，通过期货交易的全球网络系统，及

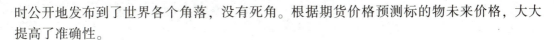

时公开地发布到了世界各个角落，没有死角。根据期货价格预测标的物未来价格，大大提高了准确性。

（二）期货套期保值

1. 期货套期保值的含义

期货套期保值是指，现货市场的未来资产存在风险暴露，在期货市场执行方向相反的操作，以一个市场的盈余来对冲另一个市场的亏损，从而实现规避现货价格风险的目的。

2. 卖出套期保值

卖出套期保值是指，投资者在现货市场上持有多头头寸，担心价格下跌，在期货市场上卖出期货进行保值。当标的物的价格真的下跌了，现货市场卖出标的物的收益将减少，而期货市场因买入标的物进行平仓的价格降低而盈利，现货市场的亏损从期货市场得到了补偿。

3. 买入套期保值

买入套期保值是指，投资者在现货市场上持有空头头寸，担心价格上涨，在期货市场上买入期货进行保值。当标的物的价格真的上涨了，现货市场买入标的物的支出将增加，而期货市场因卖出标的物进行平仓的价格增加而盈利，现货市场的亏损从期货市场得到了补偿。

（三）期货投机

1. 期货投机的含义

投资者对某一期货产品的未来价格走势进行预测，若预测未来价格上涨时则买进，待价格真的上涨了卖出平仓；若预测未来期货价格下跌时则卖出，待价格真的下跌了再买进平仓。

投机为同一个市场方向相反的两个操作，如果预测失败将亏损，其目的是盈利。

2. 期货投机的经济意义

投机操作增加了期货市场的交易量和流动性，平息了价格波动，使价格趋向于合理。因此，投机者的存在，对期货市场是十分重要的。

另外，投资者为了获利，有时也会人为制造波动，这对期货市场的影响将是负面的。

3. 期货市场给投机提供了方便

（1）期货交易方便灵活

进行期货买卖的手续简单，只需要签订期货合约、交保证金即可，投机者并不进行实物交割，而是在自己预计的价位平仓即可。

当然，投机者需要更多的经验与智慧，如果预测失误，将成为他人盈利的提供者和套期保值人的风险承担者。

（2）保证金数额很低

期货市场规定，投机交易的保证金，一般为合约价值的 5% ~ 10%，略高于套期保值，占用的资金很少，以鼓励投机者参与，促进期货市场流通。

另外，通过完善的网络电子交易系统，可对期货交易的整个过程进行管理；通过完善的信息披露制度，供求状况、价格波动一目了然，投机者可以更方便地从交易系统中捕捉到机会。

（四）投机与期货套期保值的区别

期货套期保值是标的资产在现货市场的风险，由期货市场通过对冲规避，涉及现货、期货两个市场，目的是用期货为现货避险；期货投机是使用低买高卖或者高卖低买的操作手法，在同一市场对同一标的资产的反向操作，其目的是赚取差价。

六、期货价格与现货价格的关系

期货市场是在现货市场基础上发展起来的，因此期货价格与现货价格之间存在着密切的联系。

1. 期货价格与现货价格变动的同向性

期货价格与现货价格的关系为：现货价格是期货价格的基础，而期货价格是交易者对现货价格的预期。

期货价格与现货价格一般不等，但二者受共同因素的影响，当现货价格上涨时，期货价格也会上涨，当现货价格下跌时，期货价格也会下跌，即二者的价格同升同降，尽管两种价格的涨跌幅度未必相同，这就是现货价格与期货价格涨跌的同向性，见图 3-2。

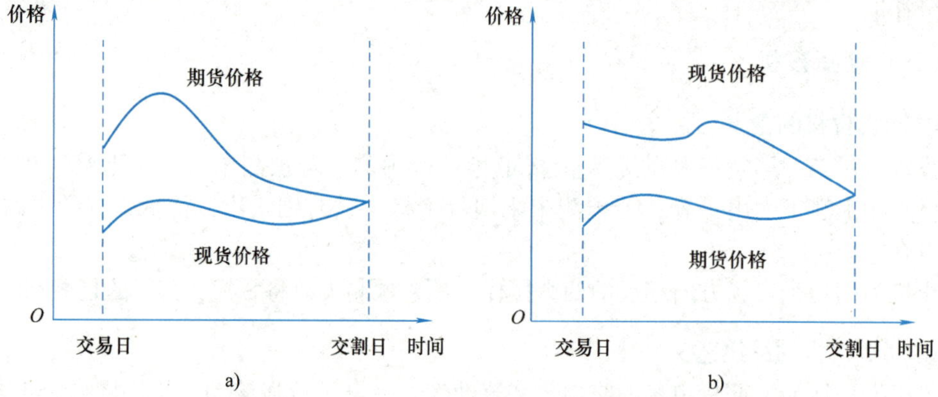

图 3-2　同一品种现货价格与期货价格的关系

2. 现货价格与期货价格的趋同性

期货市场相对于现货市场来说存在着诸多的不确定性，当远离交割日时，期货价格与现货价格的差异会很大。

随着交割日的临近，不确定性逐渐变小，期货价格与现货价格之间的差异将逐渐变小。到达交割日时，期货价格将收敛于现货价格，这就是期货与现货的价格趋同性，也是套期保值可以实现的原因。

七、期货交易的优势与不足

（一）优势

金融期货是金融领域的一个创新，极大地丰富和繁荣了金融市场，已经成为人们投资及避险的重要手段。和非标准化的远期相比，期货具有如下明显的优势：

1. 提高了流动性

期货合约标准化和高效率的交易过程，大幅度提高了市场的流动性。

2. 交易成本低

通常来说，一笔期货合约履约成本，相当于场外交易等值交易额的很小一部分，也远低于现货市场的交易成本。

3. 无违约风险

期货市场独特的结算程序与保证金制度避免了交易对手的违约风险。

4. 资金占用少

保证金制度提供的杠杆效应，使得交易者能够以较少的资本控制较大的头寸。

(二) 不足

1. 灵活性欠缺

由于期货市场的特殊性，要求期货合约必须是标准化的，不如远期灵活。

2. 保证金占用资金

保证金的设立，在降低风险的同时，也降低了资金的流动性，增加了占用资金，提高了交易成本。

事实上，期货交易的不足，是为赢得相应优势无法避免的，也是必要的。

以上对于期货交易进行了系统的讨论，下面将介绍利率期货、外汇期货和股指期货在不同情况下的交易策略。

第二节 利率期货

一、利率期货概述

1. 利率期货的含义

利率期货合约是指标的资产价格依赖于利率水平的期货合约，主要用于利率变化的避险或投机。

2. 利率期货的产生

1975 年 10 月 20 日，世界上第一张利率期货合约在芝加哥期货交易所（CBOT）产生，开创了利率期货的先河；1982 年，伦敦国际金融期货交易所（LIFFE）首次引入利率期货；1985 年，东京证券交易所开始利率期货交易；1990 年 2 月 7 日，香港期货交易所开始利率期货业务；2013 年 9 月 6 日 5 年期国债期货的发行，标志着我国利率期货的开始。

3. 利率期货的种类

利率期货包含短期利率期货和中长期利率期货两大类型。

（1）短期利率期货。短期利率期货是指期限不超过 1 年的利率期货，包括欧洲美元期货和美国国债期货。

（2）中长期利率期货。期限大于等于 1 年小于 10 年的期货为中期期货，典型的品种有美国中期国债；期限大于等于 10 年的期货为长期期货，典型的品种有美国长期国债。

二、欧洲美元期货

（一）欧洲美元期货概述

1. 欧洲美元的含义

欧洲美元是指储蓄在美国境外银行，主要是欧洲的一些银行和美国银行欧洲分行的美元存款，或是从这些银行借到的美元贷款。

欧洲美元与美国国内流通的美元是同一货币，具有同等价值，但欧洲美元不受美国联邦储备系统监管，因此，此种储蓄比美国境内的储蓄受到更少的限制，而是有更高的收益。

历史上，这样的储蓄主要由欧洲的银行和财政机关持有，因而命名为“欧洲美元”。这样的储蓄现在遍布全球各国，但它们仍被称为欧洲美元。

2. 欧洲美元期货的含义

将 100 万欧洲美元在未来某个时刻存入或贷出 3 个月的存单作为标的的期货合约，称为欧洲美元期货合约。

欧洲美元期货合约是美国金融市场上最流行的短期利率期货合约，由芝加哥商品交易所（CME）在 1981 年推出。

3. 欧洲美元期货的操作

欧洲美元存款只是名义上的，其存款的起始日为期货合约的到期日，即 3 个月期存款是从合约的到期日开始的。

买入 1 份欧洲美元期货合约，相当于在未来某个时刻开始以合约规定的利率存款 100 万欧洲美元 3 个月，见图 3-3。

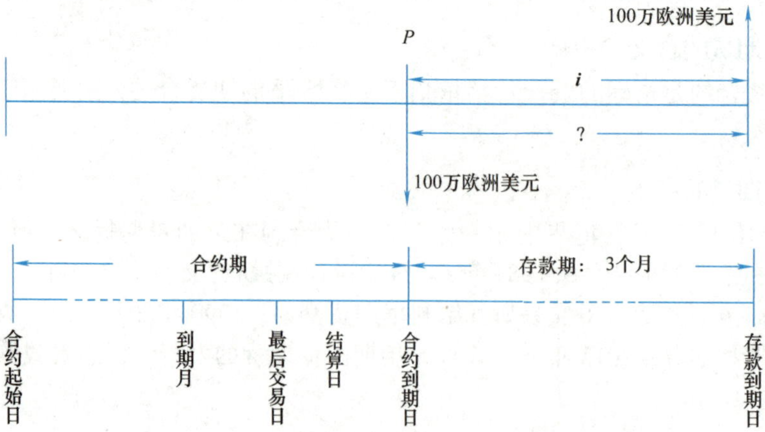

图 3-3　买入 1 份欧洲美元期货合约流程图

卖出 1 份欧洲美元期货合约，相当于在未来某个时刻开始，以合约规定的利率贷款 100 万欧洲美元存款 3 个月。

利用欧洲美元期货合约，投资者可以锁定递延期限最长可达 10 年、名义本金为 100 万美元、期限为 3 个月的利率水平。

目前，欧洲美元期货是期货市场交易最活跃的利率期货品种，CME 欧洲美元期货合约文本见表 3-3。

表 3-3 CME 欧洲美元期货合约文本

条款名称	具体规定
交易品种	欧洲美元
交易单位	100 万美元
报价单位	指数点
最小变动价位	0.0025 个指数点，即 1/4 个基本点，相当于每份合约 6.25 美元
每日价格最大波动限制	不超过上一交易日结算价格±5%
合约交割月份	3、6、9、12 月
交易时间	美国中部时间，上午 7:20 至下午 2:00
最后交易日	交割月的第三个星期三之前的第二个伦敦银行营业日，上午 11:00
最后交割日	交割月的第三个星期三
最后交割	根据英国银行家协会公布的 3 个月期的 LIBOR 进行现金交割
头寸限制	交易商持有的所有交割月的合约形成的净头寸不超过 2 万份合约
最低交易保证金	合约价值的 7%
交易手续费	不高于成交金额的万分之二（含风险准备金）
交割方式	现金结算

（二）欧洲美元期货报价

1. 贴现债券与贴现率

债券以低于票面金额的价格折价发行，票面金额与发行价的差额相当于预先支付的利息，债券期满时按面值偿付，这样的债券称为贴现债券，其利率称为贴现率。

2. 短期利率期货的报价指数

短期利率期货的报价方法，是由 CME 的 IMM 确定的；短期利率报价，不是直接给出利率水平，而是用报价指数。

定义 3-3：如果 3 个月期的贴现率为 i，称

$$P=100(1-i) \tag{3-1}$$

为短期利率期货报价指数，简称报价指数（IMM 指数），其单位为点。

报价指数的经济意义是：面值为 100 欧洲美元、期限 3 个月、贴现率为 i 的贴现债券的价格。如果在已知报价指数 P 的条件下，将式（3-1）变形后有

$$100i=100-P \tag{3-2}$$

其含义是：面值为 100 欧洲美元、年计息 4 次、贴现率为 i 的贴现债券的利息为 $100-P$。

3. 欧洲美元期货合约的最小变动单位

按照利率期货合约的规定，欧洲美元期货合约允许的最小价格变动为 0.0025 个指数点，相当于利率变动 0.0025%，这时一份期货合约（3 个月期 100 万欧洲美元）最小允许改变的价值是多少？

命题 3-1：欧洲美元期货合约允许最小价格改变 0.0025 个指数点时，则

1 份期货合约最小改变量 = 1 000 000 欧洲美元×0.0025%×3/12 = 6.25 欧洲美元

4. 欧洲美元期货合约的价格（协议价格）

投资者进行欧洲美元期货交易，在交易日根据报价指数 P，与交易所签订欧洲美元买入或卖出期货合约。

对于买入一份报价指数为 P 的期货合约，相当于在合约的到期日存入 100 万欧洲美元、为期 3 个月、利率为 i 的存单。

现在的问题是，一份欧洲美元期货合约作为标的资产，在签订协议时，它用美元表示的价格（协议价格）是多少？

命题 3-2：给定 IMM 报价指数 P，则 1 份欧洲美元期货合约用美元表示的价格（协议价格）为

$$\text{合约价格(协议价格)} = 10\,000\times[100-0.25\times(100-P)] \tag{3-3}$$

说明：由式（3-2）可知，$0.25\times(100-P)$ 为 100 欧洲美元 3 个月的利息，故方括弧中的值为 100 欧洲美元 3 个月期的价格，故上式为 1 份欧洲美元期货合约（3 个月 100 万）在签订合约时用美元表示的价格（协议价格、交割价格）。

5. 欧洲美元期货合约到期日的结算

类似于远期利率协议，欧洲美元期货合约的结算，同样参照 LIBOR。

命题 3-3：参照最后交易日上午 11 时英国银行家协会公布的 3 个月期的 LIBOR，欧洲美元期货合约的美元结算价格（参考价格）为

$$\begin{aligned}\text{美元结算价格} &= 10\,000\times(100-0.25\times100\times\text{LIBOR})\\ &= 10\,000\times(100-0.25R)\end{aligned} \tag{3-4}$$

说明：其中括号内的值为 100 欧洲美元时的结算金；一般报价时会直接给出 $R=$ 100LIBOR 的值，以方便计算。

案例 3-3

欧洲美元期货合约套期保值

1 月 8 日，某出口商在 6 月 10 日将有 300 万美元进账，并准备将其存入银行 3 个月。为了防止到时利率下跌，希望将利率锁定在 6 月 10 日的利率。

如果 3 月期 6 月 10 日开始的欧洲美元期货，报价为 $P=95.5$(利率 $i=0.045$) 点，确定日的 LIBOR = 4.25%，试计算：

1）用美元表示的合约价格（协议价格）。

2）最终结算价格（参考价格）。

3）期货收益。

4）总收入。

5）这时企业实际锁定的利率是多少？

解析： 已知 $P=95.5$，LIBOR $=4.25\%$，卖出期货合约 3 份，数据流见图 3-4。

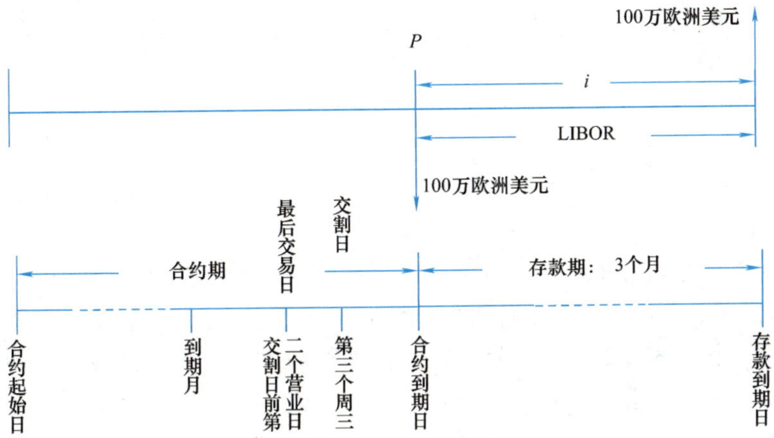

图 3-4 买入 1 份欧洲美元期货合约数据流

1）由式（3-3）有

3 份欧洲美元期货合约价格(协议价格)

$= 3\times10\,000\times[100-0.25\times(100-95.5)]$ 欧洲美元

$=2\,966\,250$ 欧洲美元

2）由式（3-4）有

3 份欧洲美元期货合约的结算价格(参考价格)

$=3\times10\,000\times(100-0.25\times4.25)$ 欧洲美元

$=2\,968\,125$ 欧洲美元

3) 期货收益 $=2\,968\,125$ 欧洲美元 $-2\,966\,250$ 欧洲美元 $=1875$ 欧洲美元

4) 总收入：6 月 10 日开始的 3 个月期利率 4.25%，将 300 万欧洲美元存入银行，到期后可得

利息收入 $=3\,000\,000$ 欧洲美元 $\times0.25\times0.0425=31\,875$ 欧洲美元

与期货收益相加：

总收入 $=31\,875$ 欧洲美元 $+1875$ 欧洲美元 $=33\,750$ 欧洲美元

5) 实际利息，由利率的计算公式：

$$利率=\frac{利息}{本金\times时间}=\frac{33\,750\text{ 欧洲美元}}{3\,000\,000\text{ 欧洲美元}\times0.25}=4.5\%$$

这与利用已知的报价指数，确定利率相同：

$$利率=(100-P)\%=(100-95.5)\%=4.5\%$$

达到了锁定利率的目的。

（三）欧洲美元期货的定价

1. 利用远期利率确定报价指数（隐含利率）

命题 3-4： 报价指数 P 隐含的利率可以确定远期利率；反之，如果已知远期利率，也就得到了报价指数。

案例 3-4

报价指数计算

假定 6 个月期 LIBOR 为 8.4%，3 个月期 LIBOR 为 8.2%（两个利率均为连续复利）。试计算欧洲美元报价指数是多少？

解析： 根据式（2-10）可知，3 个月后开始 6 个月以后到期的 3 个月期欧洲美元的远期价格应为

$$r_F=\frac{r^*(T^*-t)-r(T-t)}{T^*-T}=\frac{0.084\times0.5-0.082\times0.25}{0.25}=8.6\%$$

这里计算得到的远期利率是 1 年计 1 次利息的连续复利，而欧洲美元报价指数所对应的是 1 年计 4 次利息的连续复利。

已知 1 年计 1 次利息的连续复利率 r_c，r_m 为 1 年计 m 次复利率，由式（1-6）可知，1 年计 4 次利息连续复利为

$$r_m=m(e^{\frac{r_c}{m}}-1)=4\times(e^{0.086\times0.25}-1)=0.0869$$

由式（3-1），3 个月后交割的 3 个月期的欧洲美元期货的报价应为

$$P=100\times(1-i)=100-8.69=91.31$$

2. 欧洲美元期货套利

如果欧洲美元期货报价指数 P 对应的远期利率 i 与欧洲美元的实际的远期利率不等的话，将存在套利的机会。

若欧洲美元期货报价指数 P 对应的远期利率 i 大于欧洲美元的实际的远期利率的话，表明欧洲美元的期货价格被低估，可以进行多头套利。

方法是：买入欧洲美元期货，相当于在未来的 3 个月存入了一笔欧洲美元存款，远期利息 i 较高，实现套利的目的。

如果报价指数 P 对应的远期利率 i 小于欧洲美元的实际的远期利率，则意味着期货价格被高估，可以进行空头套利。

方法是：卖出欧洲美元期货，相当于在未来的3个月贷出一笔欧洲美元存款，远期利息i较低，实现套利的目的。

短期期货，除欧洲美元期货外，交易量比较大的还有美国国库券期货，时间也是3个月，操作方法与欧洲美元相同，不再赘述。

三、中长期国债期货合约

（一）中长期国债期货合约概述

1. 中长期国债介绍

大于1年小于或等于10年的是中期国债，如我国发行的3年期、5年期国债；大于10年为长期国债，典型的是美国财政部发行的长期国债。

自1981年以来，美国20年期国债每季度发行一次，30年期国债每年不定期发行3次，每次发行都能募集到数千亿美元的巨额资金。

2. 中长期国债期货

由于中长期国债的期限太长，为了增加流动性，中长期国债期货应运而生，成为成交合约数量最多的利率期货合约，是最成功的利率期货之一。

芝加哥期货交易所（CBOT）上市的中期国债期货有2年期、5年期及10年期三种类型。

交易量名列前茅的长期国债期货合约，是1977年8月22日由CBOT最早推出的长期国债利率期货合约，见表3-4，该合约的标的债券是息票率为6%、15年内不得回购的国债。

除2年期国债期货合约规模为20万美元外，其他中长期国债期货的合约规模均为10万美元。

表3-4 CBOT交易的长期国债利率期货合约的主要规定

条款名称	具体规定
交易单位	合约面值10万美元、息票率为6%的美国政府长期国债
报价单位	面值为100美元长期国债
最小变动价位	1/32美元
价格波动限制	不超过上一交易日结算价格±5%
合约交割月份	3、6、9、12月
交易时间	美国中部时间，上午8:15至下午4:10
最后交易日	交割月最后一个工作日之前第7个工作日，芝加哥时间12:01
交割日期	交割月份的任何工作日，由卖方选择
头寸限制	交易商持有的所有交割月的合约形成的净头寸不超过20 000份合约
初始保证金	3000美元
交易手续费	不高于成交金额的万分之二（含风险准备金）

（二）中长期国债现货和期货的报价

1. 期货报价的计算

中长期国债期货与现货一样，都是以 32 分之一美元报出的；和欧洲美元类似，长期国债的报价以面值 100 美元债券的价格为基础。

2. 报价与全价

与短期国债不同，中长期国债定期支付利息，无论现货还是期货，其报价与购买者所支付的实际价格是不同的。

交易所给出支付利息时刻债券或相应期货的报价，而交易时刻未必恰好为支付利息的时刻，此时投资者支付的实际价格称为全价或带息价，二者的关系见图 3-5。

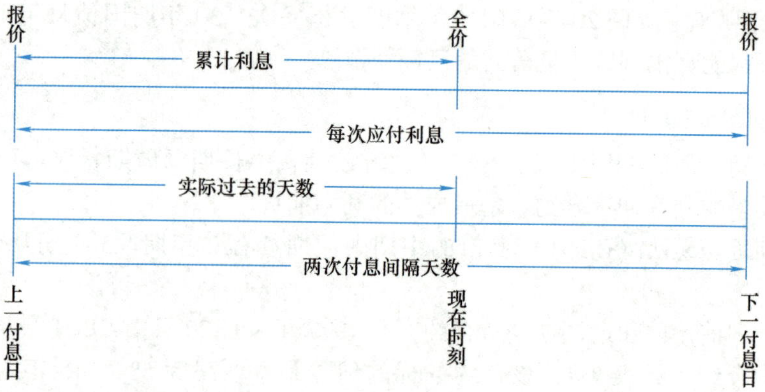

图 3-5 债券报价（净价）与债券价格（全价）的关系

中长期债券的报价与全价的关系为

$$债券全价=债券报价+累计利息 \tag{3-5}$$

这里的累计利息，是上一个付息日以来实际过去的天数应计的利息，计算公式为

$$累计利息=每次应付利息\times\frac{实际过去的天数}{两次付息间隔天数} \tag{3-6}$$

例如报价：93-15，表示 100 美元债券的价格为

$$93\ 美元+\frac{15}{32}美元=93.468\ 75\ 美元$$

面值 10 万美元债券价格的计算方法为

$$1000\times\left(93+\frac{15}{32}\right)美元=93\ 468.75\ 美元$$

案例 3-5

长期债券价格计算

2024 年 11 月 5 日，2034 年 8 月 15 日到期、息票率为 9.75% 的长期国债报价为 92-25（即 92.78），见图 3-6。

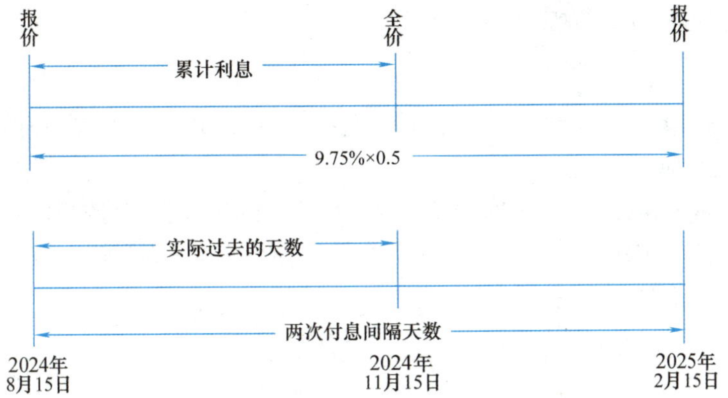

图 3-6 债券报价（净价）与债券价格（全价）的关系

由于美国政府债券均为半年付一次利息，从到期日可以判断，上次付息日是 2024 年 8 月 15 日，下一次付息日是 2025 年 2 月 15 日。

2024 年 8 月 15 日到 11 月 5 日之间为 82 天，2024 年 11 月 5 日到 2025 年 2 月 15 日之间的天数为 102 天。

试问：该长期国债的累计利息是多少？债券价格是多少？

解析： 已知 $S_T=100$ 美元，$r=9.75\%$，$T-t=82$ 天，$T^*-t=82$ 天 $+102$ 天 $=184$ 天，由式（3-6）有

$$\text{累计利息}=(100\text{ 美元}\times 9.75\%\times 0.5)\times\frac{82\text{ 天}}{184\text{ 天}}=2.17\text{ 美元}$$

由式（3-5）有

$$\text{债券全价}=\text{债券报价}+\text{累计利息}=92.78\text{ 美元}+2.17\text{ 美元}=94.95\text{ 美元}$$

这表明，该债券当前时刻的合理价格是 94.95 美元。

（三）转换因子

1. 长期国债期货与短期利率期货的区别

长期国债期货与短期利率期货都是利用利率的波动进行投机或套期保值，但因标的资产不同，故交割方式也不同。短期利率期货采用现金结算，而长期国债期货采用债券现货进行交割。

2. 出现的问题

长期国债用现货债券进行交割，如果期货对应的同一品种的债券现货有限，没有足够的标的资产供给期货空方用于交割时，只能采取买进期货平仓，而此时持有期货的多方故意抬高价格，使空方被迫接受，遭受巨大损失。这样的案例屡见不鲜，严重影响了期货市场的有效性。

为了避免这种情况的发生，期货规则规定：长期国债期货空方，可以选择从交割月第一天起剩余期限在 15 年以上，且 15 年内不得回购的任何美国长期国债用于交割。

这时新的问题又出现了，由于各种债券的息票率和期限各不相同，这时长期国债的价值该如何按同一标准计算呢？

3. 转换因子的概念

为了使不同期限、不同利率的债券具有可比性，可将其按统一标准换算成标准债券，这样的方法就是转换因子法。

定义 3-4： 将 100 美元各种期限债券，未来各个时刻的现金流按相同年利率 r 折现到交割月的价值，扣掉该债券累计利息后的余额除以面值 100，称为转换因子，即

$$\mathrm{CF}=\frac{\sum_{i=0}^{n}\frac{C}{(1+r/2)^{i}}+\frac{100}{(1+r/2)^{n}}-\text{累计利息}}{100} \tag{3-7}$$

式中 $r/2$——半年利率；

C——半年的利息；

n——剩余付息次数。

转换因子的经济意义是：不同期限、不同收益率的可交割债券，1 美元的现价，见图 3-7。

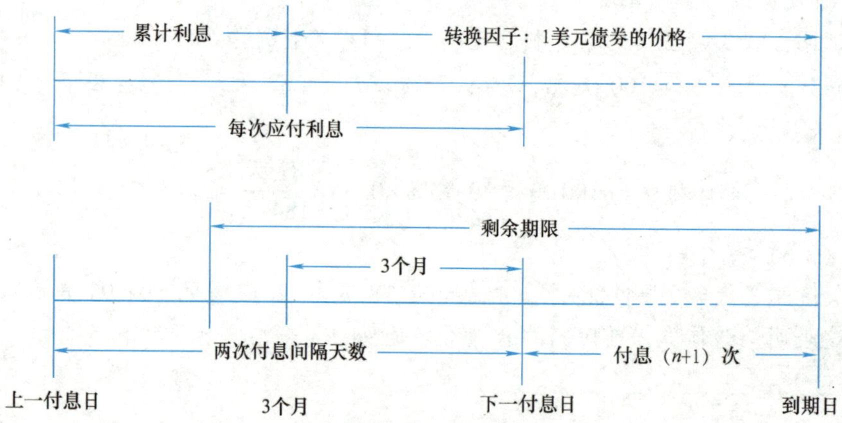

图 3-7 未到期长期国债期货的转换因子图示

4. 转换因子的说明

1）可交割国债的期限采用去尾法，如果剩余期限包含 3 个月的整数倍，需减去 3 个月整数倍的累计利息，避免利息重复计算；不足 3 个月的期限舍去，转换因子不计算小于 3 个月零头。

2）如果可交割国债的剩余期限不含 3 个月的整数倍，含半年的整数倍，则第一次付息发生在 6 个月这一时刻，不足 3 个月的期限舍去，公式不减累计利息。

3）在东方财富网下载 choice 金融终端，在那里可以查询债券的转换因子。打开 choice 金融终端后分别单击：

债券—数据与专题—债券数据浏览器—待选指标—国债期货—可交割券基础指标—转换因子—（下面列表框）债券—国债期货可交割券—10 年期国债期货可交割券，将显示债券的转换因子，见表 3-5。

表 3-5 10 年期国债期货可交割券转换因子

证券代码	证券名称	转换因子	证券代码	证券名称	转换因子
019639. SH	20 特国 04	0. 9917	102210. SZ	国债 2210	0. 9823
019646. SH	20 国债 16	1. 0167	102217. SZ	国债 2217	0. 9765
019657. SH	21 国债 09	1. 0013	102219. SZ	国债 2219	0. 9694
019665. SH	21 国债 17	0. 9923	102225. SZ	国债 2225	0. 9844
019668. SH	22 国债 03	0. 982	2000004. IB	20 抗疫国债 04	0. 9917
019675. SH	22 国债 10	0. 9823	200016. IB	20 附息国债 16	1. 0167
019682. SH	22 国债 17	0. 9765	210009. IB	21 附息国债 09	1. 0013
019684. SH	22 国债 19	0. 9694	210017. IB	21 附息国债 17	0. 9923
019690. SH	22 国债 25	0. 9844	220003. IB	22 附息国债 03	0. 982
102016. SZ	国债 2016	1. 0167	220010. IB	22 附息国债 10	0. 9823
102064. SZ	特国 2004	0. 9917	220017. IB	22 附息国债 17	0. 9765
102109. SZ	国债 2109	1. 0013	220019. IB	22 附息国债 19	0. 9694
102117. SZ	国债 2117	0. 9923	220025. IB	22 附息国债 25	0. 9844

5. 债券标准价格

有了转换因子，再将累计利息考虑在内，可得到交割面值 100 美元债券的标准价格为：

$$\text{债券标准价格} = \text{债券期货报价} \times \text{转换因子} + (\text{实际})\text{累计利息} \tag{3-8}$$

案例 3-6

剩余期限包含 3 的整数倍债券的价格

某债券息票率为 10%，剩余期限为 15 年零 4 个月，折现年利率为 8%，半年为 4%，转换因子是多少？

解析：（1）计算思路

由转换因子的定义，求出 100 美元债券的现价除以 100 即可。将 15 年支付息票的现金流以年利率 8%、每半年 4% 贴现，计算 3 个月后第一次付息时刻债券的现价；计算 3 个月的连续复利 r，再将 3 个月这一时刻的现价折现到当前时刻，减去累计利息，见图 3-8。

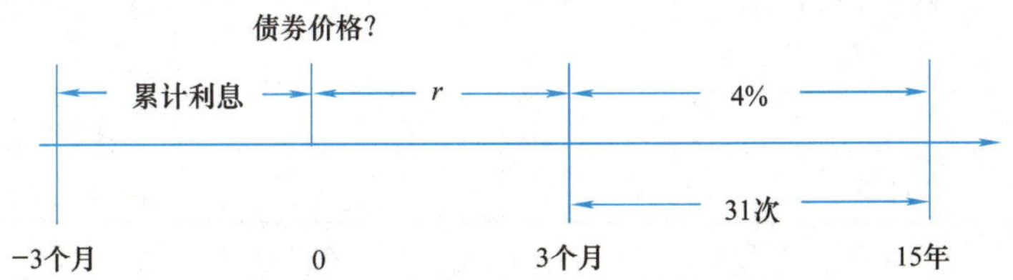

图 3-8 债券价格

（2）计算 3 个月后的债券价格

已知：面值 100 美元，息票率为 10%，故半年付息 5 美元；折现率为 8%，半年4%。

第一次付息为3个月后的时刻，计算此时债券价格，故这时的利息5美元不需折现；其余15年付息30次，债券价格为

$$\sum_{i=0}^{30}\frac{5\text{美元}}{(1+4\%)^{i}}+\frac{100\text{美元}}{(1+4\%)^{30}}=122.29\text{美元}$$

(3) 计算3个月期的连续复利

期限为15年4个月，其中含有3的整数倍，而3个月的连续复利与6个月连续复利的关系见图3-9。

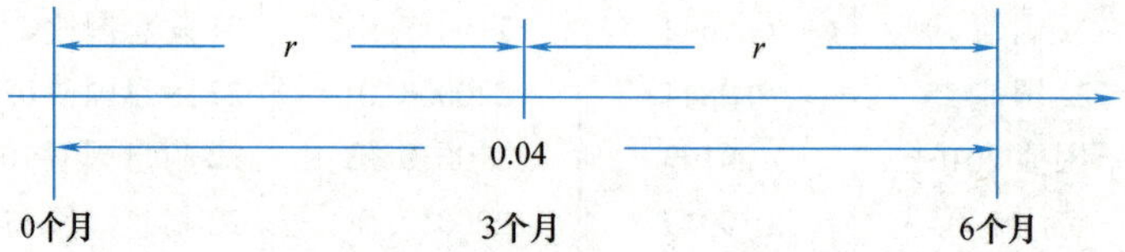

图3-9　3个月连续复利与6个月连续复利的关系

由于半年期的利率为4%，可以得到3个月的利率 r 满足：

$$(1+r)(1+r)=1+0.04 \quad \rightarrow \quad (1+r)^{2}=1+0.04$$

解得3个月的利率为

$$r=(1+0.04)^{1/2}-1=1.98\%$$

(4) 计算当前时刻债券价格

3个月时刻的证券价格为122.29美元，利率 r 为1.98%，故

$$\text{当前债券的价格}=\frac{122.29}{1+0.0198}\text{美元}=119.91\text{美元}$$

(5) 计算累计利息

已经过去3个月的累计利息，由式(3-6)，有

$$\text{累计利息}=\text{每次应计利息}\times\frac{\text{实际过去的天数}}{\text{两次付息间隔天数}}=5\text{美元}\times\frac{90\text{天}}{180\text{天}}=2.5\text{美元}$$

由转换因子定义，折现后的债券价格包含了现在时刻以前的累计利息，需减去。故面值100美元债券的当前价格为

$$119.91\text{美元}-2.5\text{美元}=117.41\text{美元}$$

故转换因子为117.41/100=1.1741。

案例3-7

剩余期限包含6的整数倍债券价格

息票利率为10%的某长期国债，折现年利率为8%，剩余期限还有10年零2个月，期货报价为92-16 (92.5)，试确定该债券的价格。

解析： 由于期限为 10 年 2 个月，根据去尾法，舍去不足 3 个月的期限，取整后的 10 年正好为半年的整数倍，将每半年付息一次共 21 次的利息折现到下一次付息时刻，见图 3-10。

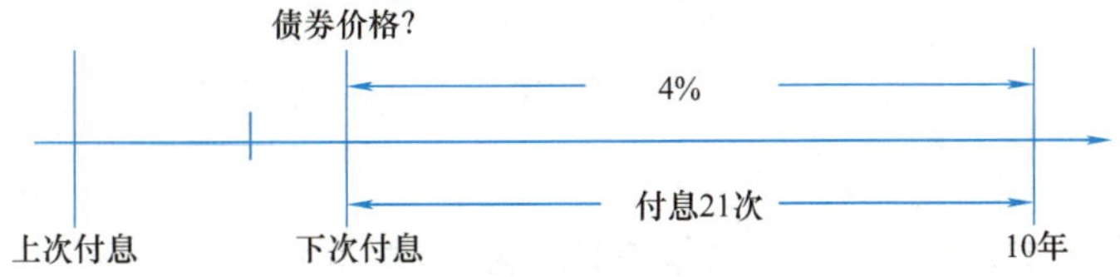

图 3-10 利息的折现时刻

由于年贴现率为 8%，半年计复利一次的贴现率为 4%，面值为 100 美元的债券价格为

$$\sum_{i=0}^{20}\frac{5\text{ 美元}}{(1+4\%)^{i}}+\frac{100\text{ 美元}}{(1+4\%)^{20}}=113.59\text{ 美元}$$

这时每一项均需折现到下一次付息时刻，且无须再减累计利息，直接除以 100 后即为转换因子：1.1359。

最后，结合式（3-8），有

债券标准价格＝债券期货报价×转换因子＋累计利息

交割 10 万美元面值债券时，由于剩余 2 个月，故

$$\text{债券标准价格}=1000\times\left(92.5\times1.1359+5\times\frac{1}{3}\right)\text{美元}=106\ 737.42\text{ 美元}$$

（四）最便宜（合算）的交割债券

1. 问题的提出

利用转换因子使所有可交割债券能互相替代，使得每一种长期债券期货合约都有许多合格的、但具有不同到期日和不同息票率的债券可以用于交割。

现在的问题是，期货的卖方既然有多种选择，那么不同选择的交易成本存在差别吗？若存在差别，如何选出最合算的债券进行交割呢？

2. 最便宜债券的选择

作为期货的卖方，在到期日对卖出的期货进行交割时，在现货市场选择同一种债券买进，其价格为：

债券现货价格＝债券现货报价＋累计利息

如果选择其他某一债券期货平仓，其标准价格为：

债券标准价格＝债券期货报价×转换因子＋累计利息

对于不同的债券期货，最合算的债券就是购买现货债券的价格与债券期货的标准价格之差最小的那个债券，交割差即

交割差＝债券现货报价－（债券期货报价×转换因子） （3-9）

因此，空方只需计算所有可选择债券的交割差，从中找出最便宜的交割债券。

案例 3-8

最便宜债券的选择

假设可供空方选择用于交割的国债期货的现货报价及其转换因子如表 3-6 所示。

表 3-6　可供交割的国债期货的现货报价及其转换因子

国债	现货报价/元	转换因子	国债	现货报价/元	转换因子	国债	现货报价/元	转换因子
1	144.50	1.5186	2	120.00	1.2614	3	99.80	1.0380

而期货报价为 93-08，即

$$93\text{ 元}+\frac{8}{32}\text{元}=93.25\text{ 元}$$

试确定出最便宜的交割债券。

解析：由式（3-9）及表 3-5 的数据，可以计算出各种国债的交割差如下：

国债 1：　144.50 元−93.25 元×1.5186=2.8906 元

国债 2：　120.00 元−93.25 元×1.2614=2.3745 元

国债 3：　99.80 元−93.25 元×1.0380=3.0065 元

结论：期货的买方选择国债 2 最合算。

（五）国债期货价格的确定

1. 计算国债期货价格存在的问题及解决思路

国债期货的交割有多种债券可供选择，用不同的债券交割成本是不同的，故国债期货的价格难以确定。有了最便宜的债券之后，假设空方总是选择最便宜的债券进行交割，这样一来问题将大大简化。

2. 国债期货价格计算公式

命题 3-5：由于国债的利息是确定的，长期国债期货合约可以看作是支付已知收益的期货合约，由式（2-5）远期的情况，国债期货的理论价格（标准价格）为

$$F=(S-I)e^{r(T-t)} \tag{3-10}$$

式中　S——现货价格；

I——期货有效期限内利息的现值；

t——现在时刻；

T——期货合约到期时刻；

r——t 到 T 期间的无风险利率。

注：F 是折合成标准债券的期货理论价，不同于期货报价。

3. 计算国债期货价格的步骤

可以通过以下三个步骤来确定国债期货的价格：

1）根据最便宜的债券现货报价，运用式（3-5）算出该债券的价格 S：

$$债券现货价格\ S=债券现货报价+累计利息$$

2）运用式（3-10），根据交割债券的现价 S 算出交割债券期货理论价格 F（标准价格）。

3）将式（3-8）中的期货报价解出即为所求：

$$债券标准价格\ F=债券期货报价\times转换因子+累计利息$$

案例 3-9

国债期货价格计算

已知某一国债期货合约最合算的交割债券是息票率为 10.4%、转换因子为 1.25 的国债，其现货报价为 115 元，该国债期货的交割日为 270 天后。

该交割券上一次付息是在 50 天前，下一次付息是在 132 天后，再下一次付息是在 305 天后，市场任何期限的无风险利率均为年利率 8%（连续复利），时间分布见图 3-11，试计算国债期货的理论价格。

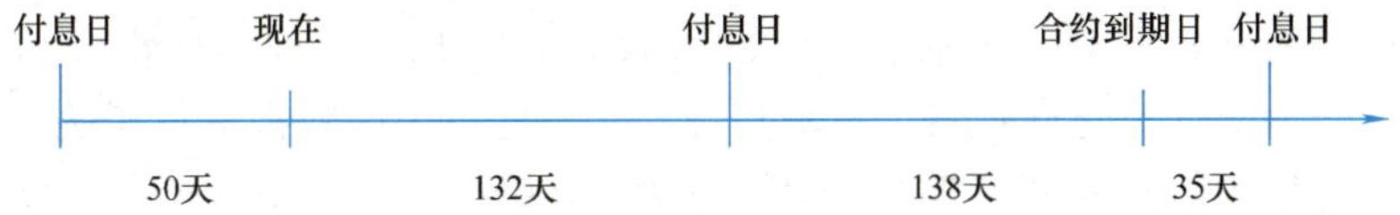

图 3-11 国债期货时间分布

解析：1）计算现价：最便宜的交割债券现货报价为 115 元，运用式（3-5）计算出该交割券的现金价格 S：

$$S=115\ 元+\frac{50\ 天}{182\ 天}\times5.2\ 元=116.429\ 元$$

2）计算收益的现值：在 132 天（0.3616 年）后，债券持有者将收到 5.2 元利息，现值为

$$I=5.2\ 元\times e^{-0.3616\times0.08}=5.052\ 元$$

3）计算债券 T 时刻的理论价格：由式（3-10），270 天（0.7397 年）后到期的该期货合约的理论价格（标准价）为

$$F=(S-I)e^{r(T-t)}=(116.429-5.052)\ 元\times e^{0.7397\times0.08}=118.17\ 元$$

4）由于交割时会产生 138 天的累计利息，将式（3-8）中的期货报价解出：

$$期货报价=\frac{债券标准价格-累计利息}{转换因子}$$

$$=\frac{118.17\ 元-5.2\ 元\times138\ 天/（138\ 天+35\ 天）}{1.25}=91.22\ 元$$

第三节　外汇期货

定义 3-5： 外汇期货（Foreign Currency Futures）也称为“货币期货”或“外币期货”（Foreign Exchange Futures），是指交易双方签订的在未来某个确定日期以双方协商的汇率交易一定数量某种外汇的合约。

“货币期货”属于标准叫法，“外汇期货”属于符合中国习惯的叫法。外汇期货在期货市场以公开竞价的方式进行交易。

20 世纪 70 年代初，随着布雷顿森林体系的解体，以美元为中心的固定汇率制逐渐被浮动汇率制所代替，国际金融市场上汇率波动频繁，给进口商和出口商、跨国公司和商业银行等外币债权或债务的持有者带来了巨大的汇率风险，国际经济交易急需一种能有效转移和回避汇率风险的金融工具。

1972 年 5 月 16 日，芝加哥商品交易所（CME）成立了国际货币市场部（IMM），首先推出了包括英镑、日元、澳大利亚元、德国马克、加拿大元、瑞士法郎和法国法郎在内的七种外汇期货合约。之后，全球外汇期货市场不断扩大，交易量持续上升。

一、外汇期货合约

外汇期货合约是期货交易所制定的以货币为交易标的的一种标准化合约，因此对交易单位、最小变动价位、交易时间、交割月份、交割地点等内容都进行了统一的规定。

不同货币交易所制定的外汇期货合约主要内容基本相同，但在某些细节上也会有细微的差别；表 3-7 给出了欧元期货的合约规格，其他货币期货合约条款基本相近。

目前在国际货币市场上交易的外汇期货合约主要是六大主要货币的期货合约，包括欧元、英镑、日元、瑞士法郎、澳大利亚元及加拿大元。

不同币种期货合约的交易单位、最小变动价位不尽相同，表 3-8 给出了 CME 主要外汇期货合约的交易单位和最小变动价位。

表 3-7　欧元期货的合约规格

项目名称	项目说明
合约月份	6 个连续的季月
交易单位	125 000 欧元
最小变动价位	0.0001 点，每合约 12.50 美元；价差套利最小变动价位减半
每日价格波动限制	无
交易时间	周一至周五上午 7:20 至下午 2:00 场内公开叫价 对于不同类型的交易者，全球电子交易系统有更多规定的时间交易
最后交易日	交割日期前第二个营业日（通常为星期一）的上午 9:16
交割日期	合约交割月份的第三个星期三

（续）

项目名称	项目说明
交割地点	结算指定的各货币发行国银行
大户报告制度	每个交易者持有期货合约及期权合约头寸，包括所有月份的净多或净空超过 10 000 张时必须向交易所报告

表 3-8 CME 主要外汇期货合约的交易单位和最小变动价位

币种	交易单位	最小变动价位
欧元	125 000 欧元	0.0001，每合约 12.50 美元
英镑	62 500 英镑	0.0002，每合约 12.50 美元
日元	12 500 000 日元	0.000 001，每合约 12.50 美元
瑞士法郎	125 000 瑞郎	0.0001，每合约 12.50 美元
澳大利亚元	100 000 澳元	0.0001，每合约 10.00 美元
加拿大元	100 000 加元	0.0001，每合约 10.00 美元

由于汇率变化对未来的经营收益会产生潜在的风险，该如何规避呢？

二、利用外汇期货套期保值

定义 3-6：当外汇现货市场存在风险时，在外汇期货市场进行相反的交易，以实现规避现货风险的操作，被称为外汇期货套期保值。

外汇期货套期保值可分为卖出套期保值和买入套期保值两种。

（一）卖出套期保值

命题 3-6：卖出套期保值，是指在现货市场上处于多头地位的交易者，为防止汇率上涨的风险，在期货市场上卖出（空头）期货合约。该方法适用于出口商、应收账款方或短期货币市场存款者。

案例 3-10

卖出外汇套期保值

美国一出口商 6 月 10 日向加拿大出口一批货物，加元为支付货币，价值为 1000 万加元，合同约定 1 个月后付款。

6 月 10 日的汇率：USD/CAD = 1.1641。为防止一个月后加元贬值汇率上涨带来的风险，请问出口商该如何避险？

下面给出解决方案，并根据表 3-9 给出的汇率对未来汇率上升和下降分别进行了盈亏分析。

表 3-9 外汇期货空头保值数据

时间与结果	现货市场	期货市场
6月10日	汇率：USD/CAD=1.1641 总价：859.03 万美元	卖出价：USD/CAD=1.1635 总价：859.48 万美元
7月10日上涨	汇率：USD/CAD=1.1710 总价：853.97 万美元	买入价：USD/CAD=1.1703 总价：854.48 万美元
盈亏	853.97 万美元-859.03 万美元=-5.06 万美元	859.48 万美元-854.48 万美元=5 万美元
7月10日下跌	汇率：USD/CAD=1.1574 总价：864.00 万美元	买入价：USD/CAD=1.1567 总价：864.53 万美元
盈亏	864.00 万美元-859.03 万美元=4.97 万美元	859.48 万美元-864.53 万美元=-5.05 万美元

1. 解决方案

由于1个月后，美国出口商将得到1000万加元，需要将加元兑换成美元，故出口商为多方。

为了保值，出口商1个月后需要在期货市场进行相反的操作，买入加元，故现在需要在期货市场进行卖出操作。

出口商现在在期货市场卖出100份7月到期的加元期货合约，1份期货合约面值10万加元，总价值与出口额相当。

2. 盈亏分析

(1) 汇率上升

如果外汇市场和期货市场上加元的汇率都上升，由表3-9给出的数据分别升至1.1710加元和1.1703加元。

现货市场：由于外汇上涨，出口商将比6月份亏损：

$$1000\text{ 万加元}/1.1710-1000\text{ 万加元}/1.1641=-5.06\text{ 万美元}$$

期货市场：6月份用1.1635的汇率卖出1000万加元，可以兑换859.48万美元；7月份以1.1703买回1000万加元平仓，计854.48万美元，期货市场将盈余：

$$1000\text{ 万加元}/1.1635-1000\text{ 万加元}/1.1703=5\text{ 万美元}$$

由于利用外汇的套期保值，现货市场汇率上涨的风险，由期货市场的盈余得到了规避，仅亏损600美元。

(2) 汇率下跌

7月10日，外汇市场和期货市场上加元的汇率都下跌了，分别跌至1.1574加元和1.1567加元。在现货市场，由于外汇下跌，出口商将比6月份盈余：

$$1000\text{ 万加元}/1.1574-1000\text{ 万加元}/1.1641=4.97\text{ 万美元}$$

期货市场，出口商由于6月份低卖，7月份平仓高买，从而将亏损：

1000万加元/1.1635-1000万加元/1.1567=-5.05万美元

由于利用了外汇的套期保值，现汇市场的盈余，对期货市场的亏损进行了补偿，出口商仅损失了800美元。

说明：期货报价按点数报价，而非汇率，这里给出的汇率是按点数折算得到，以方便计算比较。

（二）买入套期保值

命题3-7： 买入套期保值，是指在现货市场上处于空头地位的交易者，为防止汇率下跌的风险，在期货市场上买入（多头）期货合约。该方法适用于进口商、应收账款方或短期货币市场存款者。

案例3-11

买入外汇套期保值

在3月1日，中国某进口商从日本进口了一批设备，合同约定3个月后需支付进口货款2.5亿日元，目前即期汇率为RMB/JPY=16.85。

进口商为避免3个月后因日元升值汇率下跌而需付出更多的人民币来兑换成日元，该采取怎样的套期保值策略？

下面给出了解决方案，并根据表3-10给出的数据，对未来汇率下降进行了盈亏分析。

表3 10 外汇期货空头保值数据（2.5亿日元）

时间与结果	现货市场	期货市场
3月1日	汇率：RMB/JPY=13.85； 合计：18 050 542元	买入价：RMB/JPY=13.55； 合计：18 450 185元
6月1日 下跌	汇率：RMB/JPY=13.35； 合计：18 726 592元	卖出价：RMB/JPY=13.10； 合计：19 083 969元
盈亏	18 050 542元-18 726 592元=-676 050元	19 083 969元-18 450 185元=633 784元

1. 解决方案

进口商可以在期货市场买入20份6月到期的日元期货合约，1份期货合约面值1250万日元，20份期货合约的总价值与进口额2.5亿日元相当。

2. 盈亏分析

现货市场和期货市场上日元的汇率都下跌。

现货市场：由于汇率从13.85下跌到13.35，进口商6月份将比3月份亏损：

2.5亿日元/13.85-2.5亿日元/13.35=-676 050元

期货市场：汇率从13.55下跌到13.10，进口商由于3月份用1元可以买到13.55日元（低买）总计2.5亿日元，6月份卖出2.5亿日元，用13.10日元就可以换回1元，平仓后可盈利：

2.5亿日元/13.10−2.5亿日元/13.55=633 784元

如果不运用套期保值，投资者将损失67.605万元，由于运用了买入期货套期保值，该进口商只损失了：

676 050元−633 784元=4.226 4万元

（三）总结

通过分析可以看出，运用期货套期保值，现货市场的风险可以通过期货市场相反的操作来规避，将现货市场未来的不确定性转变成为确定性，这正是套期保值的意义所在。

套期保值，在将风险规避的同时，也失去了盈利的机会。事实上，期货市场的参与者更多的是投资，外汇期货该如何操作呢？

三、外汇期货投机

定义3-7：外汇期货投机交易是指通过买卖外汇期货合约，在承担风险的同时，从外汇期货价格的变动中获利的交易行为。

1. 投机的原理

投机者根据对外汇期货价格走势的预测，购买或出售一定数量的某一月份交割的外汇期货合约，使自己处于外汇风险的暴露之中。

一旦外汇期货价格的走势与自己的预测一致，就将出售或购买的期货合约进行平仓，可从中赚取买卖差价。如果外汇期货价格的走势与自己的预测相反，投机者则要承担相应的风险损失。

投机分为空头投机交易和多头投机交易两种类型。

2. 空头投机交易

命题3-8：空头投机交易是指投资者预测外汇期货价格将要下跌，于高价位卖出期货合约，待期货价格跌至自己期望的价位时买入对冲平仓的交易。

案例3-12

外汇空头投机

3月5日，某投机者预测欧元期货将进入熊市，故想采用空头投机的方法进行投资。在1欧元=1.3603美元的价位上卖出2手3月期欧元期货合约，实际的操作过程如下：

1）3月10日，欧元期货价格果然下跌，汇率为1欧元=1.3401美元。

2）与预测的情况相反，此后欧元期货进入牛市，到期时的汇率为 1 欧元 = 1.3714 美元。

试对该投资者的本次投资进行盈亏分析。

解析： 投资者的卖出价为：1 欧元 = 1.3603 美元，欧元期货合约的交易单位是 125 000 欧元。

1）3 月 10 日以 1 欧元 = 1.3401 美元平仓，本次操作共盈利：

$$(1.3603-1.3401)\text{美元}\times 125\,000\times 2=5050\text{ 美元}$$

2）与预测相反，到期时的汇率为 1 欧元 = 1.3714 美元，本次亏损为

$$(1.3603-1.3714)\text{美元}\times 125\,000\times 2=-2775\text{ 美元}$$

3. 多头投机交易

命题 3-9： 多头投机交易是指，投资者预测外汇期货价格将要上涨，于低价位买入期货合约，待期货价格上涨到自己预期的价位时卖出对冲平仓的交易。

案例 3-13

外汇多头投机应用

6 月 5 日，某投机者预测英镑期货将进入牛市，于是在 1 英镑 = 1.6905 美元的价位买入 2 手 6 月期英镑期货合约。如果 6 月 25 日英镑对美元的期货价为：1 英镑 = 1.7038 美元，试对该投资者的盈亏进行分析。

解析： 英镑期货合约的规模为 62 500 英镑，买入价为 1 英镑 = 1.6905 美元，卖出价为 1 英镑 = 1.7038 美元，盈余为

$$(1.7038-1.6905)\text{美元}\times 62\,500\times 2=1662.5\text{ 美元}$$

在不计算手续费的情况下，该投机者在英镑期货多头投机交易中获利 1662.5 美元。

总结：投机是在同一个市场，对同一个金融商品进行方向相反的操作；如果预测该金融商品未来的发展趋势是熊市，则高卖低买；如果预测是牛市，则低买高卖。预测正确将盈利，预测失败将亏损。

现在不禁要问，对于同一个市场的两个品种，或者两个市场的同一个品种，相反操作是否有投资的机会呢？

四、外汇期货套利交易

定义 3-8： 外汇期货套利交易是指，投资者同时买进和卖出两种相关的外汇期货合约，待价格发生变化以后，再将两种合约同时平仓，从两种合约价格相对变动中获利的交易行为。

外汇期货套利可分为跨市场套利、跨币种套利和跨期套利三种类型。

（一）跨市场套利

定义 3-9： 跨市场套利是指，如果预测同一品种不同市场的外汇期货合约价差将发生变化，在一个交易市场买入该外汇期货合约的同时，在另一个交易市场卖出同种外汇期货合约，当价差达到了投资者的预期时，就对两个期货合约同时进行对冲平仓，实现盈利。

跨市场交易遵循如下原则：

1）两个市场均处于牛市，如果预计未来一个市场的涨幅高于另一个市场，则在涨幅高的市场买入，在涨幅小的市场卖出。

2）两个市场都进入熊市，如果预计未来一个市场的跌幅大于另一个市场，则在跌幅大的市场卖出，在跌幅小的市场买入。

案例 3-14

外汇期货跨市场套利

某投资者根据多年的经验预测，未来英镑对美元的外汇市场将进入熊市，且芝加哥商品交易所的跌幅会低于伦敦金融期货交易所。

解析：（1）投资者采取的操作

6 月 5 日，在芝加哥商品交易所以 1 英镑 = 1.736 5 美元的价格买进 200 手 6 月期英镑期货合约，同时在伦敦金融期货交易所以 1 英镑 = 1.748 8 美元的价格卖出 500 手 6 月期英镑期货合约。

之所以卖出 500 手合约，是因为芝加哥商品交易所与伦敦金融期货交易所的英镑期货合约的交易单位不同，前者是 62 500 英镑/手，后者则是 25 000 英镑/手，这样可保证两个市场的价值基本一致。

7 月 5 日，该交易者以 1 英镑 = 1.697 6 美元的同样价格分别在两个交易所对冲手中合约，其交易过程见表 3-11。

表 3-11　外汇期货跨市场套利交易

时　间	芝加哥商品交易所	伦敦金融期货交易所
6 月 5 日	买入 200 手 6 月期英镑期货合约（开仓） 价格：1.7365 美元/英镑 总价：62 500×1.7365 美元×200 = 21 706 250 美元	卖出 500 手 6 月期英镑期货合约（开仓） 价格：1.7488 美元/英镑 总价值：25 000×1.7488 美元×500 = 21 860 000 美元
7 月 5 日	卖出 200 手 6 月期英镑期货合约（平仓） 价格：1.6976 美元/英镑 总价：21 220 000 美元	买入 500 手 6 月期英镑期货合约（平仓） 价格：1.6976 美元/英镑 总价：21 220 000 美元
结果	亏损：486 250 美元	盈利：640 000 美元

(2) 盈亏分析

通过表 3-11 可以看出，该交易者在芝加哥商品交易所亏损 486 250 美元，在伦敦金融期货交易所中盈利 640 000 美元，通过跨市场套利交易净盈利：

$$640\,000\text{ 美元}-486\,250\text{ 美元}=153\,750\text{ 美元}$$

(二) 跨币种套利

定义 3-10： 跨币种套利是指，如果预测交割月份相同、币种不同的期货合约的价差将发生变化，买进某一币种的期货合约，同时卖出另一币种的期货合约，当价差达到了投资者的预期时，将两种期货合约同时进行对冲平仓，实现套利。

1. 跨币种套利的原则

1）如果预期一种货币相对美元贬值，另一种货币相对美元升值，则卖出贬值货币期货合约，买入升值货币期货合约。

2）如果预期两种货币都相对美元贬值，但二者贬值的速度不同，则卖出贬值速度快的货币期货合约，买入贬值速度慢的货币期货合约。

3）如果预期两种货币都相对美元升值，但二者升值的速度不同，则买入升值速度快的货币期货合约，卖出升值速度慢的货币期货合约。

说明：这里的参照货币选择美元，其原因是美国金融期货市场成熟，举例多为涉及美元，选择其他参照货币也可。

2. 两种货币汇率的计算

在外汇期货投资的过程中，匹配两种不同货币期货合约的数量，需要首先知道两种货币的汇率。

各国报出的外汇牌价，多是各种不同的货币相对于本国货币的汇率，而其他任意两种货币的汇率，未必能方便找到。

现在的问题是，若已知任意两种货币相对于同一货币的汇率，如何计算这两种货币的汇率？

命题 3-10： 已知货币 A 对美元的汇率为 X 美元/1 个单位的货币 A；货币 B 对美元的汇率为 Y 美元/1 个单位的货币 B，则

$$\text{货币 A 关于货币 B 的汇率}=\frac{X\text{ 美元/货币 A}}{Y\text{ 美元/货币 B}}=\frac{X}{Y}\text{货币 B/货币 A}$$

案例 3-15

外汇期货跨币种套利

3 月 5 日，澳元期货合约价格为 0.8445 美元/澳元，加元期货合约价格为 0.8375 美元/加元，某投资者经过分析预计澳元及加元的汇率都将上涨，但澳元

上涨将更快。试给出投资者的交易策略；如果3月20日，澳元期货合约价格为0.9068美元/澳元，加元期货合约价格为0.8975美元/加元，试对投资者的此次交易进行盈亏分析。

解析：分四步进行分析。

(1) 计算两种货币的上涨速度

3月5日、3月20日两种3月期的期货品种：澳元的期货价格分别为0.8445、0.9068（美元/澳元），故

$$\text{澳元上涨速度}=\frac{0.9068-0.8445}{0.8445}=7.38\%$$

加元的期货价格分别为0.8375、0.8975（美元/加元），故

$$\text{加元上涨速度}=\frac{0.8975-0.8375}{0.8375}=7.16\%$$

通过计算可知，澳元上涨速度大于加元，根据跨币种套利原则，须买入澳元卖出加元。

(2) 计算两种货币的初始汇率

3月5日，国际货币市场3月期澳元的期货价格为0.8445美元/澳元，3月期加元期货价格为0.8375美元/加元，3月期澳元期货对加元期货的套算汇率为

$$\frac{0.8445\text{ 美元/澳元}}{0.8375\text{ 美元/加元}}=1.0084\text{ 加元/澳元}$$

(3) 计算两种合约的数量

为了两个合约相对于美元的规模基本相等，需要确定两种期货合约购买的手数。

在金融期货市场，澳元期货合约每手为100 000澳元，加元期货合约每手为100 000加元，两者的套算汇率为1∶1.0084，接近于1∶1。

跨币种套利遵循如下原则，投资者于3月5日在国际货币市场买入100手3月期澳元期货合约，同时卖出100手3月期加元期货合约，总值分别为

澳元买入期货合约总值：100 000×0.8445美元×100=8 445 000美元

加元卖出期货合约总值：100 000×0.8375美元×100=8 375 000美元

3月20日，该交易者分别以0.9068美元/澳元和0.8975美元/加元的价格对冲手中合约，故有

澳元卖出期货合约总值：100 000×0.9068美元×100=9 068 000美元

加元买入期货合约总值：100 000×0.8975美元×100=8 975 000美元

(4) 盈亏分析

由以上计算，有

澳元期货合约收益：9 068 000美元−8 445 000美元=623 000美元

加元期货合约收益：8 375 000美元−8 975 000美元=−600 000美元

此次投资者跨币种套利交易净盈利：

623 000美元−600 000美元=23 000美元

将交易情况集中放在表 3-12 中，以便直观对比。

表 3-12 外汇期货跨币种套利交易

时 间	澳 元	加 元
3月5日	买入 100 手 3 月期澳元期货合约（开仓） 价格：0.8445 美元/澳元 总价：8 445 000 美元	卖出 100 手 3 月期加元期货合约（开仓） 价格：0.8375 美元/加元 总价：8 375 000 美元
3月20日	卖出 100 手 3 月期澳元期货合约（平仓） 价格：0.9068 美元/澳元 总价：9 068 000 美元	买入 100 手 3 月期加元期货合约（平仓） 价格：0.8975 美元/加元 总价：8 975 000 美元
结果	盈利：623 000 美元	亏损：600 000 美元

（三）跨期套利

不同期限外汇期货合约的价格具有同升同降的特征，但涨跌幅度不尽相同。当期限长的外汇期货与期限短的外汇期货价差将会明显改变时，可以进行套利。

定义 3-11： 跨期套利是指，预测币种相同而交割月份不同的两种期货合约价差将变化，买进某一交割月份的期货合约的同时，卖出另一交割月份同种期货合约，当二者的价差达到了投资者的预期，对两种期货合约同时进行对冲平仓，实现盈利。

交易原则为：

1. 合约价格（汇率）升水

这时，期限长的期货合约价格大于期限短的期货合约，根据期货价格的发现功能，这预示着汇率具有上涨的趋势。

1）若预计不同交割月份汇率差将减少，则买入较近月份的期货合约，卖出较远月份的期货合约。这是因为，相对于期限长的期货汇率价格，期限短的期货汇率涨幅更大。

2）若预计不同交割月份汇率差将增大，则买入较远月份的期货合约，卖出较近月份的期货合约。这是因为，相对于期限长的期货汇率价格，期限短的期货汇率涨幅更小。

2. 合约价格（汇率）贴水

这时，期限长的期货合约价格小于期限短的期货合约，根据期货价格的发现功能，这预示着汇率具有下跌的趋势。

1）若预计不同交割月份汇率差将减少，则买入较远月份的期货合约，卖出较近月份的期货合约。这是因为，相对于期限长的期货汇率价格，期限短的期货汇率跌幅更小。

2）若预计不同交割月份汇率差将增大，则买入较近月份的期货合约，卖出较远月份的期货合约。这是因为，相对于期限长的期货汇率价格，期限短的期货汇率跌幅更大。

案例 3-16

外汇期货跨期套利

5 月 5 日，芝加哥国际货币市场 9 月期及 12 月期英镑期货合约的汇率分别为 1.7306 美元/英镑及 1.7175 美元/英镑，如果预计汇率差将增大，该采取怎样的投资策略？

8 月 5 日芝加哥国际货币市场，9 月期及 12 月期英镑期货合约的汇率分别为 1.7226 美元/英镑及 1.6991 美元/英镑，试对该投资进行盈亏分析。

解析： 分两步完成。

(1) 操作策略

5 月 5 日，9 月期期货汇率为 1.7306 美元/英镑，12 月期期货汇率为 1.7175 美元/英镑，近期汇率比远期汇率高，为远期贴水：

$$汇率差=1.7306-1.7175=0.0131$$

且预测汇率差将增大，根据规则 2-2)，在 5 月 5 日以 1.7306 美元/英镑买入 9 月期英镑期货合约 100 手，以 1.7175 美元/英镑卖出 12 月期英镑期货合约 100 手，总值分别为

买入 9 月期外汇期货合约：62 500×1.7306 美元×100=10 816 250 美元

卖出 12 月期外汇期货合约：62 500×1.7175 美元×100=10 734 375 美元

8 月 5 日，9 月期期货汇率为 1.7226 美元/英镑，12 月期期货汇率为 1.6991 美元/英镑，此时：

$$汇率差=1.7226-1.6991=0.0235$$

汇率差果然增大，投资者对于两个期货合约分别平仓，总值为

卖出 9 月期外汇期货合约：62 500×1.7226 美元×100=10 766 250 美元

买入 12 月期外汇期货合约：62 500×1.6991 美元×100=10 619 375 美元

(2) 盈亏分析

9 月期英镑期货合约盈亏：10 766 250 美元-10 816 250 美元=-50 000 美元

12 月期英镑期货合约盈亏：10 734 375 美元-10 619 375 美元=115 000 美元

通过跨期套利交易该投资者共盈利：

$$115\ 000 美元-50\ 000 美元=65\ 000 美元$$

交易数据置于表 3-13，以便比较。

表 3-13　外汇期货空头保值数据

时　间	9 月期英镑	12 月期英镑
5 月 5 日	买入 100 手 9 月英镑期货合约（开仓） 价格：1.7306 美元/英镑 总价值：10 816 250 美元	卖出 100 手 12 月期英镑合约（开仓） 价格：1.7175 美元/英镑 总价值：10 734 375 美元

（续）

时　间	9月期英镑	12月期英镑
8月5日	卖出100手9月期英镑期货合约（平仓） 价格：1.7226美元/欧元 总价值：10 766 250美元	买入100手12月期英镑期货合约（平仓） 价格：1.6991美元/欧元 总价值：10 619 375美元
结果	亏损：50 000美元	盈利：115 000美元

五、外汇期货总结

外汇期货可以进行投机、套期保值和套利。利用外汇期货保值，由于期货合约规模的限制，一般不能完全消除交易的全部风险，但可以规避大部分风险。

外汇期货市场是标准化的市场，其合约条款标准化，有很好的市场流动性，交易手续简便，且只需付少量保证金即可实现杠杆投资和贸易保值，费用低廉。

外汇市场涉及两种货币，投资相对复杂，多数人选择了股票。但股票市场风云变幻，股票价格跌宕起伏，大多数投资者多是搭了时间又赔钱，难道投资者只能望市兴叹？

第四节　股票指数期货

一、股票价格指数

（一）股票价格指数的概念

股票价格指数（简称股票指数或服指），是衡量整个股票市场在某一时期内价格水平的尺度，是反映和衡量股票市场变动趋势和变动水平的重要指标。

（二）全球主要股票指数

目前，全球影响较大、具有一定代表性的股票指数包括：道琼斯工业平均指数（DJIA）、标准普尔500指数（S&P500）、纽约证券交易所综合指数（NYSE）、日经225股价指数（NK225）、伦敦金融时报指数（FTSE）和香港恒生指数（HIS）等。

（三）沪深300指数简介

沪深300指数由上海证券交易所和深圳证券交易所联合编制，于2005年4月8日发布，反映了A股市场的整体走势。

1. 样本股的构成

沪深300指数样本，由各个行业的300只优良股票构成。这300只样本股的总市值，覆盖了沪深市场六成左右的市值，具有良好的市场代表性。

2. 样本股的选取原则

沪深300指数选取样本股的方法是：在股票样本空间中，最近一年内，日均成交额由高到低排名，剔除排名靠后的50%股票后，按股票日均总市值由高到低进行排名，选取排名在前的300名股票作为样本股。

3. 样本股的管理

样本股不是一成不变的，依据稳定性和动态跟踪相结合的原则，每半年调整一次成分股，每次调整比例一般不超过10%。

样本调整设置缓冲区，排名在240名内的新样本优先进入，排名在360名之前的老样本优先保留。

二、股指期货概述

如果投资者根据宏观经济走势判断出未来一个时期股市将大幅度上涨，但他拿不准哪一只股票肯定会上涨；或者，他虽然有把握哪只股票会上涨，但他把握不住买卖时机，也无法承受股票大起大落的刺激，那么他有机会从本轮股市上涨行情中获得理想收益吗？

另一种情况，如果投资者预计股市会大跌，由于他是股东，无法将自己持有的股票出售以保住自己股东的地位，他能成功规避此轮股市下跌的风险吗？

（一）股票指数期货的定义

定义3-12：股票价格指数期货，简称股指期货，是以股票价格指数为标的物的期货合约，其通过现金结算交割差价计算盈亏。

由中国金融期货交易所推出的沪深300股指期货交易合约见表3-14。

表3-14　沪深300股指期货交易合约

条款名称	具体规定
合约标的	沪深300指数
合约乘数	每点300元
报价单位	指数点
最小变动价位	0.2点
每日价格最大波动限制	上一交易日结算价格±10%
合约交割月份	当月、下月及随后两个季月
交易时间	上午9:15—11:30，下午13:00—15:15
最后交易日	合约到期月份第三个星期五，遇法定节假日顺延
交割日期	同最后交易日
交易时间	上午9:15—11:30，下午13:00—15:00
最低交易保证金	合约价值的12%
交割方式	现金结算
上市交易所	中国金融期货交易所

（二）股指期货的特点

股指期货是以股票价格指数为买卖对象的合约，其交易存在如下特点：

1. 股票指数的虚拟性

股指期货的标的资产是股票价格指数，并不是实际存在的金融资产，是虚拟的资产组合。目前，全球有 140 多种股指期货在交易，前边提到的股票指数都有对应的股指期货。

我国的股指期货交易起步较晚，中国金融期货交易所于 2010 年 4 月 16 日推出了沪深 300 股指期货，2015 年 4 月 16 日推出了上证 50、中证 500 股指期货。

2. 现金结算

股指期货的交割，不是交割股票，而是根据协议价格指数 K 与到期时刻的实际价格指数 S_T 之差，计算出交割额，用现金结算。

3. 指数报价

股指期货以股票价格指数的点数报价，通过竞价成交。指数每变动一个点，期货变动的现金值称为合约乘数，即一个指数点的价值。股指期货的价值等于股指期货的点数乘以合约乘数。

例如，沪深 300 股指期货合约乘数为 300 元人民币，10 月 27 日，12 月份到期的股指期货的收盘价为 2386.40 点。因此，一份沪深 300 股指期货合约的价值为

$$2386.40\times300\text{ 元}=715\ 920\text{ 元}$$

4. 保证金

股指期货同其他期货一样，交易者在购买或出售股指期货时，需要支付一定的保证金。

S&P500 指数期货从 2001 年 12 月 21 日开始，投机者每份合约的初始保证金为 26 250 美元，维持保证金为 21 000 美元；套期保值与交易所会员，每份股指期货合约初始保证金与维持保证金均为 21 000 美元。

在我国，由中国金融期货交易所推出的沪深 300 股指期货交易的保证金，5 月、6 月合约暂定为合约价值的 15%；9 月、12 月合约暂定为合约价值的 18%；而当时的各个期货公司普遍将保证金定在合约价值的 18% 左右。

（三）股指期货交易的优点

股指期货交易除具有其他期货交易共同的优点外，还具有如下优点：

1. 可以实现卖空操作

我国的股票市场还不允许卖空，但股指期货的卖空操作没有障碍，可以方便地卖空。

2. 有效的投资组合

由于股票指数由股票市场主流股票构造而成，充分反映了整个股票市场的现状，能有效地规避单只股票的风险。

对于类似于保险公司、养老金等机构投资者，投资股指期货不必再专注于投资组合的优化和股票组合的风险管理。

3. 适合于套期保值

股指期货的实际价格与理论价格偏差很小，S&P500 股指期货的价格与相应的理论价格的误差不超过 0.5%。对于既要长期持有股票，又要规避股票下跌风险的投资者（股东），可以利用股指期货套期保值的方式进行避险。

三、股指期货的定价

类似于远期投资，股指期货投资一样需要知道股票价格指数作为标的资产在未来交割时刻的理论价格。

1. 无固定收益股指期货的定价

由不分红股票构成的价格指数，称为无收益股票价格指数。类似于无收益资产远期的理论价格，有如下结论：

命题 3-11：如果股票价格指数由不分红股票构成，则股指期货的理论价格等于股票指数现货市场价格的终值，由式（2-2），有

$$F = Se^{r(T-t)} \tag{3-11}$$

式中 S——股票指数在 t 时刻的市场价格；

F——股票指数期货在 T 时刻的理论价格；

r——无风险利率。

2. 固定收益率股指期货的价格

实际上，股票一般都会分红。各股票的分红时间与数量由上市公司自己决定，并没有统一的规定，这使得建立股票指数期价与现价之间的关系成为可能。

如果股票指数包含的成分股数量较多，而且各种指数股的分红在时间与数量上分布得比较均匀，则认为股指期货的红利是均匀分布的。

命题 3-12：无风险利率为 r，当股票价格指数的成分股派发红利的时间及数量比较均匀，平均收益率为 q 时，由式（2-7）可知，股票指数期货在 T 时刻的理论价格为

$$F = Se^{(r-q)(T-t)} \tag{3-12}$$

3. 固定收益股指期货的价格

命题 3-13：如果计算股票的平均收益 I 比计算平均收益率 q 更容易实现，这时股票指数可看成是已知现金收益资产，由式（2-5）可知，股指期货在 T 时刻的理论价格为

$$F = (S-I)e^{r(T-t)} \tag{3-13}$$

4. 股指期货价格计算公式并非对所有指数都有效

这里介绍的期货价格指数的理论价格公式，并不是对于所有的股指期货均适用。

例如，日本、法国和德国的所有股票都在相同的日子支付红利，但这些国家支付红利的时间不均匀，故使用式（3-13）的效果欠佳。

又如，芝加哥商品交易所以美元标价的日经 225 指数期货也不能直接利用这里的公式计算价格。其原因是，该股票的价格指数是日本大阪证券交易所的股票价格指数，以日元计价；而在芝加哥商品交易所的该股指期货，以美元计价，二者之间相差一个比例系数，计算时需要转换。

案例 3-17

股指期货价格计算

考虑一个 3 个月期的 S&P500 指数期货合约。假定构成 S&P500 指数成分股的红利收益率为 1.5%，股票价格指数的当前价格为 1450 点，无风险利率为 6.3%。

试计算股指期货的理论价格是多少？

解析： 已知 $q=0.015$，$S=1450$ 点，$r=0.063$，$T-t=3/12=0.25$，由式（3-12），有

$$F=Se^{(r-q)(T-t)}=1450\text{点}\times e^{(0.063-0.015)\times 0.25}=1467.50\text{点}$$

四、股指期货套利

（一）股指期货套利的无风险套利

当股指期货与相应成分股现货之间、股指期货不同合约之间，存在不合理的价格关系时，将存在套利的机会。

在通常情况下，股票价格指数期价与相应成分股现价之间存在合理的动态联系，当二者之间的正常关系产生偏离，且偏离超出一定范围时（无套利定价区间的上限和下限），将产生套利机会，这时的套利称为无风险套利。

（二）股指期货套利的原理

股指期货套利是指：在现货市场买进（或卖出）股票指数成分股的一个组合的同时，在期货市场卖出（或买进）相应股指期货，其目的是利用二者的价格偏差盈利。

现在的问题是，买入现货还是卖出现货，如何确定？

1. 股指期货被高估

这里只就固定收益率的情况进行讨论，其他情况类似。

如果股指期货报价 K 大于其理论价 F，即当

$$F=Se^{(r-q)(T-t)}<K$$

成立时，表明股指期货的报价偏离了正常价格，被高估。

套利策略：当期货价格被高估时，可卖出股指期货合约，买入股票价格指数的成分股组合，用这样的方法可以获得无风险套利收益。

2. 股指期货被低估

如果股指期货的报价 K 小于其理论价 F，即当

$$F=Se^{(r-q)(T-t)}>K$$

成立时，这表明股指期货价格偏离了正常价格，被低估。

套利策略：当股指期货价格指数 K 被低估时，可买入股指期货合约，卖出股票价格指数的成分股组合，以此可获得无风险套利收益。

案例 3-18

股指期货无风险套利

假设 S&P500 指数现在的点数为 1250，该股票价格指数所含股票的红利收益率为年 4.5%，S&P500 指数期货的市价为 1180 点，无风险年利率为 9%，期限为 3 个月。

试问：是否存在套利机会？如果有，如何进行 1000 万美元规模的套利？

解析： 已知：$K=1180$ 点，$S=1250$ 点，$r=9\%$，$q=4.5\%$，$T-t=0.25$。

(1) 计算股指期货的理论价格

由式（3-12）可知：

$$F=Se^{(r-q)(T-t)}=1250\text{ 点}\times e^{(0.09-0.045)\times 0.25}=1264.14\text{ 点}>1180\text{ 点}=K$$

由于期货交割价格低于理论价格，表明期货价格被低估，存在套利的机会。

套利策略：买入股指期货合约，卖出股票价格指数成分股组合，见图 3-12。

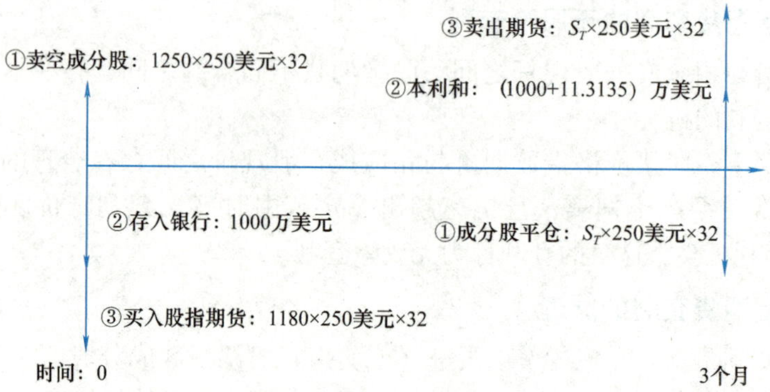

图 3-12 股指期货套利现金流量图

(2) 卖空股票将资金存入银行投资

1) 按各成分股在股票价格指数中所占的权重卖空成分股，套利名义本金为 1000 万美元，相当于 32 手期货合约，总计金额：

$$1250\times 250\text{ 美元}\times 32=1000\text{ 万美元}$$

2) 将卖空成分股组合所得款项 1000 万美元按无风险利率存入银行 3 个月，3 个月后将存款从银行取回，并支付股票空头红利收益，其利息结余：

$$1000\text{ 万美元}\times[e^{(0.09-0.045)\times 0.25}-1]=11.3135\text{ 万美元}$$

3) 3 个月后，用银行取出的本金，按市价买回成分股组合，将卖空的股票归还，进行现货平仓，交易的现金流见图 3-12。假设到期时刻指数点数为 S_T，则股票现货盈亏为

$$(1250-S_T)\times 250\text{ 美元}\times 32=0.8\times(1250-S_T)\text{ 万美元}$$

(3) 买入股指期货

买入 32 份 3 个月期 S&P500 指数期货，其中合约乘数为每点 250 美元，交割

价为 1180 点。3 个月后按指数点数 S_T 卖出期货，盈亏为

$$(S_T-1180)\times250\text{ 美元}\times32=0.8\times(S_T-1180)\text{ 万美元}$$

(4) 结算

本次套利包括卖出股票的收益、存入银行投资的收益及买入股指期货的收益，即

$$11.3135+0.8\times(1250-S_T)+0.8\times(S_T-1180)$$

可以看出，根据期货的理论价格进行套利，方法简单，获利丰厚。利用期货套期保值，内容丰富，方法多样且相对复杂，那么如何实现呢？

第五节 套期保值常用方法

一、套期保值的基本方法

在现货市场未来持有资产时，为防止价格下跌，可卖出期货合约，届时现货市场卖出，期货市场买入平仓。

在现货市场未来持有负债时，为防止价格上涨，可买入期货合约，届时现货市场买入，期货市场卖出平仓。

通过期现两个市场的对冲实现保值。

案例 3-19

股指期货基本套期保值

7 月 7 日，沪深 300 股指期货为 2178 点，投资者持有 A 股市场价值 1000 万元的股票组合，预期大市将下跌，但无法现在抛售所持股票，如何避险？

解析：保值策略：投资者在现货市场未来持有标的资产多头，在期货市场现在应卖出期货合约进行空头保值。

1. 计算合约的份数

在 7 月 7 日，股票价格指数为 2178 点，每点 300 元，如果要实现对 1000 万元的股票进行保值，需要签订的期货合约份数为

$$\frac{10\ 000\ 000\text{ 元}}{2178\times300\text{ 元}}=15.3$$

实际操作中，合约的份数只能取整数，故取 15 张；对 7 月份的股票使用股指期货进行套期保值，卖出合约总值为

$$\text{合约总值}=2178\times300\text{ 元}\times15=9\ 801\ 000\text{ 元}$$

2. 保值效果分析

(1) 市场行情下跌

7 月 15 日，股票市值从 1000 万元下跌至 959.72 万元，股票价格指数从 2178 点下跌到 2089 点。数据流见图 3-13。

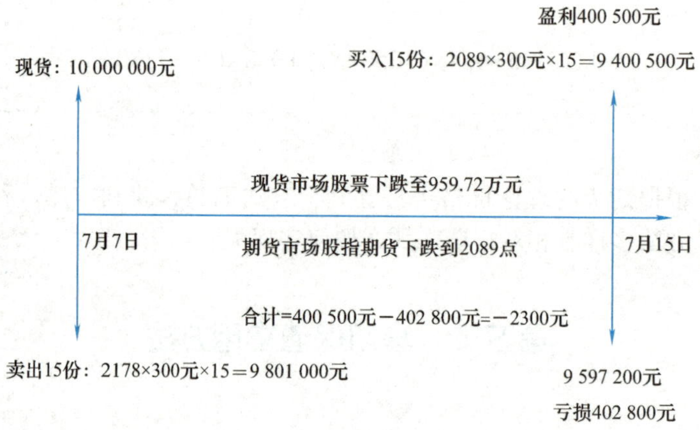

图 3-13 下跌时套期保值数据流

1) 在股票市场投资者亏损：

$$9\ 597\ 200\ 元-10\ 000\ 000\ 元=-402\ 800\ 元$$

2) 在期货市场，股票价格指数为 2089 点，投资者按这一价位买入 15 张 7 月份的合约平仓，需要支付费用：

$$合约总值=2089\times300\ 元\times15=9\ 400\ 500\ 元$$

$$期货市场获利=9\ 801\ 000\ 元-9\ 400\ 500\ 元=400\ 500\ 元$$

由于保值，此次股票市场下跌，投资者仅亏损：

$$400\ 500\ 元-402\ 800\ 元=-2300\ 元$$

(2) 股票上涨

7 月 15 日，股票市值从 1000 万元上升至 1055 万元，股票价格指数从 2178 点上涨到 2299 点。

1) 在股票市场，这时投资者盈利：

$$10\ 550\ 000\ 元-10\ 000\ 000\ 元=550\ 000\ 元$$

2) 在期货市场：投资者按这一价位买入 15 张 7 月份到期期货合约平仓，需要支付费用：

$$期货总值=2299\times300\ 元\times15=10\ 345\ 500\ 元$$

$$盈余=9\ 801\ 000\ 元-10\ 345\ 500\ 元=-544\ 500\ 元$$

经过利用股指期货的套期保值，本轮股票上涨，投资者盈利：

$$550\ 000\ 元-544\ 500\ 元=5500\ 元$$

3. 套期保值的美中不足

通过例子可以看出，套期保值确实规避了未来的风险，屏蔽了未来的不确定性。另外，套期保值可以对大部分资产实现保值，但并不能实现完全保值，主要有如下原因：

1）需要避险的资产与避险工具标的资产的规模无法完全一致。

2）套期保值者可能并不能确切地知道现货市场未来拟出售或购买资产的时间。

3）需要避险的期限与避险工具的期限有可能不一致。

在这些情况下，有什么办法可以改进吗？

二、交叉套期保值

选取与标的资产相近的期货合约为现货保值，称为交叉套期保值。例如，黄大豆期货对黑大豆现货、白糖期货对红糖现货、股指期货对股票组合现货等。

由于期货与现货是接近的资产，故二者的价格一般不同，那么二者的价格之间存在怎样的关系？

（一）基差分析

定义 3-13： 期货价格与现货价格之间的关系可以通过二者之差的变化反映出来，现货价格与期货价格之差称为基差（Basis），即

基差=现货价格-期货价格

基差的含义见图 3-14。基差的取值通常有基差为负、基差为正、基差为零三种情况。

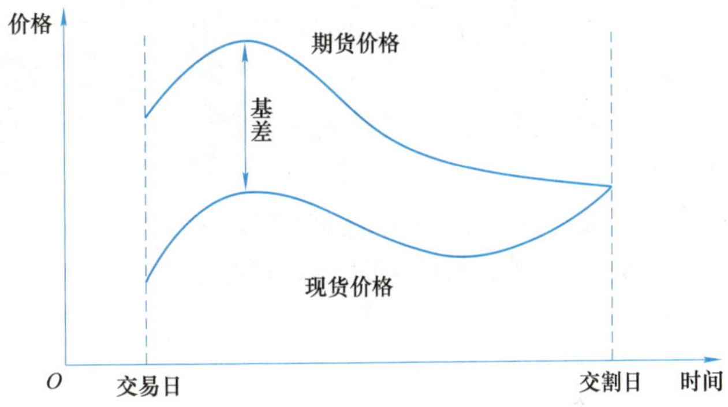

图 3-14 基差的含义

1. 基差为负

这种情况下，期货价格高于现货价格，这时的市场被称为正向市场。

根据持有成本理论，持有期货，意味着只有在未来的特定时间才能进行交割。在这期间，期货的持有人要付出仓储费用、保险费用、资金被占用的利息和货物损耗等，这些费用之和构成了持有成本，故在正常情况下应有如下等式成立：

期货价格=现货价格+持有成本

而持有成本大于或等于0，故期货价格应该大于或等于现货价格。

由基差的定义可知，基差的绝对值应等于持有成本；否则，如果负基差的绝对值远大于持有成本，表明期货价格被高估，交易商将囤积现货、卖空期货，进行无风险套利。

囤积现货供给量减少价格将上升，期货供应量增加价格将下降，最终导致期货与现货的价差缩小，基差又回到合理的水平。

2. 基差为正

在基差为正的情况下，现货价格高于期货价格，这样的市场称为逆向市场。

这种现象一般在现货市场商品供应不足的时候出现，当现货短缺得到缓解、供求状况恢复正常时，逆向市场情况将会得到改变。

例如，农产品受自然因素影响较大，生产有很强的季节性，因此在农作物收获前或歉收年份容易出现逆向市场状况。

3. 基差为零

随着期货合约到期日临近，期货价格中的持有成本逐渐消失，期货价格与现货价格接近直到几乎相等，此时呈现基差为零的情况。

（二）基差风险

事实上，在不保值的状态下，投资者承担的是现货市场价格波动的风险；当用期货为现货保值时，投资者承担的是现货价格与期货价格之差波动带来的风险。

定义 3-14： 套期保值时，投资者承担的由基差不确定性带来的风险，被称为基差风险。

显然价格波动幅度要比基差波动幅度大得多，也就是说，价格风险要比基差风险大得多。故在投资过程中，如果能够合理地利用基差操作，就可以有效降低或规避投资风险。

（三）基差风险中的符号

t_1、t_2：开始、结束的套期保值时刻；

S_1、S_2：开始、结束时刻的被保值资产现价；

S_1^*、S_2^*：开始、结束时刻用于替代保值资产现价；

K_1、K_2：开始、结束时刻保值资产期货价；

b_1、b_2：开始、结束时刻的基差，由基差定义，开始与结束时刻的基差表达式为

$$b_1=S_1-K_1$$

$$b_2=S_2-K_2$$

说明：这里的结束时刻为对冲或交割时刻，基差符号的含义见图 3-15。

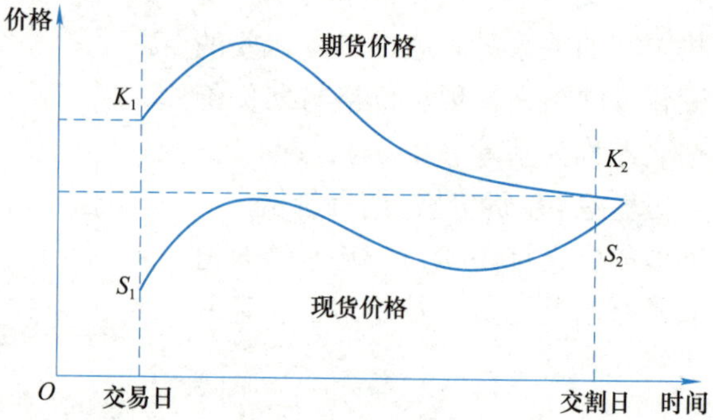

图 3-15　基差符号的含义

（四）空头套期保值基差的分解

在 t_1 时刻，未来持有现货资产的投资者，担心届时价格下跌，可卖出期货合约保值。

在到期的 t_2 时刻，在现货市场卖出资产，在期货市场买入期货平仓，两种操作方向相反，期货与现货对冲，达到期货为现货保值的目的。

命题 3-14： 如果不进行套期保值，t_2 时刻卖出现货的市场价格为 S_2；通过套期保值，在 t_2 时刻卖出现货的有效价格，等于市场价格 S_2 与期货合约的盈利之和，即

$$S=S_2+K_1-K_2=K_1+(S_2-K_2)=K_1+b_2=K_1+(S_2^*-K_2)+(S_2-S_2^*) \tag{3-14}$$

$S_2^*-K_2$ 和 $S_2-S_2^*$ 将基差分解成了两个部分。

如果被保值的现货资产与期货合约的资产一致时，这时 $S_2-S_2^*=0$，相应的基差为：S_2-K_2；当期货与被保值的资产不同时，基差增加了一项：$S_2-S_2^*$，称该项为相异基差。

相异基差刻画了由于保值与被保值资产不同时增加的价格波动。

（五）基差保值的效果分析

通过前面的分析可知，期货与现货标的资产相同时，保值可以得到满意的效果。若

没有合适的期货对于现货进行保值，必须使用交叉套期保值时，保值过程产生了相异基差，且相异基差可正可负。

如果相异基差为正值，则卖出现货的有效价格 S 将增大，表明由于套期保值使得投资效果得到了明显的改善；相反，如果相异基差为负，则卖出现货的有效价格 S 将变小，则套期保值使得投资效果恶化。

另一种情况是，当未来持有负债时，担心届时价格上涨，可买入期货实现多头套期保值。仿照式（3-14）建立相应的基差分解，将得到和空头保值相反的结论，这里不再赘述。

通过以上分析可知，用于保值的期货与被保值的现货相同时，将不存在相异基差，这是最理想的；当无相同的期货为现货保值时，导致正相异基差越大的替代保值效果越好，应如何选择替代保值的期货合约呢？

三、替代期货的选择原则

（一）现货与期货价格相关性大

当期货与现货标的物不同时，替代期货的价格与现货价格的相关性越大，套期保值的效果越好。

事实上，当期货价格与现货价格的相关性越大时，二者的变化趋势也就越接近，这时的基差风险就越小。

（二）现货与期货交割时间近

1. 实物交割

如果可以使用实物交割，应尽量选择期货、现货交割月份一致的期货合约，由式（3-14）可知，到期时期货与现货价格趋同，$S_2^*-K_2$ 将接近于0，这时的基差达到最小。

2. 非实物交割

如果实物交割无法实现，则用于保值的期货合约的到期时刻，要略晚于被保值的现货的到期时刻，理由有二：

1）远离交割日时，期货与现货基差将增大，基差波动的风险将增加。

2）当期货期限小于现货期限时，现货将产生风险暴露；若期货期限略大于现货期限，而期货可以提前平仓，现货到期时将期货提前平仓，风险将达到最小。

案例 3-20

基差套期保值

5 月 5 日，美国的某公司预期在 8 月底收到 6000 万日元的货款，为了规避 8 月份汇率下跌风险，该公司决定用外汇期货保值。

芝加哥商品交易所 CME 日元期货的交割月份分别为 3 月、6 月、9 月和 12 月；1 份日元外汇期货合约规模为 1250 万日元。

5月5日的外汇期货汇率为每日元0.9802美分，期货合约平仓时现货和期货的汇率分别为每日元0.9205美分和0.9262美分。

试给出该公司的套期保值策略，并进行盈亏分析。

1. 套期保值策略

(1) 套期保值方式

由于公司将持有资产，担心汇率下跌，故需卖出日元兑美元的外汇期货合约。

(2) 期货期限的确定

由于现货的到期时间为8月底，而期货合约的交割月份分别为3月、6月、9月和12月，现货的期限与期货的期限并不一致，无法直接套期保值，可使用基差保值。根据保值期限的确定原则，应选9月到期的期货合约。

(3) 合约份数的确定

持有资产6000万日元，一份期货合约的规模为1250万日元，故卖出期货合约份数为

$$合约份数=\frac{6000\text{ 万日元}}{1250\text{ 万日元}}=4.8\approx5$$

2. 基差套期保值的实现

已知：$K_1=0.9802$ 美分/日元，$K_2=0.9262$ 美分/日元，$S_2=0.9205$ 美分/日元。

本例属于空头套期保值，与式(3-14)所讨论情况相同。公司收到的有效价格（汇率）为最后的现价加上期货的盈利：

$$\begin{aligned}S&=S_2+(K_1-K_2)=0.9205\text{ 美分/日元}+(0.9802\text{ 美分/日元}-0.9262\text{ 美分/日元})\\&=0.9205\text{ 美分/日元}+0.054\text{ 美分/日元}=0.9745\text{ 美分/日元}\end{aligned}$$

3. 保值与不保值对比

由于8月的实际汇率为0.9205美分/日元，基差保值后的有效汇率为0.9745美分/日元，由于保值使得公司避免了如下的损失：

$$\frac{6000\text{ 万日元}}{0.9745\text{ 美分/日元}-0.9205\text{ 美分/日元}}=32\ 400\text{ 美元}$$

当期货与现货的资产相同时，保值与被保值的资产数量相等，即期货与现货的套期保值比例是1∶1；当期货与现货的资产不同时，保值与被保值的资产数量一般不同，这时期货与现货的套期保值比率该如何确定？

四、套期保值比率

（一）套期保值比率的定义

定义3-15： 用于保值的期货合约头寸与被保值的资产现货头寸之比，被称为套期保值比率。

从投资的角度看套期保值，实际上是由现货与期货构造了一个投资组合。

投资者希望所构建的投资组合能实现如下目标：

1）在风险一定的条件下，追求收益的最大化。

2）在收益一定的条件下，追求风险的最小化。

定义 3-16：使得投资组合收益最大化或者风险最小化的套期保值比率，被称为最优套期保值比率。

如何确定最优的套期保值比率呢？

（二）套期保值比率的确定

确定最优套期保值比率的方法有最小方差法、最小二乘法和历史数据估值法，但最常用的是最小方差法。

1. 符号定义

首先给出如下符号：

h：最优套期保值比率；

S_1、S_2：现货资产两个时刻的市场价格；

K_1、K_2：期货资产两个时刻的交割价格；

$\Delta S=S_2-S_1$、$\Delta K=K_2-K_1$：现货价格差和期货价格差（由于 S_2、K_2 是未来时刻的变量，是不确定的，故 ΔS、ΔK 为随机变量）；

σ_S、σ_K：ΔS、ΔK 的标准差；

ρ：现货价格与期货价格的相关系数；

σ_P：套期保值组合的标准差。

2. 最优套期保值比率

命题 3-15：当投资者担心现货市场价格变化存在风险时，利用期货为现货保值，使得套期保值组合风险最小或收益最大的最优套期保值比率为

$$h=\rho\frac{\sigma_S}{\sigma_K} \tag{3-15}$$

套期保值组合的标准差（风险）为

$$\sigma_P=\sqrt{(1-\rho^2)\ \sigma_S^2} \tag{3-16}$$

通过式（3-16）可以看出，投资组合的风险小于现货的风险，即通过期货为现货保值，降低了现货的风险。

最优套期保值比率的经济意义是：用 1 单位期货可以为 h 倍 1 单位的现货保值。

通过命题可以看出：当已知现货、期货两种资产价差的标准差及二者的相关系数时，可以方便地确定出期货与现货的套期保值比率。

3. 期货合约份数的确定

确定最优套期保值比率的目的是：计算套期保值所采用的最优合约数量。

命题 3-16：设 Q_S、Q_K 分别表示现货头寸及 1 份期货合约的头寸，N 表示用于套期保值的最优合约份数，h 为最优比率，则总量为 NQ_K 的期货可为总量为 hQ_S 的现货保值，即 $NQ_K=hQ_S$，故

$$N=\frac{hQ_S}{Q_K} \tag{3-17}$$

案例 3-21

最优套期保值比率

1 月，某运输公司预计 6 个月后需要购买 50 000t 原油，担心价格上涨，希望用原油期货进行保值。

根据历史数据知，在 6 个月内每吨原油价格变化的标准差为 0.037，原油期货价格变化的标准差为 0.042；原油现货价格与原油期货价格的相关系数为 0.75。

试确定最佳套期保值比率及期货合约的份数各是多少？

解析： 已知 $\sigma_S=0.037$，$\sigma_K=0.042$，$\rho=0.75$。

由式（3-15）可知，最优套期保值比率为

$$h=\rho\frac{\sigma_S}{\sigma_K}=0.75\times\frac{0.037}{0.042}=0.66$$

一张原油期货合约是 10t，需要保值的原油数量为 50 000t，由式（3-17）可求得期货合约份数为

$$N=\frac{hQ_S}{Q_K}=0.66\times\frac{50\ 000\text{t}}{10\text{t}}=3300$$

运输公司只需买入 3300 份原油期货合约，即可实现为 7 月份购买原油保值的目标。

期货合约有效期通常不超过 1 年，而套期保值现货期限大于 1 年的并不少见，这时直接套期保值、基差保值都将造成现货的风险暴露，这时该如何套期保值？

五、滚动套期保值

当期货合约的期限小于被保值现货的期限时，可使用滚动套期保值的方法进行保值。具体方法是：建立期货头寸，待该期货合约到期前将其平仓，再建立另一个到期日较晚的期货头寸，这样一直继续下去，直至套期保值期限届满。

为了简化问题，这里只考虑期货与现货相同，只是期限不同的情况，故套期保值比率为 1。

命题 3-17： 如果现货需要重复 m 次的期货交易进行保值，K_i 为 t_i 时刻的期货卖出（买入）价，$K_{(i+1)i}$ 为 t_{i+1} 时刻期货平仓价，S_m 为最后的 t_m 时刻现货价格，则经 m 次重复套期保值的有效价格为

$$S=S_m+(K_1-K_{21})+\cdots+(K_{m-1}-K_{m(m-1)}) \tag{3-18}$$

本命题是式（3-14）的推广，见图 3-16。

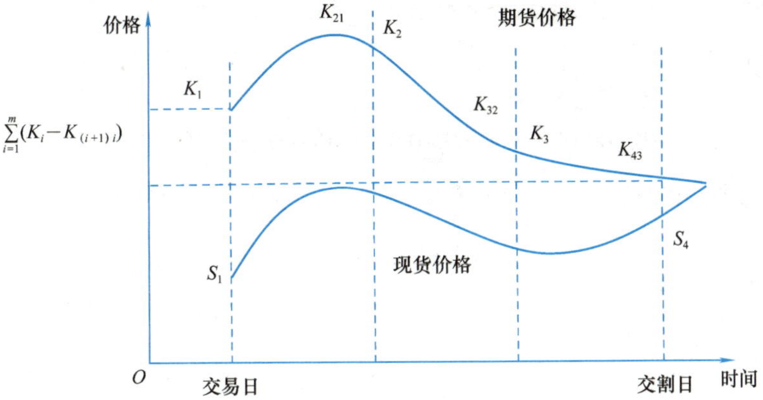

图 3-16 期货价格与现货价格的关系

案例 3-22

滚动套期保值

第 1 年 11 月，美国某公司借入 1.5 年期、到期本息为 1000 万欧元的债务，由于存在汇率上涨的风险，该公司决定买入芝加哥商品交易所欧元外汇期货合约实现滚动保值。

欧元期货到期月份分别为 3 月、6 月、9 月和 12 月，根据需要保值期限为 1.5 年的特点，选择期限为 6 个月共 3 次的期货合约进行保值。

由于芝加哥商品交易所每份欧元期货合约的价值为 125 000 欧元，为 1000 万欧元的债务保值，故需要买入 80 份第 2 年 6 月到期的欧元期货合约。

第 1 年 11 月欧元期货汇率为 1 欧元 = 1.3501 美元。

到第 2 年 5 月，该公司卖出 80 份第 2 年 6 月到期的欧元期货，同时买进 80 份第 2 年 12 月到期的欧元期货……

解析： 已知第 2 年 6 月、12 月，第 3 年 6 月的买进价、平仓价分别为

$K_1=1.3501$ 美元，$K_{21}=1.3550$ 美元；$K_2=1.3572$ 美元，$K_{32}=1.3601$ 美元；$K_3=1.3630$ 美元，$K_{43}=1.3652$ 美元；$S_4=1.3655$ 美元。

1. 计算有效价格

滚动套期保值数据流见图 3-17。由式（3-18），通过保值的有效价格为

$$
\begin{aligned}
S &= S_4+(K_1-K_{21})+(K_2-K_{32})+(K_3-K_{43}) \\
&= 1.3655 \text{ 美元}+(1.3501-1.3550)\text{ 美元}+(1.3572-1.3601)\text{ 美元}+(1.3630-1.3652)\text{ 美元} \\
&= 1.3555 \text{ 美元}
\end{aligned}
$$

2. 滚动套期保值的效果分析

若不使用滚动套期保值，该公司需要使用 $S_4=1.3655$ 美元/欧元的汇率兑换 1000 万欧元；经过滚动套期保值后使用的有效汇率为 $S=1.3555$ 美元/欧元，每

欧元少花 0.01 美元。

使用滚动套期保值少支付：

$$10\ 000\ 000 \text{ 美元} \times 0.01 = 100\ 000 \text{ 美元} = 10 \text{ 万美元}$$

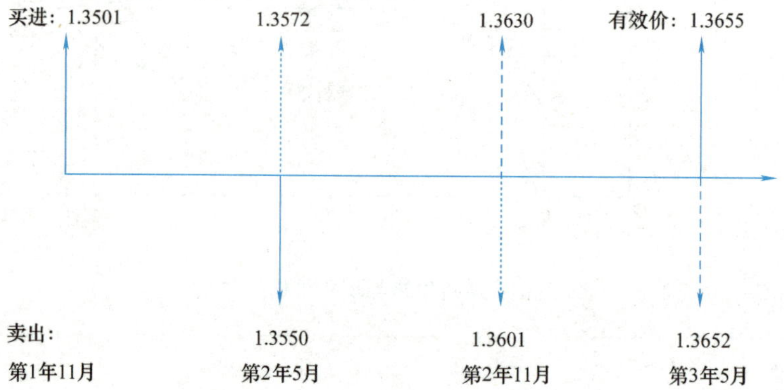

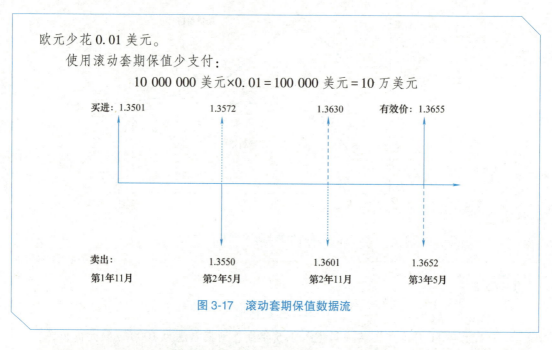

图 3-17 滚动套期保值数据流

前边讨论了一般意义套期保值期货份数的确定方法。债券有很多特性，当金融资产是债券时，套期保值期货的份数如何确定呢？

六、基于久期的套期保值

久期（又称持续期）是 1938 年麦考来（F. R. Macaulay）首先提出的，它是衡量债券价格对利率变化敏感程度的指标。

1. 久期的定义

对于付息债券，持有人会定期收到利息，故在债券到期前，已经收回了投资。那么债券收回投资平均等待时间是多少？

定义 3-17： 债券持有者在 t 时刻收到的现金流为 c_t（$t<n$ 为利息，$t=n$ 为本利和），连续复利收益率为 r，债券的当前价格为

$$P = \sum_{t=1}^{n} c_t \mathrm{e}^{-rt} \tag{3-19}$$

则债券收回投资平均等待的时间称为久期，其表达式为

$$D_P = \sum_{t=1}^{n} t \left(c_t \mathrm{e}^{-rt}/P \right) \tag{3-20}$$

通过久期的定义可以看出，久期是付款时间 t 的加权平均值，对应 t 时刻的权重等于 t 时刻支付的现值占债券价格的比率，显然权重之和为 1。

2. 债券价格关于利率的灵敏度分析

债券价格关于利率的灵敏度，是当利率有一个微小变化时，导致债券价格变化的幅度。对式（3-19）两边关于 r 求导得

$$\frac{\mathrm{d}P}{\mathrm{d}r}=-\sum_{t=1}^{n}tc_t\mathrm{e}^{-rt}=-P\sum_{t=1}^{n}t(c_t\mathrm{e}^{-rt}/P)=-PD_P$$

即

$$\mathrm{d}P=-PD_P\mathrm{d}r \tag{3-21}$$

由于债券期货价格与债券价格受共同因素的影响，同升同降，故对于债券期货价格 K 及相应的久期 D_K，同样有

$$\mathrm{d}K=-KD_K\mathrm{d}r$$

总结：通过以上讨论可以看出，当市场利率变动增大时，债券价格、债券期货价格将变小，其减小的幅度为相应的久期倍数。

由式（3-15）可知，对于一般的标的物而言，套期保值比率与标的资产价格及相应期货价格波动的方差（风险）σ_S、σ_K 有关，即

$$h=\rho\frac{\sigma_S}{\sigma_K}$$

债券的价格风险来自于利率的波动，影响的幅度是久期。套期保值份数可否用久期表示呢？

3. 债券保值期货合约份数的确定

可以证明，期货价格、现货价格关于利率的微分

$$\mathrm{d}P=-PD_P\mathrm{d}r \text{ 和 } \mathrm{d}K=-KD_K\mathrm{d}r$$

之比即为套期保值合约的份数，因此有如下结论：

命题 3-18：在已知债券价格 P、债券期货价格 K 及相应的久期 D_P、D_K 时，则 D_P/D_K 为套期保值比率，债券的套期保值期货合约份数可表示为

$$N=\frac{\mathrm{d}P}{\mathrm{d}K}=\frac{PD_P}{KD_K}=\frac{D_P}{D_K}\frac{P}{K} \tag{3-22}$$

choice 金融终端公布债券的久期，打开 choice 金融终端，按顺序分别单击：

债券—数据与专题—债券数据浏览器—待选指标—全部指标—债券行情指标—风险收益指标—久期—（在下面列表框）债券—债券市场—上交所未到期债券—利率债—国债

这时将显示所有国债久期列表，可选择多个指标同时显示，见表 3-15。

表 3-15　国债指标

证券代码	证券名称	全价/元	净价/元	剩余期限/天	应计利息	久期	修正久期	凸性
019626. SH	19 国债 16	104. 6973	102. 1500	1160	2. 5473	3. 0136	2. 9428	11. 8966
019667. SH	22 国债 02	101. 4463	99. 8100	1206	1. 6363	3. 1780	3. 1027	12. 9441
019558. SH	17 国债 04	100. 7551	100. 2800	1226	0. 4751	3. 1992	3. 0969	12. 9193
019564. SH	17 国债 10	104. 9273	103. 5000	1310	1. 4273	3. 3717	3. 2898	14. 5375
019672. SH	22 国债 07	100. 9847	99. 8500	1291	1. 1347	3. 4049	3. 3212	14. 5698
019634. SH	20 国债 08	102. 4586	101. 5450	1341	0. 9136	3. 5232	3. 4406	15. 5340

（续）

证券代码	证券名称	全价/元	净价/元	剩余期限/天	应计利息	久期	修正久期	凸性
019636. SH	20 特国 02	100. 4473	99. 6900	1356	0. 7573	3. 5701	3. 4731	15. 7640
010713. SH	07 国债 13	100. 5449	100. 0000	1414	0. 5449	3. 5894	3. 4344	15. 7124
019572. SH	17 国债 18	105. 4056	104. 8450	1401	0. 5606	3. 6182	3. 5381	16. 4901
019681. SH	22 国债 16	100. 7051	100. 2530	1392	0. 4521	3. 6808	3. 5937	16. 7241
019580. SH	17 国债 25	107. 5199	105. 9500	1492	1. 5699	3. 7779	3. 6936	18. 0165
019687. SH	22 国债 22	102. 2930	99. 9600	1474	2. 3330	3. 8165	3. 7253	18. 1328
019647. SH	20 国债 17	106. 3949	103. 6990	1523	2. 6959	3. 8833	3. 7946	18. 8872
019586. SH	18 国债 04	108. 2423	107. 6200	1583	0. 6223	4. 0267	3. 9476	20. 2179
019695. SH	23 国债 02	102. 0598	100. 2010	1566	1. 8588	4. 0509	3. 9488	20. 1015

这里给出了修正久期 D_m，它与久期 D_P 具有如下关系：

$$D_m = \frac{D_P}{1+r}$$

显然修正久期与久期的二者只相差一个因子，且对债券久期和利率期货久期都有相同的因子，故将式（3-21）中的久期直接换成修正久期同样也成立。

案例 3-23

用久期确定合约份数

8 月，基金公司将 300 万美元用于投资政府债券，根据当时宏观经济环境预测，未来的 3 个月利率的波动将十分剧烈，基金公司决定运用 12 月份的长期国债期货合约对政府债券进行套期保值。

3 个月期政府债券的平均久期为 7. 3 年，一份面值为 10 万美元债券的期货合约的价格为94 055 美元。若选择 20 年期、久期 9. 32 年长期国债期货合约用于保值。

试问需要多少份期货合约可为政府证券保值？

解析：由于基金公司持有政府债券现货多头，预防债券价格下跌的风险，故需卖出长期国债期货合约保值。

已知 $P=300$ 万美元，$D_P=7.3$ 年，$K=94\ 055$ 美元，$D_K=9.32$ 年。

根据式（3-22），应卖空的期货合约份数为

$$N=\frac{P}{K}\frac{D_P}{D_K}=\frac{3\ 000\ 000\text{ 美元}}{94\ 055\text{ 美元}}\times\frac{7.3\text{ 年}}{9.32\text{ 年}}=24.98$$

四舍五入，基金公司应卖空 25 张合约即可为手中的债券实现保值。

七、股票或股票组合的套期保值

不将鸡蛋放在一个篮子里，是告诫人们分散投资能避免风险。现在的问题是，分散投资能避免全部风险吗？风险有多少种类型？不同类型的风险如何规避？

（一）系统风险与非系统风险

1. 系统风险

经济周期、利率变化、宏观调控政策等，这些因素对所有股票都会产生影响，这样的风险被称为系统风险。

2. 非系统风险

上市公司自身因素对股票的影响导致的风险，如经营不善、违约、破产等诸如此类因素带来的风险，被称为非系统风险。

证券组合数量与风险的关系见图 3-18。

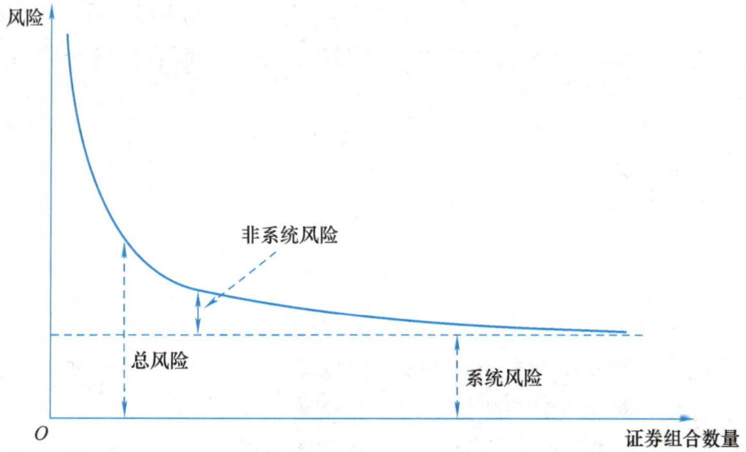

图 3-18　证券组合数量与风险的关系

（二）不同风险的消除方法

1. 套期保值可以消除股票的系统风险

套期保值是期货现货两个市场的相反操作；买入是风险，卖出则是机会，反之亦然。利用股指期货为股票组合套期保值，可消除系统风险。

2. 股指期货投资，避免单一股票投资可消除非系统风险

股票价格指数由众多的成分股构成，故股指期货投资相当于分散投资，可以消除个别上市公司自身原因导致股票价格波动的非系统风险，但不能消除系统风险。

（三）股指期货套期保值的类型

1. 股票组合的套期保值

（1）资本资产定价模型

运用股指期货可以对一个高度分散化的股票组合套期保值，其理论基础是资本资产

定价模型。

定义 3-18： 资本资产定价模型是指证券组合 P 的期望收益率 $E(r_P)$ 与市场期望收益率 $E(r_M)$ 之间具有如下关系：

$$E(r_P)=r+[E(r_M)-r]\beta \tag{3-23}$$

式中 r——无风险利率；

r_P——证券组合收益率；

r_M——市场组合收益率；

β——系统风险。

将式（3-23）变形，有

$$E(r_P)=\beta E(r_M)+(1-\beta)r$$

上式表明，投资组合的平均收益率与市场平均收益率成比例变化，而股票价格的风险是由收益率波动导致的，这时的 β 恰好是比例系数。

（2）股指期货对股票保值的比率

命题 3-19： 若股票组合现价为 P，股指期货价格为 K，利用股指期货对股票组合进行套期保值，资本资产定价模型中的 β 恰为套期保值比率，从而有期货合约份数为

$$N=\beta\frac{P}{K} \tag{3-24}$$

案例 3-24

确定股票组合套期保值比率

某投资经理管理着一个总价值 500 万美元的股票投资组合，并长期看好该组合，该股票组合相对于 S&P500 指数的 β 系数为 1.75。

5 月 5 日，该投资经理认为短期内大盘有下跌的风险，可能会使投资组合遭受损失。于是准备用 9 月到期的 S&P500 股指期货，为该投资组合 8 月 5 日的价值进行套期保值。在 8 月 5 日的期货市场上 9 月份到期的 S&P500 股指期货的价格为 635 点。

试问：需要多少份期货合约可为投资组合保值?

解析： 投资经理持有股票组合多头担心价格下跌，故需在期货市场卖出股指期货合约。

已知 $P=500$ 万美元，$\beta=1.75$，S&P500 股指期货价格为 635 点。

首先计算期货价格 K。S&P500 股指期货每点 250 美元，故：

$$K=635\times250\text{ 美元}=158\ 750\text{ 美元}$$

由式（3-24）可得：

$$N=\beta\frac{P}{K}=1.75\times\frac{5\ 000\ 000\text{ 美元}}{158\ 750\text{ 美元}}=55.12$$

故需要卖出 55 份数期货合约即可实现套期保值的目标。

2. 单一股票的套期保值

(1) 可为单一股票套期保值的期货的种类

股票组合的套期保值，可用股指期货实现。对于单一股票的套期保值，既可用单一股票期货进行，又可以用股指期货进行。

套期保值合约份数的计算公式同样是式（3-24），只是这时的套期保值比率为单一股票现货的 β 系数。

(2) 股指期货为单一股票保值的不足

单一股票的变化趋势未必与股票指数的变化趋势相同，故利用股指期货为单一股票套期保值仅能规避其系统风险，而系统风险又仅占单一股票风险的一小部分。

因此，股指期货对于单一股票的保值效果往往欠佳。

(3) 单一股票套期保值的应用场合

当保值者认为股票的表现会好于市场表现，但对于自己的推断又不太确定时，可采用股指期货套期保值。尤其是金融机构在进行新股承销时，可采用这一方法，以应对单一股票相对于市场变化的不确定性。

在 choice 金融终端可以查到股票的 β 指标。打开 choice 金融终端，按照顺序分别单击：

股票—多维数据—股票数据浏览—待选指标—沪深京股票指标—风险分析—自定义参数指标—beta—（在下面列表框）沪深京股票—市场类—上证 A 股

这时将显示上证 A 股所有股票 beta 列表，可选择多个指标列表显示，见表 3-16。

表 3-16 上证 A 股风险指标

证券代码	证券名称	收益率	波动率	Alpha (α)	Beta (β)
600000. SH	浦发银行	0. 1465	1. 1320	0. 1572	-0. 0349
600004. SH	白云机场	-1. 0263	1. 7186	-1. 2323	0. 6716
600006. SH	东风汽车	0. 4859	1. 7146	0. 0778	1. 3307
600007. SH	中国国贸	-0. 1563	1. 4213	-0. 3237	0. 5458
600008. SH	首创环保	-1. 1294	2. 5568	-0. 6407	-1. 5939
600009. SH	上海机场	-0. 6192	1. 3615	-0. 8336	0. 6992
600010. SH	包钢股份	-0. 5632	1. 4406	-0. 8733	1. 0115
600011. SH	华能国际	-1. 5802	3. 9755	-0. 7993	-2. 5468
600012. SH	皖通高速	0. 4519	1. 8647	0. 7732	-1. 0478
600015. SH	华夏银行	0. 4991	0. 7546	0. 5541	-0. 1794
600016. SH	民生银行	-0. 7927	2. 2373	-0. 3588	-1. 4151
600017. SH	日照港	0. 5624	2. 2749	0. 3678	0. 6346
600018. SH	上港集团	0. 2882	1. 8885	0. 0877	0. 6538
600019. SH	宝钢股份	-0. 2408	2. 2316	-0. 8039	1. 8364

案例 3-25

单一股票套期保值

8 月份某承销商以每股 50 美元的价格承销 5 万股某公司股票，佣金 10 万美元。承销商预计市场在接下来的一个月会剧烈波动，对于该公司股票的涨跌没有十分的把握，想在今后的一个月采用 S&P500 股指期货合约进行套期保值。

已知该公司股票的 $\beta=1.25$，10 月份到期的 S&P500 股指期货收盘价为 650 点，每点的价值为 250 美元，这时

$$P=50\ 000\times 50\ \text{美元}=250\ \text{万美元}$$

$$K=650\times 250\ \text{美元}=162\ 500\ \text{美元}$$

根据式（3-24），有

$$N=1.25\times\frac{2\ 500\ 000\ \text{美元}}{162\ 500\ \text{美元}}=19.23$$

故应卖出 19 份股指期货即可实现套期保值。如果该公司股票在今后一个月内跌至 46 美元，S&P500 期货价格跌 606 点，则有

$$\text{承销股票亏损}:50\ 000\ \text{美元}\times(46-50)=-20\ \text{万美元}$$

$$\text{期货合约盈利}:19\times 250\ \text{美元}\times(650-606)=20.9\ \text{万美元}$$

由于进行了保值，故盈余 9000 美元，加上佣金 10 万美元共 10.9 万美元，如果不进行保值，承销商将亏损。

类似的，可以验证，当现货市场及期货市场均上涨时，同样能够实现保值的目标，此处不再赘述。

第六节　期货模拟交易

只有通过大量的期货交易练习，才能真正掌握期货投资的基本理论与方法。期货实盘交易风险很大，对于初学者更是无法承受之重，期货模拟交易软件使得初学者期货交易练习得以实现。

一、期货模拟交易软件

1. 软件简介（见图 3-19）

赢顺通期货行情实盘交易系统（wh6），是文华财经面向个人投资者量身打造的一款集行情、分析、交易于一体的智能交易软件。

为了普及推广期货期权投资，该系统特地为初学者量身定制了期货期权模拟交易系统，其功能及数据与实盘交易系统完全相同，非常适合期货期权初学者进行交易练习。

图 3-19 期货模拟交易软件下载

2. 软件下载与安装

在“文华财经”网站首页顶端的菜单条，单击“模拟交易”菜单项出现图 3-19 的期货模拟交易练习场页面，在“简介”模块的“软件”标题下，给出了安装在两种平台上的免费期货交易模拟软件。

wh6 模拟版是计算机版期货期权模拟软件，在这里下载后安装到计算机后即可以进行期货期权的模拟操作了。

APP 随身行是手机版期货模拟软件，在这里下载后安装到手机上，可以随时进行期货期权的模拟交易操作，非常方便。

软件下载后，双击下载的 EXE 文件，按照系统提示完成安装，这时在桌面出现“wh 赢顺模拟版”图标，双击图标打开软件就可以进行期货交易的练习了。

二、交易软件功能介绍

1. 主窗口

交易软件启动进入的窗口称为主窗口，见图 3-20。

窗口顶端第一行的标题栏给出了交易软件名称及版本、软件开发商、网络运营商、当前交易所及主窗口。

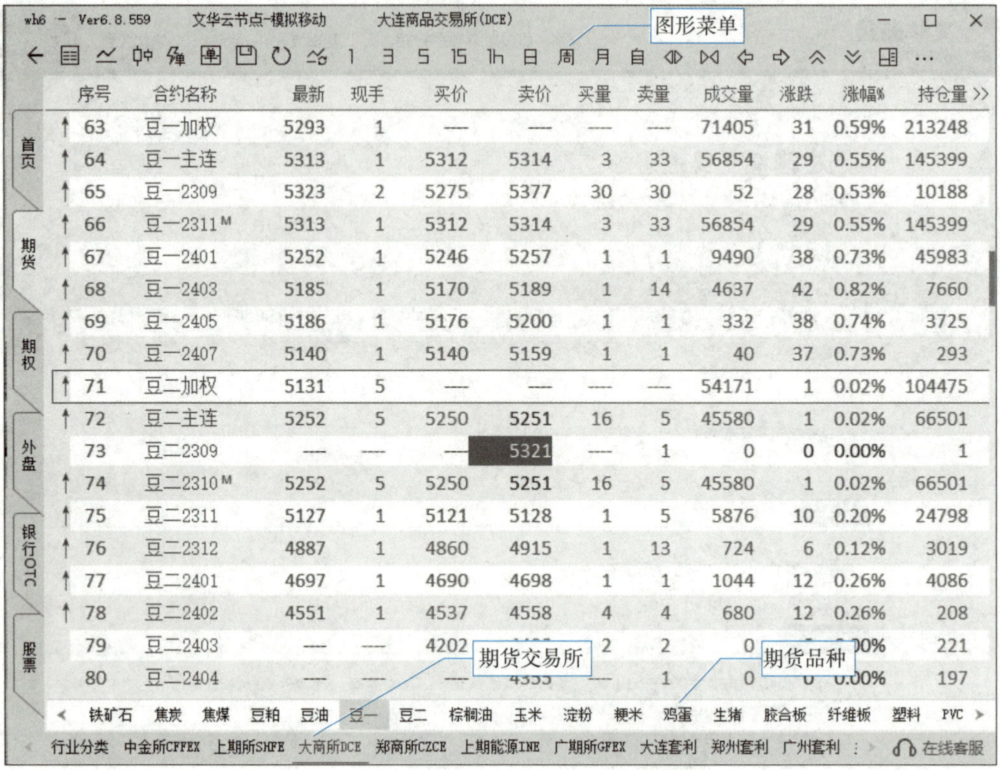

序号	合约名称	最新	现手	买价	卖价	买量	卖量	成交量	涨跌	涨幅%	持仓量
63	豆一加权	5293	1	----	----	----	----	71405	31	0.59%	213248
64	豆一主连	5313	1	5312	5314	3	33	56854	29	0.55%	145399
65	豆一2309	5323	2	5275	5377	30	30	52	28	0.53%	10188
66	豆一2311 M	5313	1	5312	5314	3	33	56854	29	0.55%	145399
67	豆一2401	5252	1	5246	5257	1	1	9490	38	0.73%	45983
68	豆一2403	5185	1	5170	5189	1	14	4637	42	0.82%	7660
69	豆一2405	5186	1	5176	5200	1	1	332	38	0.74%	3725
70	豆一2407	5140	1	5140	5159	1	1	40	37	0.73%	293
71	豆二加权	5131	5	----	----	----	----	54171	1	0.02%	104475
72	豆二主连	5252	5	5250	5251	16	5	45580	1	0.02%	66501
73	豆二2309	----	----	----	5321	----	1	0	0	0.00%	1
74	豆二2310 M	5252	5	5250	5251	16	5	45580	1	0.02%	66501
75	豆二2311	5127	1	5121	5128	1	5	5876	10	0.20%	24798
76	豆二2312	4887	1	4860	4915	1	13	724	6	0.12%	3019
77	豆二2401	4697	1	4690	4698	1	1	1044	12	0.26%	4086
78	豆二2402	4551	1	4537	4558	4	4	680	12	0.26%	208
79	豆二2403	----	----	4202	[illegible]	2	2	0	[illegible]	[illegible]	221
80	豆二2404	----	----	----	[illegible]	----	1	0	0	0.00%	197

图 3-20　期货交易界面

(1) 顶层图形菜单

1) 期货合约列表、分时图、K 线图和下单 4 个功能切换图形按钮。

2) 显示分时图时，日线/年线切换 1 个按钮。

3) 显示 K 线图窗口时，顶端设有 8 个 K 线周期选择按钮，及窗口刷新、K 线图水平放大、水平压缩、左翻 K 线、右翻 K 线、上翻合约、下翻合约等 7 个功能按钮。

(2) 左侧选项卡：给出了股票、国内期货、国外期货、外汇、期权等共 5 种不同的投资市场的选择。

(3) 底层菜单

第一层：期货种类选择；

第二层：期货交易所选择。

2. 期货合约列表窗口

期货合约列表窗口的顶层给出了包括合约名称、最新、现手、买价、卖价、买量、卖量、涨跌等反映期货交易特征的 26 个指标，下面显示各个期货交易所推出的不同的期货合约各种实时动态交易数据，见图 3-20。

(1) 期货合约：期货合约的名称包括标的的种类及到期日，如：豆一 2405DM，表示 2024 年 5 月到期的期货合约。期货合约名称的上角标若带有 M、D、N 等字母，分别表示：

1）M 字母表示主力合约：Main。

2）D 字母表示延时行情的合约：Delayed。

3）N 字母表示有重要新闻公示的合约：News。

（2）主力合约：是指当前持仓量或者成交量最大的期货合约，也是当前市场上最活跃、流动性最强、最容易成交的合约，投资者应选择主力合约进行交易。

（3）主连合约：是指某品种不同时段的主力合约的机械连续，拼成了一个日交易量和持仓量都最大的连续合约，见图 3-20 的豆一主连、豆二主连。

由于是同一品种不同到期日的两个主力合约的机械连接，所以有可能出现 K 线图不连续跳空的现象。

例如图 3-21 中的豆一主连 K 线图，由豆一 2301、豆一 2305 和豆一 2307 三段 K 线连接而成，接口处出现跳空。

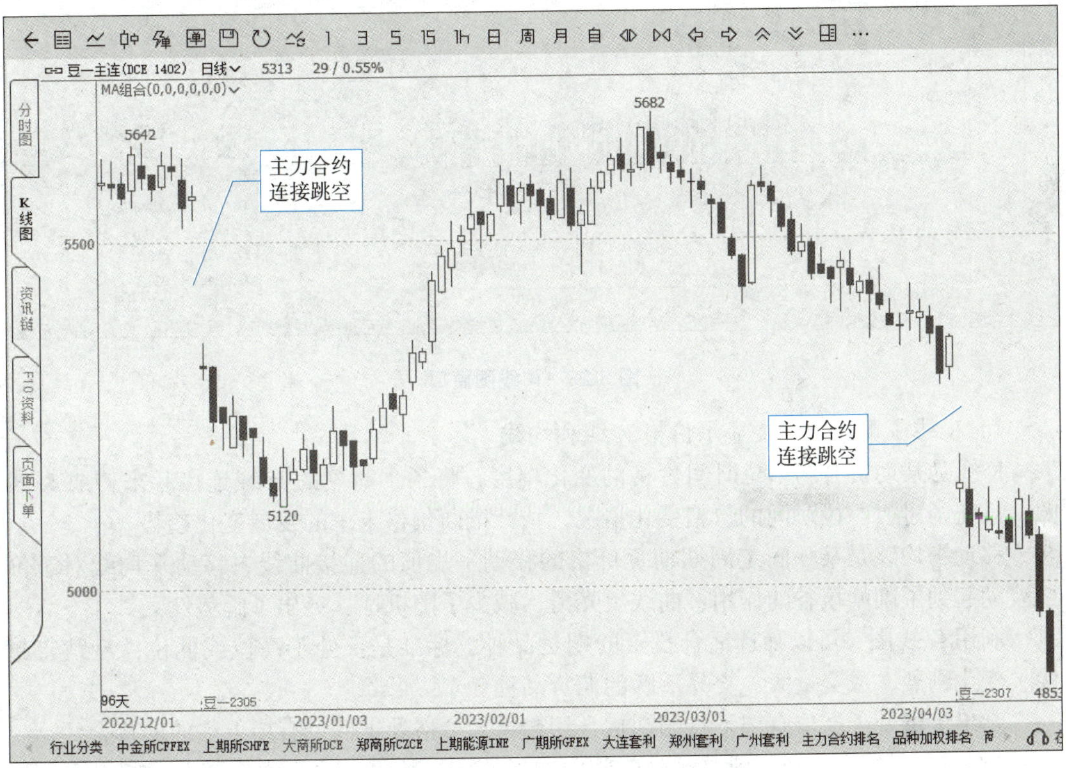

图 3-21 主力合约连接跳空

期货合约列表窗口显示期货合约的各种交易数据，精确直观、一目了然、信息量大，适合快速查找出当前热点的期货合约。如果要考察某一期货合约价格变化的历史状态，列表窗口将无法胜任，这时需要价格分析窗口。

3. 价格分析窗口

期货交易的价格变化，通过 K 线图和分时图两个窗口实现。

（1）K 线图窗口

K 线图直观地显示了期货合约价格的历史状态、变化趋势，当前价位与历史价位的比较，可以据此选择有投资价值的期货合约，确定买卖的时机，为投资决策提供依据。

K 线图窗口包括 K 线图主窗口和成交量、技术指标和盘口 3 个子窗口，见图 3-22。

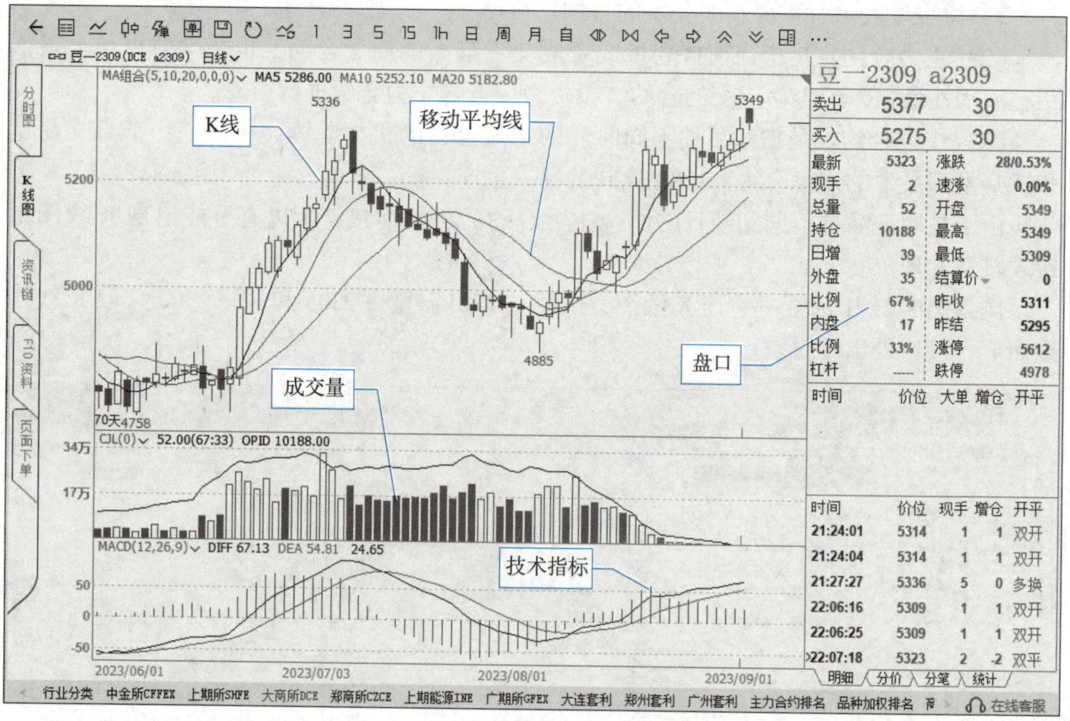

图 3-22　K 线图窗口

1）K 线主窗口：主要显示价格 K 线和均线。

K 线是某期货合约单位时间价格的变化幅度，将各个时刻的 K 线连接起来构成 K 线图，反映了过去一段时间的价格变化情况，估计推断价格未来的发展变化趋势。

移动平均线是某一固定周期期货价格的移动平均值的连接曲线，移动平均线对于价格波动起到了削峰填谷的作用，曲线更光滑，减少了随机性，突出了趋势性。

利用 K 线图，可以筛选适合投资的期货品种，标准是：处于高位或低位，且跌宕起伏、变化剧烈、成交量大、交易活跃的期货品种。

卖出价格处于高位有望下跌的期货合约；买入价格处于低位有望上涨的期货合约。

2）成交量窗口：成交量是单位时间内期货的成交数量，选择成交量大的期货合约投资更容易盈利。

3）技术指标窗口：技术指标是通过数学模型对期货交易价格的历史数据进行加工、整理得到的指标曲线，用于推断期货价格走势及买卖时机。

技术指标有多种，单击鼠标右键可以打开菜单切换。

K 线图更适合筛选有价值的期货合约，但不能直观展示每时每刻的交易价格的图形，对于选中的期货合约，如何确定最佳交易时机，分时图更胜一筹！

（2）分时图窗口

分时图窗口包括价格主窗口和成交量子窗口，见图 3-23。

1）即时价格：以分钟为单位期货的即时价格连接起来得到的图形被称为分时图，它反映了期货价格构成的价格曲线。

图 3-23 分时图窗口

2）平均成交价：期货即时成交的平均价格，即当天开盘以来成交总金额除以成交总手数构成的价格曲线。

3）下面的子窗口，显示每分钟的持仓量曲线和每分钟成交量的柱状图。

（3）盘口

K 线图及分时图虽然直观地展示了期货价格的历史变化形态和发展趋势，但无法反映当前交易的其他指标的具体数量。为了方便交易，将期货交易部分指标的实时数据统一在 K 线图和分时图窗口右侧显示的窗口称为盘口。同一期货合约的 K 线图窗口和分时图窗口的盘口相同，见图 3-22。

1）窗口上半部分显示交易价格及其相关指标。

①内盘：当天开盘后，以买入价卖出的期货合约手数被称为内盘。内盘大表明卖出意愿强烈，后市将看跌。内盘大时建议卖出期货合约。

②外盘：当天开盘后，以卖出价买入的期货合约手数被称为外盘。外盘大表明买入意愿强烈，后市将看涨。外盘大时建议买入期货合约。

内盘与外盘的关系：当内盘远大于外盘，后市看跌；反之看涨。若内盘与外盘大体相近，则意味着市场中买卖双方的力量相当。

③总量：是开盘后到目前为止该期货合约内盘与外盘的总成交量（手数）。总量越大期货合约越活跃。

④比例：内盘、外盘占总量的比例。

⑤速涨：期货合约 1 分钟涨幅，股票合约是 5 分钟涨幅。

2）窗口下半部分显示多空双方各个时刻交易双方开仓平仓的交易指标。

①多开与空开：多头开仓与空头开仓。

②多平与空平：多头平仓和空头平仓。

③双开：这表明买卖双方都是入市开仓，一方买入开仓，另一方卖出开仓。

④双平：这表明多空持仓的双方，一方卖出平仓，另一方买入平仓。

⑤多换：多头换手，表示原有多头卖出平仓，新多头买入开仓，市场总持仓量不变。

⑥空换：空头换手，表示原有空头买入平仓，新空头卖出开仓，市场总持仓量不变。

有些指标含义明确不再赘述。

三、期货交易

通过期货价格的 K 线图、分时图的技术分析选定了期货交易品种，就可以进行期货的买卖交易了。第一次交易前，需注册账户，之后的每次交易都需账户登录。

1. 账户注册

在主窗口顶端的图形菜单条中，单击一下“单”按钮，出现图 3-24 所示的注册登录界面。已经注册的用户可以在这里登录，没有注册的用户在这里注册。

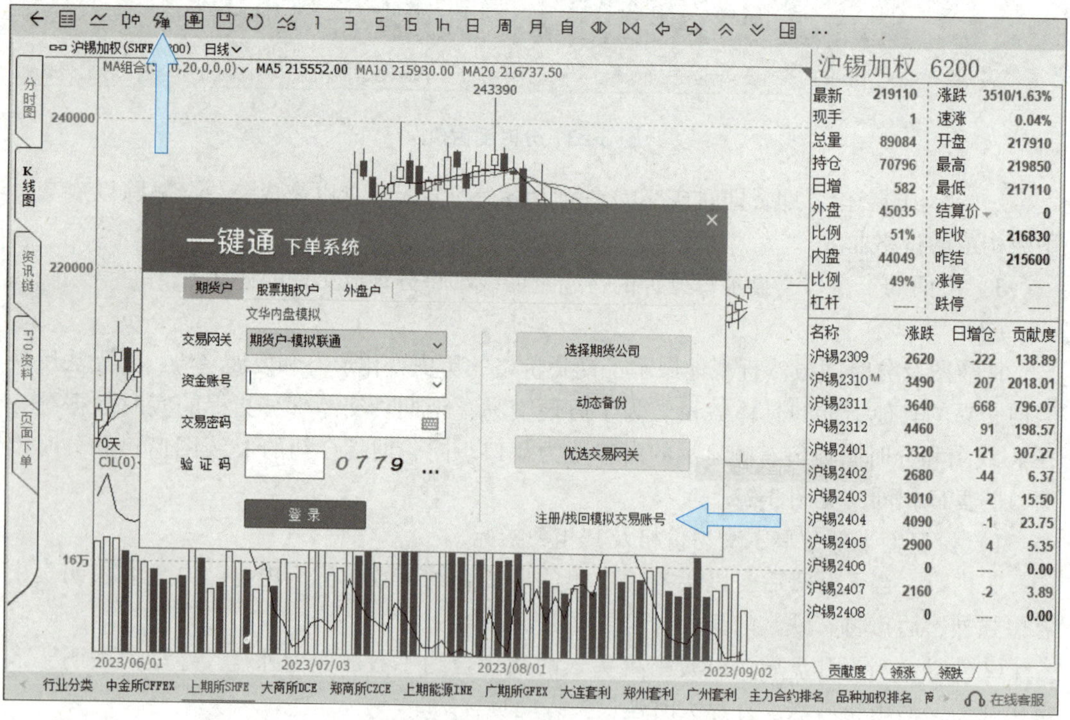

图 3-24　注册登录界面

1）单击“注册/找回模拟交易账号”，出现图 3-25 所示功能选择界面。模拟期货期权交易提供初始资金 50 万元，还可以申请增加。

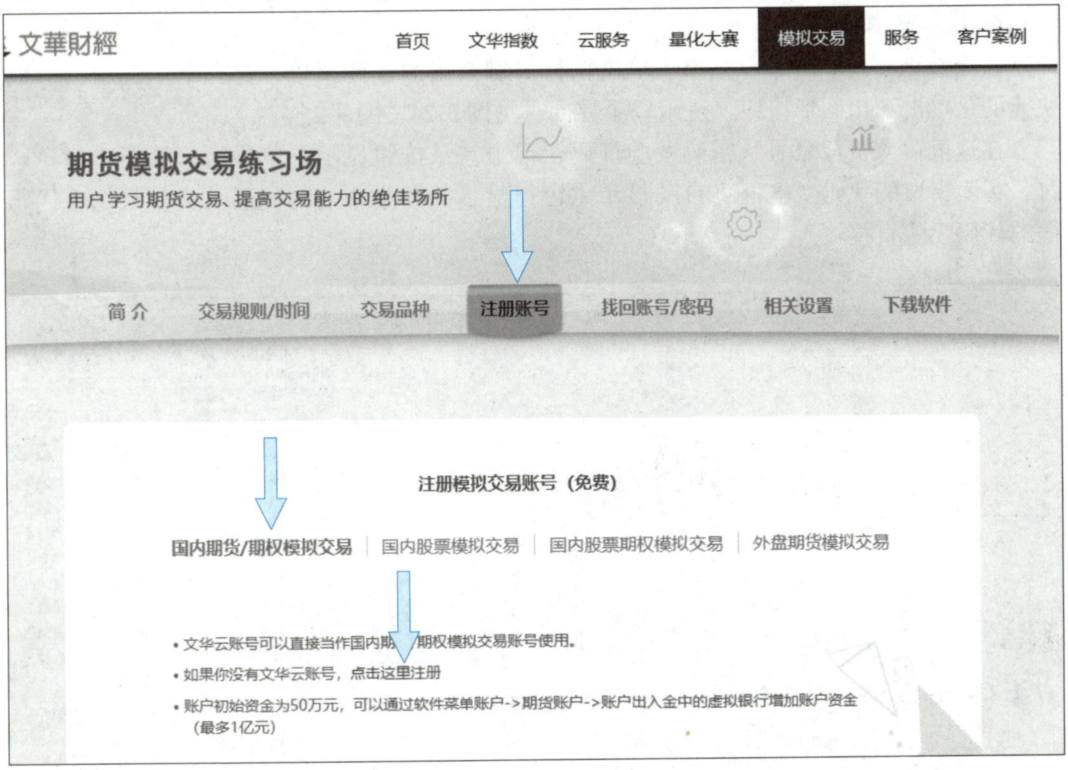

图 3-25　功能选择

2）在顶层菜单中选择“模拟交易”菜单项；在中层菜单选择“注册云账号”菜单项；在下层菜单选择“国内期货/期权模拟交易”菜单项，出现图 3-26 所示注册界面。输入手机号码后获取验证码，输入验证码，手机将收到模拟交易账号及密码，注册完成。

图 3-26　注册界面

2. 登录资金账户

在分析界面，单击账户菜单、单击鼠标右键弹出的快捷菜单，都有下单选项，但最快捷的是单击下单图形按钮，显示登录界面，见图 3-24、图 3-25。

在这里输入资金账号、密码及验证码，单击登录按钮显示下单界面，见图 3-27。这时，买卖窗口的代码文本框将自动显示主窗口显示的期货合约的代码及交易数据，代码框的代码无法直接输入。

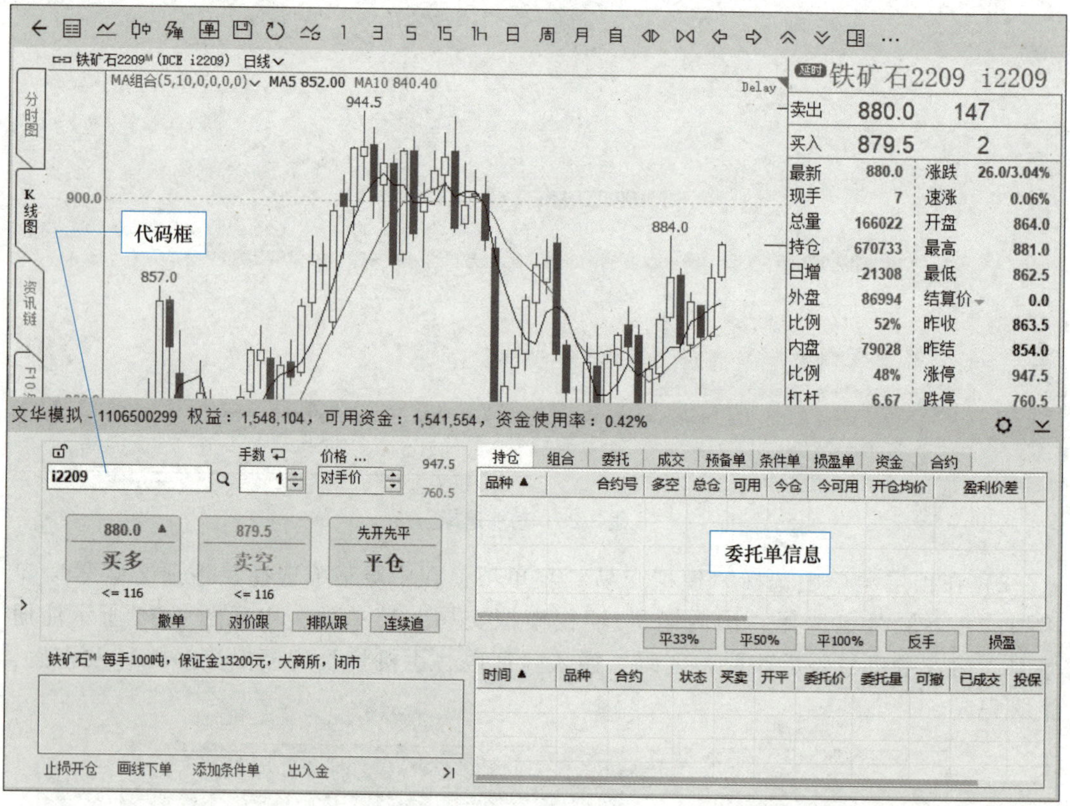

图 3-27　下单界面

此处代码 i2209 为铁矿石 2022 年 9 月到期的铁矿石；买入价 880 元/吨，投资者资金最多允许买入 116 手；卖出价 879.5 元/吨，最多允许卖出 116 手；当前选择的价格类型为“对手价”；交易的手数默认 1 手，可根据需要自行修改交易的手数。

3. 操作按钮

（1）买多、买空、加多、加空

按钮的标识不是固定不变的，是动态的，根据投资者持仓情况而定，如果主窗口显示的是未持仓的合约，将显示买多、卖空、平仓共三种，可根据情况进行买多或卖空操作。

如果在委托单窗口选择已经委托成功的期货合约，主窗口将相应地显示该合约：之前是买入的期货合约，此时第一个按钮显示加多，单击此按钮进行买入补仓。

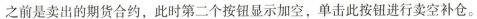

之前是卖出的期货合约，此时第二个按钮显示加空，单击此按钮进行卖空补仓。

（2）平仓

在右侧的列表中选择持仓的合约，输入手数、价格，单击平仓按钮，完成平仓操作。

（3）反手

如果持仓的期货合约与价格趋势相反，将持有的期货平仓，与原持仓期货价格相反方向建仓，此时称为反手。

例如开仓买入两手玉米期货合约，发现行情是下跌趋势，立刻平掉两手玉米多单，再卖出两手玉米空单。此时持仓仍是两手，但持仓的方向从多单变成了空单，方向相反。

（4）锁仓

锁仓分两种方式，即盈利锁仓与亏损锁仓。

1）盈利锁仓：是指投资者买卖的期货合约有一定幅度的浮动盈利，感觉原来的大势未变，但市场可能出现短暂的回调或者反弹，又不想将原来的低价买单或高价卖单轻易平仓，便在继续持有原来头寸的同时，反方向开立新仓，锁定现有盈利。

2）亏损锁仓：是指投资者买卖的期货合约有了一定程度的浮动亏损，又把握不住后市是否继续当前行情，又不想把亏损继续扩大，便在继续持有原来亏损头寸的同时，反方向开立新仓，以便锁定风险。

4. 不同价格含义

1）对价：以对方给出的买价卖出，以对方给出的卖价买入。

2）排队价：以买价买入，以卖价卖出。

3）超价：是在对价的基础上，买入时增加几个最小变动价位，卖出时减少几个最小变动价位的委托价。

4）连续追：在对价的基础上超价发委托，如果没成交触发追价，撤单并以当时的对价发委托，第一次发委托超一个价位，第二次超两个价位，第三次及以后都超三个价位，一直到成交。

期货模拟交易最好在已经学习了证券投资技术分析的基础上进行，利用期货价格 K 线图、分时图进行分析决定交易的期货品种与时机。

以上介绍了期货交易所涉及的最基本操作方法，因篇幅所限并没有展开，初学者可在此基础上练习期货的投资、套利及套期保值的操作与交易方法。

本章小结

1. 期货合约是由交易所统一制定，在将来某一特定时间和地点，按照规定价格买卖一定数量和质量的实物商品或金融商品的标准化合约。

2. 按照期货标的资产的不同性质，期货合约可以分为商品期货合约和金融期货合约两大类。

3. 金融期货通常分为外汇期货、利率期货、股票指数期货三种。

4. 期货合约与远期合约的不同主要表现在：合约产生方式不同；合约内容是否标准化不同；合约的交易地点不同；价格的确定方式不同；交易风险不同；合约的流动性不

同；结算方式不同。

5. 成熟的期货市场中期货价格与现货价格之间具有同升同降和收敛一致的特点，期货与现货的价格关系是通过基差的变化反映出来的，随着期货合约到期日的临近，期货价格中的持有成本逐渐消失，其价格与现货价格接近直到几乎相等。

6. 利率期货合约是指标的资产价格依赖于利率水平的期货合约，根据标的债券的期限，可分为短期利率合约和中长期利率期货合约。

7. 转换因子是指可使中长期国债期货合约的价格与各种不同息票率可用于交割现货的债券价格具有可比性的折算比率。

8. 外汇期货也称货币期货，是指以货币为标的物的期货合约。

9. 股指期货是指以股票价格指数为标的物的期货合约。

10. 期货交易既可以用于投资盈利，也可用来防范价格变动风险，对冲系统风险，其交易策略包括投机、套利及套期保值。

综合练习

一、名词解释

1. 金融期货　　2. 逐日盯市

3. 转换因子　　4. 套期保值比率

二、单选题

1. 通过期货价格而获得某种商品未来的价格信息，这是期货市场的主要功能之一，被称为(　　)功能。

A. 风险转移　　B. 商品交换

C. 价格发现　　D. 锁定利润

2. 决定外汇期货合约定价的因素，除即期汇率，距交割日天数外，还取决于(　　)。

A. 两国通行汇率的差异

B. 两国通行利率的差异

C. 即期汇率与远期汇率的差异

D. 全年天数的计算惯例

3. 中国某公司 3 个月后有一笔 100 万美元的现金流入，为防范美元汇率风险，该公司可以考虑做一笔 3 个月期、金额为 100 万美元的（　　）。

A. 买入期货　　B. 卖出期货

C. 买入股票　　D. 存入银行

4. 当期货合约临近交割日时，现货价格与期货价格逐渐缩小，这一过程就是所谓的（　　）现象。

A. 转换因子　　B. 基差

C. 趋同　　D. 中性

5. 某公司计划在 3 个月之后发行股票，那么该公司可以采用（　　）措施来进行相应的套期保值。

A. 买入远期利率合约　　B. 卖出远期利率合约

C. 买入股票指数期货　　　　　　　　D. 卖出股票指数期货

6. 假设某国债期货报价为 103.5，表 3-17 给出的四个债券中，用（　　）交割最便宜。

表 3-17 四个债券

债券	报价	转换因子	债券	报价	转换因子
A	110	1.04	C	131	1.25
B	160	1.52	D	143	1.35

三、填空题

1. 不同的债券，在收益率变动相同的情况下，久期大的债券，其价格的变化越（　　　　）。

2. 不同的债券，在收益率变动相同的情况下，久期小的债券，其价格的变化越（　　　　）。

3. 股票市场上面临两种风险，分别为（　　　　）、（　　　　）。

4. 期货价格与现货价格之间的关系包括（　　　　）与（　　　　）。

5. 利用转换因子，可将（　　　　）、（　　　　）的各种债券转换成标准债券，使之具有可比性。

6. 期货交易的结束方式有（　　　　）、（　　　　）、（　　　　）。

7. 金融期货包括（　　　　）、（　　　　）和（　　　　）。

8. 股指期货交易的目的有三种，分别是（　　　　）、（　　　　）和（　　　　）。

四、简答题

1. 与远期交易相比，期货交易的优缺点是什么？

2. 期货交易的基本特征是什么？

3. 解释为什么在期货合约交割期内期货价格大于现货价格会带来套利机会。如果期货价格小于现货价格会带来套利机会吗？请给出解释。

4. 请分别说明在什么情况下应该使用空头套期保值策略和多头套期保值策略。

五、计算题

1. 7 月 30 日，9 月到期的长期国债期货合约的最便宜交割债券为息票率为 12% 的债券，预期在 9 月 30 日进行交割。该债券的息票利息在每年的 2 月 4 日和 8 月 4 日支付。期限结构是水平的，以半年计复利的年利率为 11%，债券的转换因子为 1.25，债券的现价为 115 美元，试计算该合约的期货报价。

2. 假设连续复利计的无风险年利率为 6%，沪深 300 指数的红利率为 4%，指数点现值为 3100 点，试问 6 个月期的沪深 300 股指期货的价格是多少？

3. 6 月 5 日，某投资经理有价值 1 亿美元的债券组合，债券组合的久期 7.5 年，12 月份长期国债期货价格为 91-25，最便宜的交割债券的久期 9 年。

试问：该经理应采用怎样的套期保值策略，以使该债券组合免受未来两个月利率变化的影响？

4. 一个公司持有价值为 5000 万美元、β 值为 1.42 的股票组合，该公司想采用 S&P500 指数期货合约保值。指数期货的当前价为 1130 点，合约乘数为 250 美元。请问风险最小的套期保值策略是什么？

5. 假设3个月期的LIBOR年利率为9.5%，6个月期的LIBOR年利率为10.4%，均为连续复利。3个月到期的欧洲美元期货的报价为91.15，此时存在什么样的套利机会(套利如何实施不要求)？

第四章

互　换

本章要点

本章主要介绍以下内容：互换的定义、种类、产生和发展，互换的基本原理、互换的操作以及利率互换和货币互换的定价。其中互换的基本原理、互换的操作是本章重点，利率互换和货币互换的定价是本章的难点。

在没有货币的时代，人们对商品的需求，是以以货易货的方式实现的，以货易货的交易方式就是互换。一个人在某一方面（如物品、工具、劳动）具有优势，另一个人在另一方面具有优势，一方优势恰恰是另一方所需要的，通过互换可以实现各取所需。

金融领域的互换是如何实现的呢？

第一节　互换市场概述

一、互换的起源与发展

20 世纪 70 年代，很多国家实行外汇管制，限制资本的自由流动，既限制本国投资者对海外贷款，又限制本国企业获得境外资金，企业在国与国之间融资非常困难。

当时的跨国公司发展迅速，它们迫切需要克服这种外汇管制以拓展全球性业务。如何破解这一难题呢？

（一）互换的起源

1. 平行贷款的产生

两家跨国公司，一家本部在英国，另一家本部在美国。两家公司分别在对方所在国拥有子公司，并且两家子公司都需要融资以扩大再生产。

通常的办法是：两家母公司分别向各自的子公司注资。但是，外汇管制的存在使得这一方法完全没有可能。为了解决类似的困难，20 世纪 70 年代末兴起了一种通融的融资模式——平行贷款，见图 4-1。

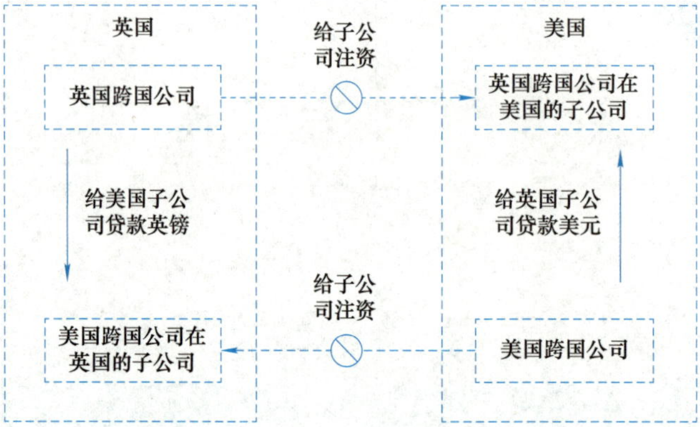

图 4-1　平行贷款

平行贷款的操作思路是：英国跨国公司与美国跨国公司在英国的子公司签订合同，并提供贷款；美国跨国公司与英国跨国公司在美国的子公司签订合同并提供等额贷款。

在资金没有跨国移动的情况下，英、美两国的子公司分别获得所需的资金。这一过程，实现了资金的互换。

实际上，上述贷款大都是由银行中介进行的，两国母公司通常只是对贷款进行担保。平行贷款需要签订两个独立的贷款合同，分别具有相应的法律效力。

当一个合同无法正常执行，另一个合同依然有效，另一方还须继续履行合同所承担的义务。也就是说，平行贷款存在违约的风险。在这种背景下，背靠背贷款应运而生。

2. 背靠背贷款

背靠背贷款是指两个国家的母公司互相直接提供贷款，币种不同但数值相等，贷款的期限相等。双方按期支付利息，到期偿还本金，见图 4-2。

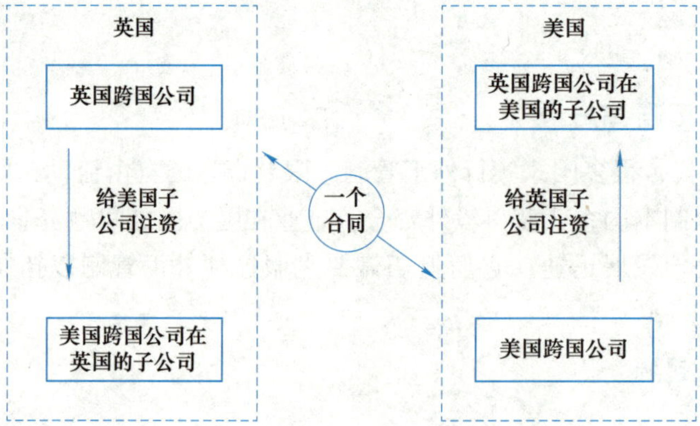

图 4-2　背靠背贷款

背靠背贷款和平行贷款具有相似的结构和现金流，融资效果相同。

二者的区别是，背靠背贷款尽管也有两笔贷款，但两家母公司只签订了一份协议，若协议中一方无法履行所承担的责任，另一方将自动终止未尽的义务，从而降低了违约风险。

3. 平行贷款与背靠背贷款的不足

这两种融资结构避开了外汇管制的限制，实现了跨国融资的目标。但这两种融资结构类似于以物易物，经常找不到正好匹配的合作伙伴。

随着外汇管制的放松，跨国母公司对其海外子公司的资金往来的限制逐步放开，但在实际的贸易过程中，汇率变动风险是依然存在的，如何利用互换避免汇率风险呢？

（二）互换的产生与发展

1. 第一个互换合约

虽然互换交易历史悠久，但世界公认的第一个互换合约的历史并不长，是 1981 年世界银行和国际商业机器公司（IBM）的货币互换业务。

世界银行希望筹集德国马克和瑞士法郎的低利率资金，但世界银行无法通过直接发行债券来筹集，而世界银行具有 AAA 级的信誉，能够从市场上以最优惠利率筹集到美元。

IBM 公司需要筹集一大笔美元，由于数额特别巨大，集中于任何一个资本市场都有可能抬高借款利率而增加成本。但 IBM 公司凭自身的优势，可用发行债券的方法，以低成本筹集到德国马克和瑞士法郎。

在所罗门兄弟公司的撮合下，世界银行将其 2.9 亿美元债务转换成 IBM 的瑞士法郎和德国马克的债务。

2. 互换的发展

20 世纪 80 年代以来，互换业务发展迅速，根据客户不同需求，产生和发展了许多互换的创新产品。其中，利率互换业务的发展更是快于货币互换业务。

利率互换及货币互换的名义本金额，从 1987 年的 8656 亿美元猛增到 2010 年 6 月末的 347.5 万亿美元，20 多年增长了 400 多倍。金融互换的快速发展表明了其强大的社会需求和旺盛的生命力。

在我国，自 2006 年 1 月 24 日始，部分银行开始了人民币利率互换业务的试点；经过两年的试行，于 2008 年 1 月 18 日，多家银行正式开通了人民币利率互换业务。

（三）互换的理论基础

1. 比较优势理论

英国著名经济学家大卫·李嘉图（David Ricardo）首先提出了如下比较优势理论：国际贸易的基础是生产技术的相对差别，以及由此导致的成本的相对差别。

每个国家都应根据“两利相权取其重，两弊相权取其轻”的原则，集中生产并出口其具有“比较优势”的产品，进口其具有“比较劣势”的产品。

2. 比较优势理论是互换的理论依据

不同企业在经营规模、信用等级等诸多方面存在差异，导致这些企业在金融市场的融资成本会有很大不同，这就形成了金融领域的比较优势，是互换的基础。

根据比较优势理论，如下两个条件是互换的必要条件：

1）双方对对方的资产或负债均有需求。

2）双方在两种资产或负债上存在比较优势。

3. 世界银行与IBM互换案例符合比较优势

在世界银行和IBM的互换中，世界银行在美元融资上具有比较优势，但需要融资具有劣势的德国马克和瑞士法郎；IBM在德国马克和瑞士法郎融资时具有比较优势，但它需要融资具有劣势的美元。

正因为世界银行和IBM的情况满足互换的两个条件，所罗门兄弟公司才有机会促成了第一个货币互换协议的诞生。

二、互换合约的概念

（一）互换合约的定义

互换又称掉期，国际清算银行（BIS）首先给出了如下定义：

定义4-1：交易双方依据约定在未来一段时间内，互相交换一系列现金流量（如本金、利息、价差等）的协议被称为互换合约，简称互换。

（二）互换的特点

1. 互换交易双方平等

互换合约是建立在平等基础之上的合约，双方具有相应的权利与义务。

2. 互换交易以互利为目的

互换是“非零和博弈”。通过互换，交易双方要么降低了融资成本，要么提高了资产效益。因为根据经济学原理，交换可以产生剩余，对剩余的分配可以增加双方的收益。

3. 互换是非标准化的合约

与很多标准化的衍生金融工具相比，互换合约更具有灵活性，是非标准化的合约。

（三）互换合约的要素

1. 交易双方

交易双方是指互相交换现金流的双方交易者。

2. 合同金额

合同金额是计算交换现金流的基础，可以是名义本金。

由于互换参与的目的是融资、投资或财务管理，因此每一笔互换的合同金额一般都较大，可达10亿美元以上或等值的其他国家货币。

3. 互换价格

利率互换的价格由固定利率、浮动利率以及交易者信用级别等市场条件所决定；货币互换价格通常由交易双方协商确定，并受两国货币的利率水平等因素影响。

此外，交易者对流动性的要求、通货膨胀预期以及交易双方在互换市场中的信用等级等都会影响互换的价格。

4. 互换利率

目前，进入互换市场的利率包括固定利率、LIBOR、大额存单利率、银行承兑票据利率、商业票据利率等。

5. 权利和义务

互换双方根据签订合约来明确各自的权利和义务，在合约规定的期限内承担支付现金流的义务，并拥有收取交易对方支付的现金流的权利。

互换合约的要素很多，这里只给出了5条，其他条款类似于远期，只是规定，并不需要理解，不再赘述。

（四）互换的功能

1. 逃避监管

互换为表外业务，可借以逃避外汇管制、利率管制及税收的限制。

2. 降低融资成本或提高资产收益

互换的达成，是由于各方在某一方面具有比较优势，形成优势互补，达到降低融资成本或增加收益的目的。

3. 规避利率风险和汇率风险

当预计利率将上升时，可以将浮动利率互换成固定利率，以扩大收益；当预计利率下降时，可以将固定利率互换成浮动利率，以缩小损失。

4. 灵活的资产负债管理

当需要改变资产或负债的类型，可以通过利率或货币的互换操作，实现锁定利率或汇率的目的。

三、做市商制度与标准化互换协议

（一）互换的局限性

互换是场外交易（Over the Counter，OTC），和远期合约一样，具有其内在局限性。

1. 难以找到交易伙伴

为了达成交易，互换合约的一方必须找到愿意与之交易的另一方。如果双方要求的期限或资金规模不一致，常常难以找到交易伙伴。

2. 无法变更或提前终止

由于互换是两个合作者之间的合约，因此，如果没有双方的同意，互换合约不能变更或提前终止。

3. 存在违约风险

互换是场外交易，履约只能靠各自的信誉保障，当一方违约的收益大于履约的收益时，将出现违约的风险。

（二）做市商制度

尽管存在以上不足，但互换交易给双方带来的巨大好处，决定了其强大生命力，为了克服不足，做市商应运而生。

定义 4-2：做市商（Market Maker）是指对于特定的金融产品，由具备一定实力和信誉的经营法人作为特许交易商。

做市商不断地向公众投资者报出某些特定金融产品的买卖价格，并在该价位上接受投资者的买卖要求，以其自有资金和金融产品与投资者进行交易。

做市商通过这种不断买卖来维持市场的流动性，满足公众的投资需求。

（三）互换市场的标准化

从1984年开始，一些从事互换业务的银行就着手进行互换协议的标准化工作。

到了1985年，国际互换商协会（International Swaps Dealers Association，ISDA）成立，并制定了互换交易的行业标准、协议范本和交易规范，协议范本见表4-1。

表 4-1　利率互换交易确认书摘要

条款名称	具体规定
交易日	2012年2月27日
生效日	2012年3月5日
业务天惯例（所有天数）	随后第一个工作日
假期日历	美国
终止日	2014年3月5日
固定利息方	
固定利息付出方	微软
固定利息名义本金	1亿美元
固定利率	年利率5.5%
固定利率天数计量惯例	实际天数/365（Actual/365）
固定利率付款日	2012年9月5日至2014年3月5日（包括这一天）之间所有的3月5日和9月5日
浮动利息方	
浮动利息付出方	高盛
浮动利息名义本金	1亿美元
浮动利率	6个月期的美元LIBOR
浮动利率天数计量惯例	实际天数/365
浮动利率付款日	2012年9月5日至2014年3月5日（包括这一天）之间所有的3月5日和9月5日

由于在互换市场的成功和巨大影响，ISDA所制定、修改和出版的《衍生产品交易主协议》已经成为全球金融机构签订互换和其他多种OTC衍生产品协议的范本。

ISDA也于1993年更名为国际互换与衍生产品协会（International Swaps and Derivatives Association，ISDA），这是目前全球规模和影响最大、最具权威性场外衍生产品的行业组织。

2007 年 10 月 12 日，中国银行间市场交易商协会也发布了类似的文本，即《中国银行间市场金融衍生产品交易主协议》。

四、互换的风险

在互换执行的过程中，互换交易者涉及市场风险和信用风险两种风险。

（一）市场风险

由于外部经济环境发生变化，导致利率、汇率等市场变量发生变动引起互换价值变动的风险，称为互换的市场风险。

（二）信用风险

由于互换是场外交易，是两个公司之间签订的协议，当互换对公司而言价值为正时，互换实际上是该公司的一项资产，同时是合约另一方的负债，该公司就面临合约另一方不执行合同的风险，这时的风险被称为互换的信用风险。

市场风险可以用对冲交易来规避，信用风险则可以使用抵押和盯市等规避。

互换的种类很多，标准的互换有利率互换和货币互换，其他情况的互换是由标准互换衍生出来的非标准互换。

第二节 利率互换

一、基本概念

（一）利率互换的定义

定义 4-3：交易双方约定在未来一定期限内，以相同的名义本金（资产或负债）为基础，一方用浮动利率的现金流，另一方用固定利率的现金流进行交换，称为利率互换。

（二）利率互换的期限

利率互换常见的期限包括 1 年、2 年，期限长的可以达到 30 年、50 年，这由互换双方根据具体情况确定。

（三）利率互换的本金并不交换

利率互换的本金是同一种货币，故无须交换。互换交易的结果只是改变了资产或负债的利率。互换中的浮动利率，以多种期限的 LIBOR 为参考利率，报出的是年利率。

二、利率互换的条件

（一）比较优势

利率互换交易可以进行的原因是，双方在固定利率和浮动利率市场上分别具有比较优势。交易一方在固定利率融资成本上优势很大，但希望筹措浮动利率资金；另一方在浮动利率融资成本上劣势较小，但希望筹措固定利率资金。

通过利率互换，双方都以较低的融资成本，获得了所需要的资金。

（二）利率互换的其他应用

利率互换可以降低融资成本，还可以用于如下三个方面：

1）对冲利率风险。

2）在互换市场投机，以图在固定/浮动利率交易中获利。

3）融资成本和融资者的信用等级有关，信用等级越高，融资成本越低。信用等级低的一方，可以通过利率互换进入信用等级要求高的市场。

案例 4-1

最简单的利率互换

A 公司希望以浮动利率借入资金，B 公司希望以固定利率借入资金，为期 2 年，金额为 5000 万元，各自的信用评级和银行提供给两公司的贷款条件见表 4-2。

表 4-2 A、B 两公司的融资成本

	信用评级	固定利率	浮动利率	互换降低总利率
A 公司	AAA	9.5%	6 个月期 LIBOR+0.4%	
B 公司	BBB	10.6%	6 个月期 LIBOR+1.0%	
融资利率差		1.1%	0.6%	0.5%

试问：两家公司满足互换的必要条件吗？如果满足，试给出两家公司相应的互换方案。

解析：1. 分析

通过表 4-2 可以看出，B 公司的信用等级低于 A 公司，故两种贷款利率均高于 A 公司，但高出的幅度并不相同，固定利率上高出 1.1%，浮动利率上仅高出 0.6%。

A 公司在固定利率上融资的优势较大，但它希望进行浮动利率的融资；B 公司在浮动利率上的劣势较小，但它希望进行固定利率的融资。

根据比较优势理论，双方满足互换的条件。如果利用互换的方法进行融资，双方都将降低融资成本，实现双赢的结果。

2. 互换方案

双方订立了为期 5 年的利率互换合约：

A 公司以 9.5% 的固定利率融资 5000 万元，以浮动利率为 LIBOR+0.15% 互换给 B 公司。

B 公司以 LIBOR+1.0% 的浮动利率融资 5000 万元，以 9.5% 的固定利率互换给 A 公司，互换的数据流如图 4-3 所示。

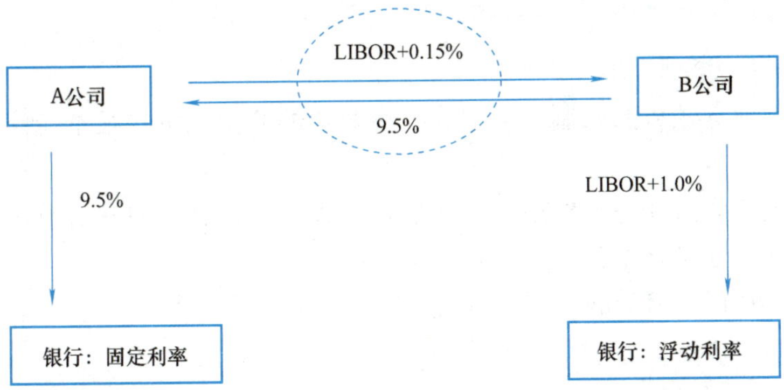

图 4-3 A、B 公司利率互换的数据流

3. 互换双方融资成本变化分析

互换双方的融资成本的计算公式为

$$融资成本=向外的数据流-向内的数据流 \tag{4-1}$$

(1) A 公司的融资成本

通过图 4-3 可以看出，A 公司的数据流为：

1) 支付给银行的贷款固定利率为 9.5%。

2) 支付给 B 公司的浮动利率为 LIBOR+0.15%。

3) 收到 B 公司的固定利率为 9.5%。

$$A 公司融资成本=9.5\%+LIBOR+0.15\%-9.5\%=LIBOR+0.15\%$$

直接从银行贷款的融资成本：LIBOR+0.4%；

通过互换，节省融资成本：LIBOR+0.4%-(LIBOR+0.15%)=0.25%。

(2) B 公司的融资成本

通过图 4-3 可以看出，B 公司的数据流为：

1) 支付给银行的贷款浮动利率为 LIBOR+1.0%。

2) 支付给 A 公司的固定利率为 9.5%。

3) 收到 A 公司的浮动利率为 LIBOR+0.15%。

$$B 公司的融资成本=9.5\%+LIBOR+1.0\%-(LIBOR+0.15\%)=10.35\%$$

直接从银行贷款的融资成本：10.6%；

通过互换，节省融资成本：10.6%-10.35%=0.25%。

总结：A、B 公司各降低了融资利率 0.25%，降低了总利率为 0.5%，这一值正好等于表 4-2 中“融资利率差”之差。这表明，互换的总收益是可以提前确定的。

4. 互换利益的分配

在本例中，互换的总收益由 A、B 两个公司均分，但在实际互换中，总收益的分配却不总是相等的。分配的原则，要考虑信用等级、违约风险及签订互换合约的迫切程度等，分配比例需通过谈判决定。

三、金融中介参与的利率互换

（一）金融中介的作用

由于信息及业务领域的限制，两个有互换愿望的非金融机构很难走到一起，达成互换合约。

互换银行或者做市商等金融中介，凭借自身强大的信息资源和行业优势，从中牵线搭桥，找到潜在的互换合作者。

金融中介也可以凭自身的实力，降低交易双方的信用风险。

（二）金融中介的收费

金融中介参与时，互换双方分别和金融中介签订互换合约，金融中介从中收取服务费或利率的差价。金融中介的收益计算公式为

$$金融中介的收益=向内的数据流-向外的数据流 \tag{4-2}$$

案例 4-2

金融中介参与的利率互换

对于案例 4-1，若金融中介收取合约名义本金 0.1% 的中介费，这时利率互换的实施方案见图 4-4。

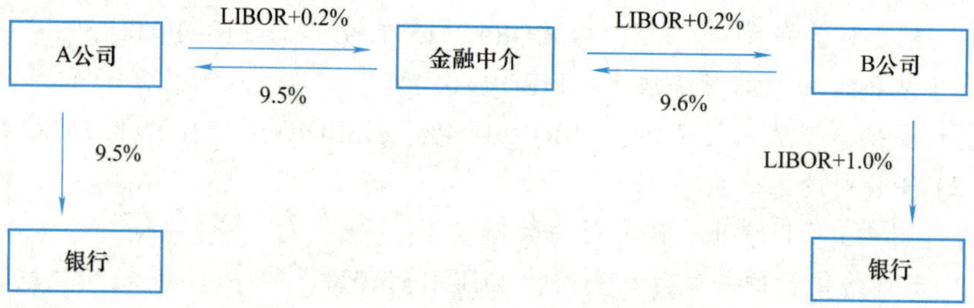

图 4-4　通过中介的利率互换结构图

解析： 1. 利率互换的计算

这时 A、B 公司及金融中介的数据分别为

A 公司支付的利率 = 9.5% + LIBOR + 0.2% − 9.5% = LIBOR + 0.2%

A 公司降低的利率 = LIBOR + 0.4% − LIBOR − 0.2% = 0.2%

B 公司支付的利率 = 9.6% + LIBOR + 1.0% − (LIBOR + 0.2%) = 10.4%

B 公司降低的利率 = 10.6% − 10.4% = 0.2%

金融中介的收益 = 向内的数据流 − 向外的数据流

= LIBOR + 0.2% + 9.6% − LIBOR − 0.2% − 9.5% = 0.1%

2. 中介参与的利率互换分析

通过互换，A、B 公司的融资利率各降低了 0.2%，金融中介获得了合约名义本金 0.1% 的收益，加总后仍为 0.5%。

以金融中介为主导，分别与A、B两个公司签订了对冲的互换协议；参与互换的公司一般并不知道自己和谁进行了利率互换，和自己对冲的公司又是谁，收益是多少。

有中介参与的利率互换协议在执行过程中，如果有一方违约，金融中介需担负起履行另一个合约的责任。这里中介得到合约规模0.1%的收益，是作为承担风险的补偿。

前面给出的互换，互换利率已经直接给出，而实际的工作中，互换利率如何确定？有没有可以遵循的方法与公式？

四、互换利率的确定

互换双方互相支付的利率，由交易双方谈判达成，因此，互换利率并不唯一。现在的问题是，双方支付的互换利率之间存在怎样的关系，如果确定了一方所支付的利率，能够确定另一方支付的利率吗？

命题4-1： 设互换的甲方融资时具有比较优势，其融资的利率1、利率2分别为R_{11}、R_{12}；互换的乙方具有比较劣势，其融资的利率1、利率2分别为R_{21}、R_{22}，其数据见表4-3。

表4-3 互换双方融资的利率及比较

互换双方	利率1	利率2	互换降低总利率
甲（优势一方）	R_{11}	R_{12}	
乙（劣势一方）	R_{21}	R_{22}	
融资利率差	$R_{21}-R_{11}$	$R_{22}-R_{12}$	$R=(R_{21}-R_{11})-(R_{22}-R_{12})$

甲方利用利率1融资优势更大，但需要用利率2进行融资；乙方利用利率2融资劣势更小，但需要用利率1进行融资。

甲乙双方通过互换可以降低的总利率为R；若甲方收到金融中介的互换利率为X，支付给金融中介的互换利率为Y；金融中介收益为q由乙方支付；乙方本次节省的利率为r，利率互换结构图见图4-5。

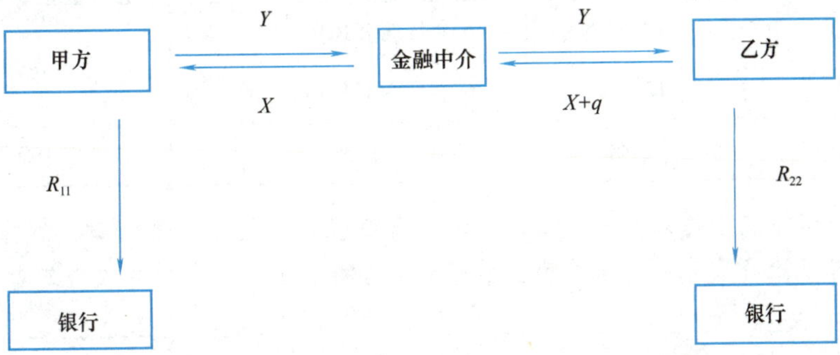

图4-5 甲乙双方利率互换结构图

则互换利率满足如下关系：

$$Y = X + R_{22} - R_{21} + r + q \qquad (4\text{-}3)$$

证明：因为

交易双方降低利率=不互换融资利率-互换融资利率

劣势一方节省利率的数据流方程满足：

$$R_{21}-(R_{22}+X+q-Y)=r$$

将上式整理，可以得到互换利率 Y 满足关系为

$$Y = X + R_{22} - R_{21} + r + q$$

通过式（4-3）可以看出，当优势一方的互换利率确定，劣势一方的互换利率也相应确定，这时优势一方节省的成本为 $R-q-r$。

用优势一方的数据流，可以得到同样的结论。

推论 1： 由于优势的一方优势明显，故劣势一方通常将优势一方支付给银行的利率全额支付，即取 $X=R_{11}$，这时式（4-3）变成：

$$Y = R_{11} + R_{22} - R_{21} + r + q \qquad (4\text{-}4)$$

推论 2： 如果将降低的利率双方均分，则 $r=(R-q)/2$，则式（4-4）变成：

$$Y=R_{11}+R_{22}-R_{21}+(R+q)/2 \qquad (4\text{-}5)$$

这里给出的式（4-5），是确定互换利率最简便、最常用的方法。

说明：

1）若给出的数据为表 4-3 的转置时，需要将式（4-3）、式（4-4）及式（4-5）做相应的改变。

2）式（4-3）、式（4-4）及式（4-5）既适合利率互换，也适合货币互换。

案例 4-3

互换利率的计算

假设 A、B 两家公司都想在金融市场上借入 2 年期本金为 5000 万美元的资金，两家公司因信用等级的差异，在融资市场提供的利率见表 4-4。

表 4-4　A、B 两公司的融资成本

公　司	固定利率	浮动利率	互换降低的总利率
A	10.0%	6 个月期 LIBOR+2.0%	
B	12.0%	6 个月期 LIBOR+3.0%	
融资利率差	2.0%	1.0%	1%

A 公司希望获得浮动利率贷款，B 公司希望获得固定利率贷款，双方希望通过互换降低融资成本，金融中介将收取 0.1% 的中介费，剩余的收益二者平分。

试确定互换方案，并对双方的盈亏进行分析。

解析： 首先用通常的方法求解，分如下三步完成：

1. 降低利率的分配

由表 4-4 可知，采用互换融资，双方可以降低总利率为 1.0%，剔除给予金融中介的 0.1%，A、B 公司可以分别降低利率 0.45%。

2. 确定优势利率的数据流

由于向银行支付固定利率一方的优势较大，故劣势一方将优势一方需要支付给银行的固定利率与金融中介的收益之和支付给金融中介，金融中介扣除自己的佣金后支付给优势的一方。

因此，B 公司需要支付给金融中介利率为 10.1%，金融中介支付给 A 公司利率为 10.0%，金融中介获得了固定利率为 0.1% 的收益，见图 4-6。

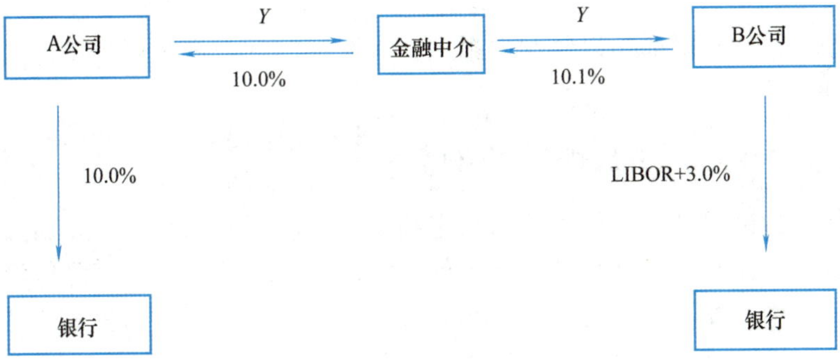

图 4-6 A、B 两公司利率互换结构图

3. 确定劣势利率的数据流

劣势数据流，考虑从 A 公司到金融中介到 B 公司的浮动利率数据流相同，均为 Y。这样，根据优势一方或劣势一方均可以确定唯一的未知变量 Y。

用劣势一方的数据流列出方程：

$$\text{降低的利率}=\text{不互换的利率}-\text{互换后的利率}$$
$$=12.0\%-(L+3.0\%+10.1\%-Y)=0.45\%$$

解得：$Y=L+1.55\%$。

用优势一方数据流验算：这时，A 公司节省的利率为

$$L+2.0\%-(10.0\%+L+1.55\%-10.0\%)=L+2.0\%-(L+1.55\%)=0.45\%$$

4. 用公式直接计算

已知：$R_{11}=10.0\%$，$R_{21}=12.0\%$，$R_{22}=L+3.0\%$，$R=1.0\%$，$q=0.1\%$，将数据直接带入式（4-5），则劣势一方可得到的利率为

$$Y=R_{11}+R_{22}-R_{21}+(R+q)/2=10.0\%+L+3.0\%-12.0\%+(1.0\%+0.1\%)/2$$
$$=L+13.55\%-12.0\%=L+1.55\%$$

与直接求解的方法一致。

五、利率互换的说明

1. 互换利息的支付

按照合约约定，每隔6个月，一方支付浮动利率的现金流，另一方支付固定利率的现金流。事实上，互换协议的一方只需向另一方支付固定利率与浮动利率的差额即可。

2. 浮动利率的确定日

第一个6个月期的浮动利率（LIBOR）在合约的交易日确定，6个月后按照这一利率交割利息。

第二个确定日在第二期互换开始之前两个营业日，确定下一个半年支付的浮动利率，接下去的利率确定以此类推。

3. 互换利率以半年计

固定利率、浮动利率都是以年利率报出，而互换的利率都是以半年计，故需将年利转化成半年利，计算公式为

$$\text{互换利率}=\text{年利率}\times\frac{\text{半年实际天数}}{\text{年计息天数}}$$

利率互换，讨论的是同一种货币的固定利率与浮动利率的交换，互换的目的是降低融资的利率水平。在经济全球化的今天，外汇活动空前活跃，应如何降低经营中的汇率风险，提高投资中的外汇收益呢？

第三节　货币互换

一、货币互换的定义

定义4-4：交易双方互相交换不同币种、相同期限、等值资金的本金及利息的交易行为，被称为货币互换。

货币互换的达成，同样要求参与互换的双方，在各自的金融市场具有比较优势。

二、货币互换与利率互换的不同

货币互换在结构上与利率互换相仿，但有如下不同：

1）货币互换双方支付款项的币种不同。

2）在协议开始和到期时，如果互换用于经营，双方将互换本金，双方的风险比利率互换更大；如果互换用于投机，将不互换本金。

3）互换双方的利息支付可以是：均为固定利率；均为浮动利率；一个是固定利率，另一个是浮动利率。

案例 4-4

货币互换

假定欧元和美元汇率为 1 欧元=1.35 美元。A 公司需要融资 2 年期 1000 万欧元，B 公司需要融资 2 年期的 1350 万美元，二者通过金融中介进行货币互换，金融中介收取 0.2% 的佣金，A、B 两公司的借款成本见表 4-5。

表 4-5 A、B 两公司的借款成本

公司	美元	欧元	互换降低的总利率
A	8.0%	9.6%	
B	9.8%	10.0%	
融资利率差	1.8%	0.4%	1.4%

试问：A、B 两公司采用怎样的互换方案，才能既满足各自的融资需求，又使得融资成本最低?

1. 问题分析

由表 4-5 可以看出，A 公司在美元和欧元两个借贷市场都具有绝对优势，但在美元借贷市场优势更大，但该公司需要的是欧元。

B 公司在美元和欧元两个市场均处于劣势，但在欧元借贷市场劣势较小，但该公司需要的是美元。双方希望通过货币互换，降低融资成本。

2. 解决方案

1）A 公司在优势较大的美元市场，以 8.0% 的利率借款 1350 万美元；B 公司在劣势较小的欧元市场以 10.0% 的利率借款 1000 万欧元，双方进行初步的本金的交换。

2）从表 4-5 可知，该货币互换可降低的总利率：$R=1.8\%-0.4\%=1.4\%$，支付给金融中介 0.2%，余下的利率均分，互换双方各降低 0.6%。

3）B 公司向金融中介支付 8.2% 的美元利息，金融中介向 A 公司支付 8.0% 的美元借款利息，互换的结构如图 4-7 所示。

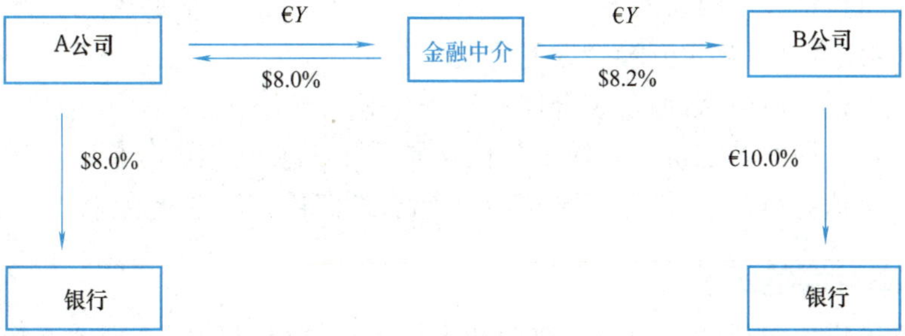

图 4-7 通过中介的货币互换结构图

3. 用数据流计算互换利率

根据优势一方的数据流及降低利率建立方程，有

$$9.6\%-(8.0\%+Y-8.0\%)=0.6\%$$

解得：$Y=9.0\%$的欧元利息，即A公司需支付9.0%的利率。

利用B公司的数据验算：

$$B公司成本=10.0\%+8.2\%-9.0\%=9.2\%$$

$$B公司降低=9.8\%-9.2\%=0.6\%$$

4. 互换盈亏分析

通过互换，A、B公司的融资利率各降低了0.6%，金融中介获得了合约名义本金0.2%的收益，加总后的利率仍为1.4%。

5. 直接使用公式计算互换利率

本题可通过式（4-5）直接计算互换利率。

解析：已知$R_{11}=8.0\%$，$R_{21}=9.8\%$，$R_{22}=10.0\%$，$R=1.4\%$，$q=0.2\%$，将数据直接带入式（4-5），有

$$Y=R_{11}+R_{22}-R_{21}+(R+q)/2=8.0\%+10.0\%-9.8\%+(1.4\%+0.2\%)/2=9.0\%$$

两种计算方法结果一致，但后者简单、方便。

以上给出的案例只是固定利率对固定利率，是货币互换的标准形式，对于固定利率对浮动利率及均为浮动利率的货币互换研究方法类似。

前边讨论了具有比较优势的互换双方，通过谈判确定互换利率的方法。实际的投资过程中，如果互换交易和比较优势无关、和其他金融机构无关，只涉及互换双方，在已知一种利率的情况下，如何确定与之互换的另一种利率呢？这时，互换合约的价值应如何确定？

第四节　互换定价

互换的定价包括以下两项内容：

1）合约存续期间，确定互换合约的价值。

2）在期初签订互换协议时确定合理的互换利率。

类似于远期、期货的定价，互换定价同样是采用无套利均衡分析法。通常先将互换合约转换成一个债券组合，再运用已知的债券组合的定价方法进行定价。

一、利率互换的定价

利率互换的定价包括两项内容：在期初签订互换协议时确定合理的互换利率；在期初以后如果要转让互换协议，确定利率互换合约的价值。

（一）互换合约的定价

交易双方为了降低负债成本，希望进行固定利率与浮动利率的互换。假设A公司支

付浮动利率利息，收入固定利率利息，与B公司进行利率互换。

浮动利率取LIBOR是已知的，故只需确定固定利率。利率的互换结构示意图见图4-8。

图4-8　利率的互换结构示意图

1. 定义模型中的符号

B_{fix}：互换合约中固定利率债券的价值（fixation）。

B_{fl}：互换合约中浮动利率债券的价值（float）。

t_i：第i个互换的时刻（$1 \leqslant i \leqslant n$）。

r_i：t_i时刻的浮动利率，通常为LIBOR（连续复利）。

L：互换的名义本金。

k：互换的固定利息。

f_{fix}：收取固定利率现金流合约价值。

f_{fl}：收取浮动利率现金流合约价值。

m：每年支付现金流的次数。

2. 互换合约价值的计算

（1）计算互换合约价值的思路

互换交易双方互换合约的价值，大小相等，方向相反。

A公司互换的现金流：向B公司支付浮动利率现金流；从B公司收取固定利率现金流，见图4-9。

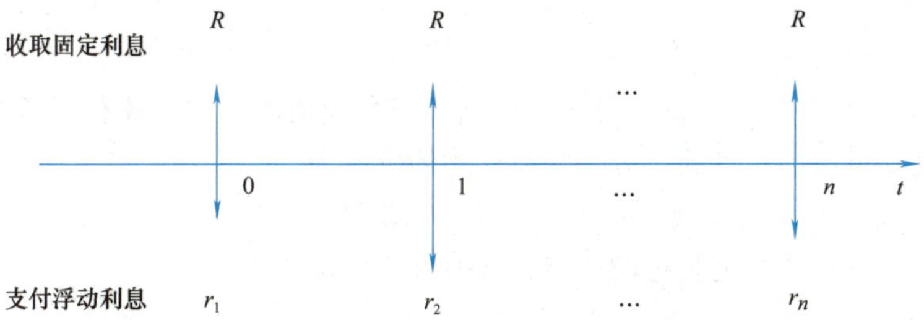

图4-9　A公司互换的现金流

将A公司的互换交易看成一个债券投资组合，包括卖出浮动利率债券买进固定利率债券。把支付给B公司的浮动利率现金流看成浮动利率债券的融资现金流，把从B公司收取的固定利率现金流看成固定利率债券的投资现金流。

对于互换的A公司来说，互换合约的价值，等于固定利率债券的价值减去浮动利率债券的价值。

（2）固定利率债券价值

互换合约执行了一段时间还未到期，假设还需支付n次利息，此时固定利率债券的现金流如图 4-10 所示。

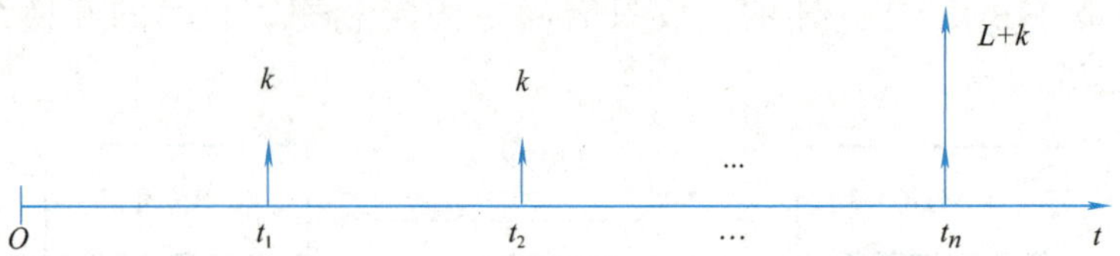

图 4-10　固定利率债券的现金流

根据固定利率债券价格的计算方法，有如下结论：

命题 4-2：固定利息为 k，t_i 时刻的 LIBOR 为 r_i，则距到期还需付息 n 次固定利率债券的现值为

$$B_{fix}=\sum_{i=1}^{n}ke^{-r_it_i}+Le^{-r_nt_n} \tag{4-6}$$

(3) 浮动利率债券价值

可以证明浮动利率债券具有如下性质：在每次付息结束的那一刻，浮动利率债券的价格为面值 L；对于债券存续期间的非付息时刻，债券价格和面值及下一期浮动利率有关，和其他后续时点的利息及利率无关，因此有如下结论，其含义见图 4-11。

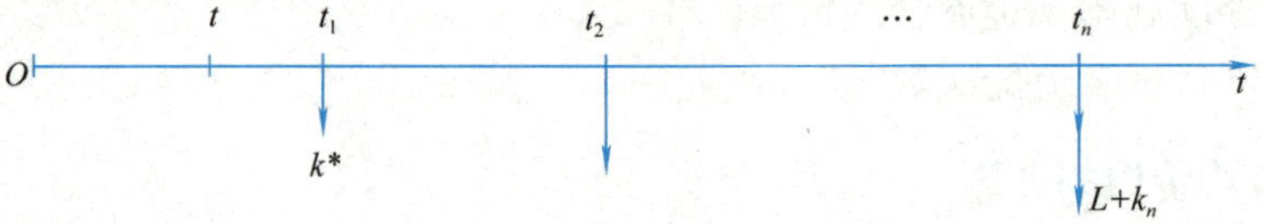

图 4-11　浮动利率债券的现金流

命题 4-3：在合约的初始时刻及付息结束时刻，浮动利率债券的价格为面值 L；初始时刻为 0，下一付息时刻 t_1(t_1<0.5) 支付浮动利息为 k^*，则 t 时刻浮动利率债券的价值为

$$B_{fl}=(L+k^*)e^{-r_1t_1} \tag{4-7}$$

(4) 互换合约的价值

命题 4-4：互换合约的价值，等于收取利率债券现值和支付利率债券现值之差。对于收取固定利息支付浮动利息的一方，互换合约的价值为

$$f_{fix}=B_{fix}-B_{fl} \tag{4-8}$$

对于收取浮动利息支付固定利息的一方，互换合约的价值为

$$f_{fl}=B_{fl}-B_{fix} \tag{4-9}$$

案例 4-5

利率互换合约价值

Z 公司支付 6 个月期的浮动利率 LIBOR 利息，同时收取年利率为 9.75% 的固定利息，名义本金为 100 万美元，与某金融机构进行为期 1.5 年的利率互换，期间 6 个月、12 个月和 18 个月的 LIBOR（连续复利率）分别为 9.5%、10.0% 和 10.5%。

试问：Z 公司一方互换合约初始时刻的价值是多少？

解析： 已知各个时点及浮动利率分别为：$t_1 = 6/12$，$r_1 = 9.5\%$；$t_2 = 12/12$，$r_2 = 10.0\%$；$t_3 = 18/12$，$r_3 = 10.5\%$；$L = 100$ 万美元，则固定利息、浮动利息分别为

$$k = 0.5 \times 9.75\% \times 100 \text{ 万美元} = 4.875 \text{ 万美元}$$

$$k^* = 0.5 \times 9.5\% \times 100 \text{ 万美元} = 4.75 \text{ 万美元}$$

由式（4-6）可知固定利率债券价格为

$$B_{fix} = 4.875 \text{ 万美元} \times e^{-0.095 \times 0.5} + 4.875 \text{ 万美元} \times e^{-0.10 \times 1} + 104.875 \text{ 万美元} \times e^{-0.105 \times 1.5} = 98.6522 \text{ 万美元}$$

由式（4-7）浮动利率债券价格为

$$B_{fl} = (100 \text{ 万美元} + 4.75 \text{ 万美元}) \times e^{-0.095 \times 0.5} = 99.89 \text{ 万美元}$$

由于 Z 公司收取固定利率支付浮动利率，初始时刻的合约价值为

$$f_{fix} = B_{fix} - B_{fl} = 98.6522 \text{ 万美元} - 99.89 \text{ 万美元} = -1.2378 \text{ 万美元}$$

这表明，这一互换合约，Z 公司亏本 1.2378 万美元；金融机构作为收取浮动利率支付固定利率的一方将盈利 1.2378 万美元。

之所以出现一方亏损，一方盈利的情况，是由于互换的固定利率不合理导致的。在已知浮动利率的条件下，如何确定合理的固定利率进行互换？

（二）利率互换中的固定利率定价

利率互换的定价，即在期初签订互换协议时，确定互换双方需要支付的合理利率。

假设 A 公司以固定利率支付利息，以浮动利率收入利息，与 B 公司进行利率互换，见图 4-12。

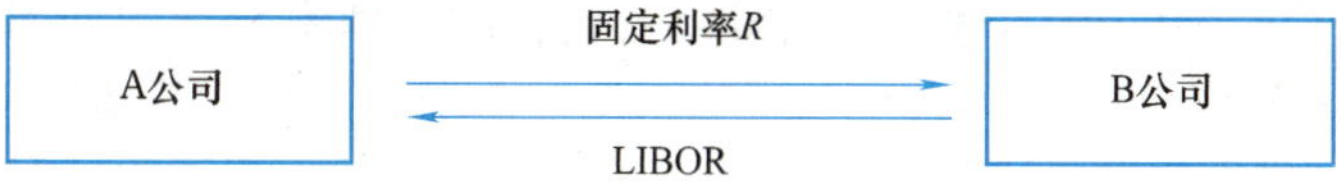

图 4-12 互换的利率结构示意图

互换交易的过程中，浮动利率的 LIBOR 是已知的，不需要定价，现在需要确定的只是固定利率。

1. 确定固定利率 R 的思路

签订利率互换合约的期初，需要保证互换合约的价值 f 为 0，只有这样，互换合约的任何一方，在签订合约时将不存在套利的机会。

根据这样的原理，将各个时刻固定利率债券现金流用浮动利率折现到初始时刻，计算出固定利率债券的价格，这时固定利率债券的价格应等于浮动利率债券的价格，而浮动利率债券初始时刻的价格为面值，这时的方程中只有一个固定利率未知，解出即为所求，见图 4-13。

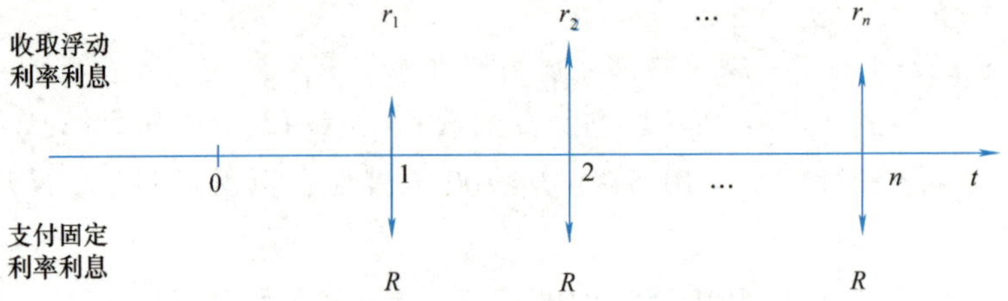

图 4-13 固定利率与浮动利率互换的现金流

2. 计算固定利率 R 的模型

命题 4-5： 交易者在 t_i 时刻按一定的名义本金，以固定利率 R 支付利息，以 LIBOR 计价的 r_i 收取浮动利率利息，每年支付利息 m 次，则固定利率 R 的计算公式为

$$R = \frac{m(1 - e^{-r_n t_n})}{\sum_{i=1}^{n} e^{-r_i t_i}} \tag{4-10}$$

证明：将图 4-13 中的固定利率现金流看成面值为 L，年利率为 R，若该债券每年付息 m 次，将 t_i 时刻的现金流按照浮动利率 r_i 折现到发行时刻，则固定利率付息债券的价格满足：

$$B_{fix} = \sum_{i=1}^{n} \frac{R}{m} Le^{-r_i t_i} + Le^{-r_n t_n} = L\left(\sum_{i=1}^{n} \frac{R}{m} e^{-r_i t_i} + e^{-r_n t_n}\right)$$

初始时刻浮动利率债券价值为面值，即 $B_{fl} = L$；为了防止套利，合约价值应该为 0，即 $B_{fix} = B_{fl} = L$，故有

$$L = L\left(\sum_{i=1}^{n} \frac{R}{m} e^{-r_i t_i} + e^{-r_n t_n}\right)$$

整理得

$$\frac{R}{m}\sum_{i=1}^{n} e^{-r_i t_i} = 1 - e^{-r_n t_n}$$

将 R 解出即得到了式（4-10）。通过该式可以看出，固定利率债券的利率，与浮动利率有关，和本金的大小无关。

案例 4-6

利率互换中固定利率的定价

续案例 4-5。互换合约中，Z 公司支付 6 个月期的浮动利率 LIBOR 的利息，同时收取固定利息，名义本金为 100 万美元，与某金融机构进行互换，期限为 1.5 年。

6 个月、12 个月和 18 个月的 LIBOR（连续复利率）分别为 9.5%、10.0% 和 10.5%。

试问：Z 公司一方支付的固定利率是多少？

解析：已知各个时点及浮动利率为：$t_1=6/12$，$r_1=9.5\%$；$t_2=12/12$，$r_2=10.0\%$；$t_3=18/12$，$r_3=10.5\%$；由式（4-10）有

$$R=\frac{m(1-e^{-r_n t_n})}{\sum_{i=1}^{n}e^{-r_i t_i}}=\frac{2\times(1-e^{-0.105\times1.5})}{e^{-0.095\times0.5}+e^{-0.100\times1}+e^{-0.105\times1.5}}=10.74\%$$

当互换的利率 $R=10.74\%$ 时，固定利率债券的利息为

$$k=0.5\times10.74\%\times100\text{ 万美元}=5.37\text{ 万美元}$$

由于是付息的初始时刻，由式（4-6）固定利率债券的价值为

$$B_{fix}=5.37\text{ 万美元}\times e^{-0.095\times0.5}+5.37\text{ 万美元}\times e^{-0.100\times1}+105.37\text{ 万美元}\times e^{-0.105\times1.5}\approx100\text{ 万美元}$$

在初始时刻，浮动利率债券的价值为 100 万美元，如果选取 $R=10.74\%$，互换合约的价值 f 将为 0，互换将是公平的。

前边讨论的是利率互换的价值与价格。现在的问题是，货币互换合约的价值几何？另一方面，货币不同，其利率也不相同，互换的双方该使用怎样的利率互相支付利息才合理？

二、货币互换的定价

与利率互换类似，货币互换的定价也分为两种情况：一是互换合约的价值 f，二是确定货币互换的利率 R。

货币互换分为固定利率对固定利率、固定利率对浮动利率及浮动利率对浮动利率三种情况，这里以固定利率对固定利率的货币互换为例说明货币互换的定价原理，其他情况类似。

（一）货币互换合约的定价

这时的货币互换是零和博弈，一方的收益，是另一方提供的，其大小为合约的价值。故相对于合约的双方，二者的合约价值大小相等，方向相反。

1. 货币互换合约定价的思路

货币互换合约的定价，同样借助于债券组合的定价理论进行讨论，这时互换合约的价值相当于买入一份支付固定利息的外币债券、卖出一份收取固定利息的本币债券构成组合的价值。这样，货币互换合约的定价问题，就转化成了固定利率债券的定价问题。

（1）符号定义

L_i：本币债券、外币债券的本金（$i=1，2$）。

S_0：即期汇率。

B_D：本币债券的价值。

B_F：外币债券的价值。

R_i：本币债券、外币债券的互换利率（$i=1，2$）。

r_i：本币、外币的连续复利率（折现率，$i=1，2$）。

k_i：本币债券、外币债券的利息（i=1，2）。

f_D：收取本币利息互换合约的价值。

f_F：收取外币利息互换合约的价值。

（2）互换的结构与数据流

假设A公司用本币与B公司的外币进行货币互换，A公司按照约定的时刻收取本币的固定利息，支付外币的固定利息，互换结构见图4-14。

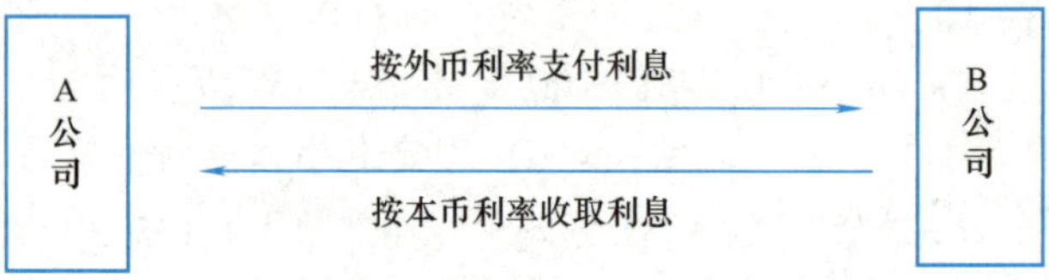

图4-14　A公司用本币与B公司外币互换的结构图

互换后，A公司按照约定的时刻收取本币的固定利息，支付外币的固定利息，假设当前时刻（非合约签订时刻）为0，即刚完成一次利息的互换，在此之后还有 n 次利息互换。

将当前时刻到互换合约到期时刻的数据流，分别看作固定利率的投资债券数据流和融资债券数据流，互换的数据流如图4-15所示。

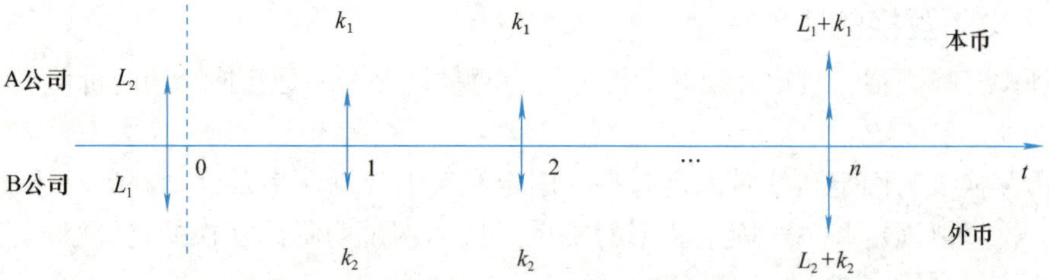

图4-15　A公司货币互换的数据流

分别计算现在时刻的投资债券价值 B_D 与融资债券价值 B_F，根据两种货币的汇率兑换成同一种货币后，计算二者的差，即为互换合约现在时刻的价值 f。

2. 货币互换合约价值计算

（1）计算两种债券的现值

计算固定利率的利息。根据图4-15，有

本币利息：$k_1=L_1R_1$

外币利息：$k_2=L_2R_2$

设本币、外币的无风险利率为 r_1、r_2，本币现金流、外币现金流的现值为

$$B_D=\sum_{i=1}^{n}k_1\mathrm{e}^{-r_1t_i}+L_1\mathrm{e}^{-r_1t_n} \tag{4-11}$$

$$B_F=\sum_{i=1}^{n}k_2\mathrm{e}^{-r_2t_i}+L_2\mathrm{e}^{-r_2t_n} \tag{4-12}$$

（2）计算互换合约的价值

设收入本币、付出外币一方互换合约的价值为 f_D，考虑到即期汇率 S_0，则互换合约

的价值为

$$f_D = B_D - S_0 B_F \tag{4-13}$$

收入外币付出本币一方，互换合约用本币表示价值为

$$f_F = S_0 B_F - B_D \tag{4-14}$$

（3）总结

相对于互换交易的双方，货币互换合约的价值为 f_D、f_F，二者大小相等方向相反。

案例 4-7

货币互换合约的价值

7 月，人民币和澳元的 LIBOR 分别为 6.31%、3.25%（年利），每年支付一次利息。某一金融机构在一次货币互换中收入澳元（外币），支付互换利率为 3.30% 的澳元利息；付出人民币（本币），收取互换利率为 6.41% 的人民币利息。

两种货币的本金分别为 530 万元人民币和 100 万澳元，即期汇率为 1 澳元 = 5.30 元人民币，这笔互换还有 3 年的期限。

试问：该货币互换合约的价值几何？

解析： 已知 $L_1 = 530$ 万元人民币，$L_2 = 100$ 万澳元，$n = 3$，$r_1 = 6.31\%$，$r_2 = 3.2\%$，$R_1 = 6.41\%$，$R_2 = 3.30\%$，$S_0 = 5.30$ 元/1 澳元。

（1）分析

由于人民币是本币，该金融机构初始时刻付出人民币，收入澳元，而后每年一次收入人民币利息，支付澳元利息。

（2）计算本币价值和外币价值

首先计算本币与外币的利息：

$$\text{人民币利息 } k_1 = L_1 R_1 = 530 \text{ 万元} \times 6.41\% = 33.973 \text{ 万元}$$

$$\text{澳元利息 } k_2 = L_2 R_2 = 100 \text{ 万澳元} \times 3.30\% = 3.3 \text{ 万澳元}$$

根据式（4-5）、式（4-6），两种债券的价值分别为

$$B_D = 33.973 \text{ 万元} \times e^{-0.0631\times 1} + 33.973 \text{ 万元} \times e^{-0.0631\times 2} + 563.973 \text{ 万元} \times e^{-0.0631\times 3}$$
$$= 528.5499 \text{ 万元}$$

$$B_F = 3.3 \text{ 万澳元} \times e^{-0.0325\times 1} + 3.3 \text{ 万澳元} \times e^{-0.0325\times 2} + 103.3 \text{ 万澳元} \times e^{-0.0325\times 3}$$
$$= 99.9905 \text{ 万澳元}$$

金融机构收取人民币本币利息，支付澳元外币利息，将 B_F 的澳元兑换成人民币，由式（4-7），货币互换合约的价值 f_D 为

$$f_D = B_D - S_0 B_F = 528.5499 \text{ 万元} - 5.30 \times 99.9905 \text{ 万元} = -13\,997.5 \text{ 元}$$

这表明，本次互换金融机构亏损 13 997.5 元；对于货币互换合约的另一方，则盈利 13 997.5 元。之所以出现盈亏是由于互换的利率不合理，如何确定合理的互换利率？

（二）货币互换利率 R 的确定

货币互换的利率是经交易双方协商确定的。双方所支付的利率，如果在互换合约签订时刻的价值 f 为 0，将可以避免套利的发生，这时的互换利率将是公平的。

1. 确定货币互换利率的意义

货币互换的利率，是交易双方协商确定的。而互换利率 R 的理论价格，是谈判的依据，故计算互换的理论价格是非常重要的。

2. 货币互换利率计算的思路

甲乙两家公司签订 n 年期货币互换合约。甲公司得到乙公司的货币 2 的本金为 L_2，每年向乙公司支付固定利率为 R_2 的利息；乙公司得到甲公司货币 1 的本金 L_1，每年向甲公司支付固定利率为 R_1 的利息。

为了讨论方便，将该现金流分解成投资现金流和融资现金流两部分，分别看成两个债券的现金流。见图 4-16。

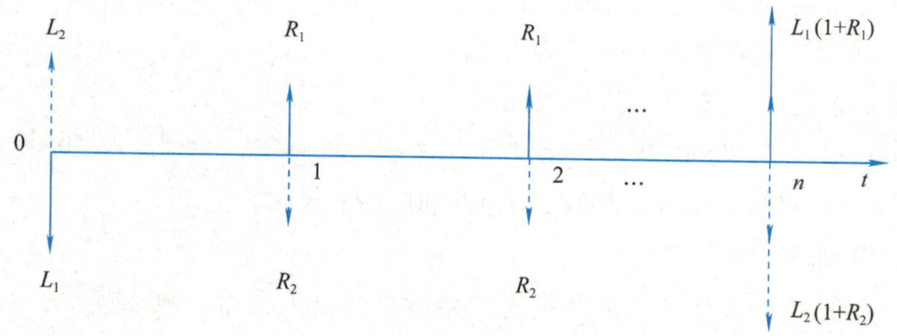

图 4-16　甲公司货币互换现金流

3. 货币互换利率计算公式

命题 4-6：甲乙两家公司按照一定的汇率，签订 n 年期等值货币互换合约，二者的无风险利率分别是 r_1、r_2，则二者一年一次的互换利率 R_1、R_2 的计算公式为

$$R_1 = \frac{1 - e^{-r_1 t_n}}{\sum_{i=1}^{n} e^{-r_1 t_i}} \tag{4-15}$$

$$R_2 = \frac{1 - e^{-r_2 t_n}}{\sum_{i=1}^{n} e^{-r_2 t_i}} \tag{4-16}$$

证明：对于投资现金流，视其为投资者购买面值为 L_1、息票率为 R_1 的付息债券，各个时刻得到的利息为 L_1R_1，无风险利率为 r_1，由于付息债券的初始价格面值为 L_1，根据债券现金流图 4-16，投资债券 L_1 的价格满足：

$$L_1 = \sum_{i=1}^{n} L_1 R_1 e^{-r_1 t_i} + L_1 e^{-r_1 t_n} = L_1\left(\sum_{i=1}^{n} R_1 e^{-r_1 t_i} + e^{-r_1 t_n}\right)$$

$$1 = \sum_{i=1}^{n} R_1 e^{-r_1 t_i} + e^{-r_1 t_n}$$

将其中的 R_1 解出就得到了式（4-15）。类似的可以证明式（4-16）。

说明：这里的利率为年利率，一年互换一次；如果年互换的次数多于1次，利率的期限需要与之对应。

通过式（4-15）、式（4-16）可以看出，货币互换双方所支付的利率只和两种货币的无风险利率有关，和其他因素无关。

案例 4-8

货币互换的利率计算

续案例 4-7，Z 公司与银行签订了一份 3 年期的用人民币兑换澳元的货币互换合约，若人民币、澳元的无风险利率分别为 6.31% 与 3.25%。

试问：双方互相支付利率 R_1、R_2 各为几何？

解析： 已知 $n=3$，$r_1=6.31\%$，$r_2=3.25\%$。由式（4-15）和式（4-16），有

$$R_1=\frac{1-e^{-r_1t_n}}{\sum_{i=1}^{n}e^{-r_1t_i}}=\frac{1-e^{-0.0631\times3}}{e^{-0.0631\times1}+e^{-0.0631\times2}+e^{-0.0631\times3}}=6.51\%$$

$$R_2=\frac{1-e^{-r_2t_n}}{\sum_{i=1}^{n}e^{-r_2t_i}}=\frac{1-e^{-0.0325\times3}}{e^{-0.0325\times1}+e^{-0.0325\times2}+e^{-0.0325\times3}}=3.30\%$$

通过以上计算可得：当人民币互换利率为 6.51%、澳元互换利率为 3.30% 时签订的货币互换合约，对于双方将是最公平的，合约价值 f 将为 0。

事实上，如果人民币互换利率为 6.51%，则每次收取的利息为

$$人民币利息\ k_1=L_1R_1=530\ 万元\times6.51\%=34.503\ 万元$$

投资债券的价值为

$$\begin{aligned}B_D&=34.503\ 万元\times e^{-0.0631\times1}+34.503\ 万元\times e^{-0.0631\times2}+564.503\ 万元\times e^{-0.0631\times3}\\&=529.9532\ 万元\end{aligned}$$

由案例 4-7 已经计算出了当利率为 3.30% 时的债券价格，根据汇率换成同种货币：

$$B_F=5.30\times99.9905\ 万元=529.9497\ 万元$$

二者的数量差异是四舍五入导致的，基本相同，故合约价值 f 等于 0，按照人民币互换利率 6.51%、澳元互换利率 3.30% 互换是公平的。

本章小结

1. 互换是交易双方依据约定在未来一段时间内，互相交换一系列现金流量（如本金、利息、价差等）的协议。

2. 按照互换合约所涉及的基础资产的不同，互换分为多种类型，本书主要讨论利率

互换、货币互换两种。

3. 根据比较优势理论，只要满足以下两个条件，就可进行互换：

1）双方对对方的资产或负债均有需求。

2）双方在两种资产或负债上存在比较优势。

4. 利率互换双方利用各自的比较优势，在相对条件比较优惠的资本市场或货币市场各自筹集资金；然后互换双方直接或通过互换中介相互交换利息流，以满足互换双方各自的筹资要求。

5. 货币互换与利率互换的结构很相似，主要不同点在于：在货币互换中，交易双方需要在互换期初和期末进行不同货币本金的交换。通过货币本金的交换，互换双方在互换期间各自得到所需货币而不必承担汇率风险。

6. 利率互换的定价分为两个方面，即利率互换在期初时的定价和利率互换在期初以后的定价。利率互换在期初时的定价就是在互换初期确定合理的互换利率；利率互换在期初以后的定价就是确定利率互换的价格或价值，也就是确定互换合约给投资者所带来的收益。

7. 货币互换的定价也分为两个方面，即货币互换在期初时的定价和货币互换在期初以后的定价。货币互换在期初时的定价就是在互换初期确定合理的互换利率；货币互换在期初以后的定价就是确定货币互换的价格或价值，也就是确定互换合约给投资者所带来的收益。

综合练习

一、名词解释

1. 利率互换　　2. 货币互换　　3. 互换利率

二、选择题

1. 下列说法中（　　）是错误的。

A. 场外交易的主要问题是信用风险　　B. 交易所交易缺乏灵活性

C. 场外交易能按需定制　　D. 互换是场内交易

2. 利率的基础互换是指（　　）。

A. 固定利率与浮动利率的互换　　B. 固定利率之间的互换

C. 浮动利率之间的互换　　D. 资产或负债互换

3. 在互换合约的签订日，合约的价值通常（　　）。

A. 大于0　　B. 等于0

C. 小于0　　D. 皆有可能

4. 利率互换中，需要确定的互换利率通常是指（　　）。

A. 浮动利率　　B. 固定利率

C. 取二者较大者　　D. 取二者较小者

三、填空题

1. 根据比较优势理论，互换的必要条件是：双方对对方的资产或负债均有（　　　　），双方在两种资产或负债上存在（　　　　）。

2. 互换的标准类型包括（　　　　）和（　　　　）。

3. 利率互换是用（　　　　）利率与（　　　　）利率互换。

4. 货币互换双方的利息支付可以是：均为（　　　　）利率；均为（　　　　）利率；一个是（　　　　）利率；一个是（　　　　）利率。

四、简答题

1. 互换的必要条件是什么？

2. 互换合约中，何谓信用风险和市场风险，如何规避？

五、计算题

1. A、B 公司各自在金融市场上借入 5 年期本金 1000 万美元进行投资，由于二者的信用等级不同，可以获得的贷款利率如表 4-6 所示。

表 4-6　A、B 公司的贷款利率（一）

公　司	固定利率	浮动利率
A	8. 2%	LIBOR+0. 2%
B	9. 6%	LIBOR+0. 6%

A 公司希望以浮动利率投资，B 公司希望以固定利率投资，双方希望通过互换进行投资，金融中介将收取 0. 2% 的利差，剩余的收益二者平分。

试给出互换方案数据流图，并对双方的盈亏进行分析。

2. A 公司希望以固定利率借入美元，B 公司希望以固定利率借入日元，而且本金用即期汇率计算价值很接近，金融市场对两家公司提供的贷款利率如表 4-7 所示。两家公司通过银行进行货币互换，银行要求获得的报酬为 0. 1%，互换降低的利率双方均分。

表 4-7　A、B 公司的贷款利率（二）

公　司	日　元	美　元
A	4. 5%	9. 8%
B	6. 2%	10. 4%

试给出货币互换方案，并进行盈亏分析。

3. 一份本金为 5000 万美元的利率互换还有 10 个月到期。该互换以 6 个月期的 LIBOR 互换 10% 的年利率进行，每半年计一次复利。市场上 6 个月期 LIBOR 的所有期限利率平均报价为 8. 4%（连续复利）。两个月前 6 个月期 LIBOR 为 8. 2%。试问上述互换对支付浮动利率的一方价值是多少？

第五章

期　权

本章要点

本章主要介绍期权的定义、特点、分类及交易机制等。其中，期权的交易策略主要讲述了期货与期权组合、跨式期权、价差期权；并在介绍期权价格构成和影响因素的基础上，进一步分析了期权价格的上下限、看涨期权与看跌期权的平价关系、美式期权提前执行的合理性；期权定价理论主要讲述了布莱克-斯科尔斯期权定价模型及二叉树模型。其中，期权的交易策略、看涨期权与看跌期权的平价关系是本章重点，两个定价模型是本章难点。

期货可以投机、套利及套期保值，给投资带来了很多方便。但期货的投资人或者在到期日到来之前提前平仓，或者在到期日执行合同，即使价格对于期货合约持有人非常不利时，也别无选择。

如果有既有期货的优点，又能价格有利就执行合同，价格不利就放弃执行合同的投资品种呢？

第一节　期权发展简史

一、古老的期权故事

泰利斯（Thales）生活在公元前 580 年左右古希腊的米利塔斯市（位于今天土耳其的西南海岸）。他是古希腊最早的科学家之一，曾准确地预测了公元前 585 年 5 月 28 日的日食。遗憾的是，当时的他过着贫困潦倒的生活。

机会终于来了，泰利斯运用自己丰富的天文知识，在冬季预测到橄榄在来年春天将获得大丰收。虽然他生活窘迫，资金匮乏，然而他毅然用自己所有可以动用的资金，在冬天以非常低的价格，取得了希俄斯岛和米利塔斯大片区域内，春季橄榄收获季节所有压榨机的使用权。

人们都以为他疯了，当时没有人认为有必要为了这些压榨机来竞价，他支付的价格当然很低。

当春天橄榄获得大丰收时，代替人们丰收喜悦的不是笑容，而是愁眉不展。因为在炎热的天气里，如果不尽快将橄榄变成橄榄油，橄榄会迅速腐烂。

但压榨机的使用权已被泰利斯买断，压榨机的租用价格比往年翻了好几倍，他们真的急疯了！可以预料，泰利斯执行了权利，将压榨机以高价出租，结果赚了一大笔钱。

最终，他向世界证明，只要有知识，哪怕暂时贫穷，也可以成为百万富翁。

二、期权的产生

1. 郁金香绽放了期权

在1634年的荷兰，期权合约在郁金香的交易过程中已经非常成熟、普遍。

17世纪荷兰的贵族阶层中，郁金香是身份的象征。当时的郁金香价格上涨的速度出人意料，谁也不知道3个月以后的价格是多少。

为了控制风险、保证利润，经销商与种植者签订未来上市时郁金香的价格、数量及品质的期权合约，并交纳定金（期权费），确保上市时能够按照约定的价格买到郁金香。

如果郁金香的市场价格高过了合同约定的协议价格，期权的购买者要求生产者按照约定的价格交割，从而规避了价格上涨的风险；如果郁金香的市场价格下跌了，经销商可以在批发市场上直接进货，虽然损失少量的定金，却享受了价格下跌的好处。

正是有了期权合约，经销商才在跌宕起伏的郁金香价格波动中生存下来，而那些没有使用期权合约管理郁金香价格的经销商，大都在价格的暴涨暴跌中破产。

2. 金融期权命运多舛

金融期权伴随着股票业务的发展产生。1771年，英国已经开始股票的期权交易，但由于期权交易方法的不完善，导致了大规模的违约发生，使得期权在此后的英国被禁止了100余年。

在美国，期权交易市场是在1792年纽约证券交易所成立之后发展起来的。但由于早期的期权为场外交易，期权市场不健全，期权合约不规范，缺乏市场监管，金融领域的期权应用发展缓慢。

随着股票市场的发展，期权用于股票投资及保值的需求日益高涨，迫切地需要解决期权交易中出现的众多问题，芝加哥期货交易所（CBOT）的企划和市场部开始筹划建立公开喊价的股票期权交易市场。

1973年4月26日，世界上第一个期权交易所——芝加哥期权交易所（CBOE）正式挂牌营业，标志着期权交易进入了标准化、规范化的全新发展阶段。该交易所1974年年末的日均交易量为20万份期权合约；到了2004年年末，日均交易量已达到130万份期权合约。

期权交易在美国的成功发展，迅速引起世界各地期权交易的流行，20世纪70年代末，伦敦证券交易所成立了伦敦期权交易市场，荷兰成立了欧洲期权交易所，随后新加坡、日本、马来西亚及中国香港等国家和地区也陆续开始了期权交易，期权进入了实际应用与大发展阶段。

在国内，以上证 50ETF 为标的资产的股票价格指数期权，于 2015 年 2 月 9 日在上海证券交易所正式上市。业内人士表示，股票期权交易试点的推出，一方面是资本市场多项改革创新后的又一次重大突破，另一方面，也开启了我国资本市场的“期权元年”。

第二节　期权的基本概念

一、期权概述

（一）期权的定义

定义 5-1： 期权（Options）又称选择权，是指期权合约购买者在合约规定的期限内，有权按合约约定的价格购买或出售约定数量、质量某种商品的合约。

（二）期权的参与者

支付费用购买期权的一方称为期权的买方或多方，期权买方具有选择是否执行期权的权利；出售期权获得期权费用的一方称为期权的卖方或空方，拥有接受期权买方选择的义务。

（三）权利与义务

1. 期权购买者只有权利

对于期权的购买者来说，期权合约赋予他的只有权利，而没有任何义务。他可以在规定期限内行使其购买或出售标的资产的权利，也可以放弃这个权利。

2. 期权出售者只有义务

对期权的出售者来说，他只有履行合约的义务，而没有任何权利。当期权买方按合约规定，行使其买进或卖出标的资产的权利时，期权卖方必须依约履行卖出或买进该标的资产的义务。

二、期权合约的分类

（一）按购买者权利划分

按购买者权利划分为看涨期权和看跌期权。

可以看出，看涨期权、看跌期权都是从期权买方的角度划分的。

1. 看涨期权

允许期权购买者在未来约定的时间内，选择是否买入标的资产权利的合约，被称为看涨期权（Call Option）。

投资者预测标的资产价格将会上涨，将购买看涨期权；若未来标的资产价格真的上涨了，期权买方将执行期权并盈利；若与预测的相反，标的资产价格下跌了，看涨期权买方将损失期权费。

与看涨期权的买方相反，若预测标的资产价格将下跌，期权的卖方会卖出看涨期权；若与期权卖方预测的一致，标的资产价格真的下跌了，卖方将获得期权费；如果与预测相反，卖方将损失期权费。

2. 看跌期权

允许期权购买者在未来约定的时间内，选择是否卖出标的资产权利的合约，被称为看跌期权（Put Option）。投资者预计标的资产价格会下跌，将买入看跌期权；若未来标的资产价格真的下跌了，期权买方将执行期权并获利；若与预测的相反，标的资产价格上涨了，看跌期权买方将损失期权费。

与看跌期权的买方相反，如果预计标的资产价格将会上涨，卖方将卖出看跌期权；如果与期权卖方预测的一致，看跌期权真的上涨了，卖方将获得期权费；如果与预测的相反，卖方将亏损。期权交易中的买卖关系见表 5-1。

表 5-1 期权交易中的买卖关系

品　种	看涨期权	看跌期权
买方	标的资产的价格上涨 了有权按合约价格买进	标的资产的价格下跌了 有权按合约价格卖出
卖方	有义务按合约价格 卖出标的资产	有义务按合约价格 买进标的资产

（二）按期权执行时限划分

按期权执行时限划分为美式期权和欧式期权。

1. 美式期权

美式期权是指期权买方从签订期权合同之日起一直到期权合约到期的时间里，随时可以执行期权。

2. 欧式期权

欧式期权是指期权的买方只有在期权合约的到期日才可以执行期权。

（三）按标的资产性质划分

按标的资产的性质划分为现货期权和期货期权。

现货期权的标的物是各种现货，如外汇、股票、农产品以及贵金属等。

期货期权的标的物是各类期货，如货币期货、利率期货、股票价格指数期货以及实物（如大豆、玉米）期货等。

（四）按交易场所划分

按交易场所划分为场内期权和场外期权。

1. 场内期权

场内期权是指在交易所交易的期权，是标准化期权合约。交易数量、执行价格、到期日和履约时间等均由交易所统一规定，唯有期权费是由交易双方决定的。该种期权具

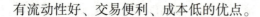

有流动性好、交易便利、成本低的优点。

2. 场外期权

场外期权则是非标准化的期权合约，各种交易要素均由交易双方自由商定，比较灵活。

（五）根据标的资产市场价格与执行价格的关系不同划分

根据标的资产市场价格与执行价格的关系不同，针对期权买方而言，可以分为实值期权、平价期权和虚值期权。

1. 基本含义

定义 5-2： 在不考虑期权费的条件下，期权买方行权：获得收益时称为实值期权；亏损时称为虚值期权；盈亏值为 0 时称为平价期权。

实值期权也称为溢价期权、有利可图期权；虚值期权也称为损价期权、无利可图期权。

如果市场价格、协议价格分别用 S、K 表示，看涨期权和看跌期权与实值期权、平价期权及虚值期权存在如下关系：

$$\text{看涨期权}\begin{cases}\text{实值期权} & \text{当 } S>K\\ \text{平价期权} & \text{当 } S=K\\ \text{虚值期权} & \text{当 } S<K\end{cases}\qquad \text{看跌期权}\begin{cases}\text{虚值期权} & \text{当 } S>K\\ \text{平价期权} & \text{当 } S=K\\ \text{实值期权} & \text{当 } S<K\end{cases}$$

2. 不同状态的转化

在期权合约的有效期内，期权类型不是固定的、一成不变的。一般来讲，在期权有效期的初期，绝大多数的期权都是虚值期权，而实值期权大多出现在期权有效期的中后期。

这是因为，签订合约时的市场价格 S 与协议价格 K 和人们的预期会比较接近。只有经过一段时间的市场变化，市场价格与协议价格才会出现与人们预期的偏离，一方的预测失误使另一方有了盈利的机会。

三、期权交易的特点

与其他三类金融衍生工具相比，期权有如下特点：

1. 交易双方权利与义务不对称

期权买方只有权利，包括选择交易的时间、标的资产的价格、标的资产的数量及是否交割等权利，而无任何义务。

期权卖方只有义务，无论价格是否对自己有利，期权卖方都必须按照期权买方的要求无条件履约，不能以任何理由拒绝或违约。

2. 交易双方风险与收益不对称

期权交易双方风险与收益的不对称，是由于交易双方权利与义务不对称导致的。

期权买方：最大的风险是损失期权费，风险相对较小，而收益有可能是巨大的。

期权卖方：最大的收益是期权费，但风险往往是巨大的。

3. 保证金

由于期权买方只有权利，没有义务，故无违约的可能。因此，期权买方为了获得权利，需要向期权卖方支付期权费，作为期权卖方风险的补偿。

由于期权卖方只有义务没有任何权利，且风险巨大，为了防止其违约，期权卖方需向交易所支付保证金。

4. 期权费

期权交易可以达成的媒介是期权费，只有买方愿意出让的期权费与卖方所能接受的期权费相等时，才能成交。

期权费的大小与期权种类、期限、标的资产价格的波动程度等有关。期权费与标的资产价格是两个不同的概念，注意二者的区别。

四、期权市场的参与者

期权市场的参与者有多种类型，包括个人投资者、机构投资者、经纪商、做市商、经纪人等。

个人投资者又叫零售投资者，在市场投资者中占有最大的比例。机构投资者是专业的投资公司，包括银行、共同基金、对冲基金、养老基金和保险公司等。

第三节 期权市场的交易机制

一、交易所和清算所

期权交易由期权交易所和期权清算所共同完成。

（一）期权交易所

期权交易是在期货交易的基础上衍生出来的，二者交易相似。期权交易基本上复制了期货交易的机构设置与交易制度，但也存在不同。

类似于期货交易，期权交易在期权交易所进行。同一个期权品种，在一个交易所建立的期权头寸，既可以在该交易所、也可以在另一个交易所反向交易平仓或交割。这是因为，所有上市交易的期权都在一个清算公司进行清算得以方便地实现。

在美国，股票期权交易十分活跃，有 500 只以上的股票期权交易在期权交易所完成。

（二）期权清算所

期权清算公司（Option Clearing Corporation，OCC），也称为期权清算所，美国期权清算所于 1975 年成立，所有权属于在美国的所有期权交易所，是美国唯一的期权清算机构。

所有期权交易所共用一个清算公司具有许多优点：简化了清算程序，提高了效率和期权的标准化程度，增加了流动性，为期权投资者提供了便利。

二、报价与执行价格

为了方便介绍，这里仅以股票期权为例介绍期权合约条款及交易规则。

（一）期权的报价

定义 5-3：期权的报价，是指期权买方购买期权（选择权）的费用，而非标的资产的价格。

一份股票期权合约是买、卖 100 股某一股票或者美国存托凭证（American Depositary Receipt，ADR，外国公司在美国上市的股票）的合约，以买进或卖出 1 股股票的期权价格报价。

当股票期权价格（期权费）低于 3 美元，那么股票期权报价的最小变动单位为 0.05 美元；当股票期权价格大于或等于 3 美元，那么股票期权报价的最小变动单位为0.1 美元。

例如，某股票的看涨期权的报价（期权费）是 3 美元，作为股票期权合约的买方，一份期权合约需要支付期权费 100×3 美元=300 美元给期权合约的卖方。

由于期权价为 3 美元，在购买竞价时，每次期权的价格变动最小为 0.1 美元。

（二）执行价格

定义 5-4：执行价格又称为协议价格，是在期权合约中约定的，期权买方在期权合约存续期间，执行买入或卖出标的资产的价格。

1. 执行价格的变动价位

标的资产的执行价格，位于不同的区间，价格变动幅度不同，有如下几种情况：

1）当标的股票的价格在 5～25 美元时，期权标的物相邻两个执行价格的差额为 2.5 美元。

2）当标的股票的价格在 25～200 美元时，期权标的物相邻两个执行价格的差额为 5 美元。

3）当标的股票的价格大于 200 美元时，期权标的物相邻两个执行价格的差额为 10 美元。

各个区间的左边为闭区间，右边为开区间。

2. 确定执行价格的原则

交易所在推出一个新的期权时，首先选择与股票价格最靠近的看涨、看跌的 2 个执行价格后再增加一个执行价格；如果其中一个执行价格与股价特别靠近，那么在靠近股价的执行价格后再增加一个执行价格；当股票价格上涨或者下跌到已有执行价格构成的区间之外时，交易所就会增加新的报价。

案例 5-1

标的资产期权执行价格报价

期权交易开始时，某股票价格为 48 美元，该值位于 25～200 美元之间，执行价格的变动间隔为 5 美元。

根据执行价格的确定规则，交易所给出该股票看跌期权与看涨期权最初的执行价格为 45 美元、50 美元及 55 美元（因为执行价格 50 美元与股价 48 美元接近，故增加一个执行价格 55 美元）；过了一段时间，股票的价格从 48 美元上升到 56 美元，交易所会将看涨期权报价调整到 60 美元；如果股票的市场价格从 48 美元下降到了 45 美元，交易所会将看跌期权的执行价格调整到 40 美元。

（三）股票分割与股票分红

在股票期权和股价指数期权交易过程中，往往会涉及股票分割或股票分红的问题。

1. 股票分割

（1）股票分割及对股票期权的影响

股票分割又称为拆股，即在股价过高时，上市公司将每股价值变小，总的股数增多，但该公司的总市值并没有改变。

当上市公司进行股票分割时，因为每股股票的价值已经改变，期权交易所一般要对期权合约的股价及股数进行调整，以适应股价分割后的情况。那么应如何调整呢？

（2）股票分割前后价格之间的关系

当上市公司进行股票分割（拆分）时，拆分前后股票价格及每份期权合约的股数之间存在如下关系：

命题 5-1： n 对 $m(m<n)$ 分割，表示将 m 股股票拆分成 n 股，分割后的股票股价相当于原来的 m/n，分割前后的股价满足：

$$K=E\frac{m}{n} \tag{5-1}$$

调整前后一份期权合约股票数量满足：

$$W=V\frac{n}{m} \tag{5-2}$$

式中 E——调整前股票的执行价格；

K——调整后股票的执行价格；

V——调整前一份期权合约股票的数量；

W——调整后一份期权合约股票的数量。

案例 5-2

股票分割的期权合约的调整

投资者以每股 45 美元的价格买入 100 股股票的看涨期权，上市公司对本公司股票进行了 3 对 2 的股票分割。

试问：交易所对于拆分后的股票期权合约、执行价格及合约股数该如何调整，以保证拆分前后的期权合约等值？

解析： 已知 $E=45$ 美元，$V=100$ 股，$m=2$，$n=3$。由式(5-1)、式(5-2)，有

$$K=E\frac{m}{n}=45\text{ 美元}\times\frac{2}{3}=30\text{ 美元}$$

即调整后的执行价格 = 30 美元，每份期权合约为

$$W=V\frac{n}{m}=100\text{ 股}\times\frac{3}{2}=150\text{ 股}$$

2. 股票分红

（1）股票分红及对期权合约的影响

对于经营业绩好的上市公司，要定期给股民发放红利，作为对股民持有本企业股票的补偿。股票分红同样对股票的价值产生一定影响，这一影响也会在股票期权中体现出来。

股票发放红利后，期权交易所对股票期权进行调整与不进行调整的案例都有。如果调整的话，该如何实现呢？

（2）股票分红期权合约的调整

命题 5-2： 如果上市公司给股民发放 $r\%$ 的股票红利，相当于对股票进行了 $100+r$ 对 100 分割，由式（5-1）、式（5-2）可知，发放红利前后的执行价格及每份期权合约中股票的份数有如下结论：

分红前后的股价关系：
$$K=E\frac{m}{n}=E\frac{100}{100+r} \tag{5-3}$$

分红前后合约股数关系：
$$W=V\frac{n}{m}=V\frac{100+r}{100} \tag{5-4}$$

案例 5-3

股票分红期权合约的调整

5 月 28 日，某公司宣布将为其股票持有者分红，每股将支付股息 9 美元，股息为股票价格的 15%。对于这种情况，试问：期权交易所该如何进行调整？

解析： 已知调整幅度 = 9 美元，调整比例 $r=15$，$V=100$。

在已知调整幅度及调整比例的情况下，首先确定调整前的股票价格为

$$E=9\text{ 美元}/0.15=60\text{ 美元}$$

由式（5-3）、式（5-4），有

$$K=60\text{ 美元}\times\frac{100}{100+15}=52.17\text{ 美元}$$

$$W=100\text{ 股}\times\frac{100+15}{100}=115\text{ 股}$$

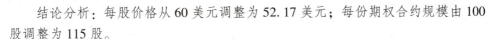

结论分析：每股价格从 60 美元调整为 52.17 美元；每份期权合约规模由 100 股调整为 115 股。

调整前一份合约的总价值：100×60 美元 = 6000 美元

调整后一份合约的总价值：115×52.17 美元 = 5999.55 美元

虽然股票的市场价格已变，但一份期权合约的价值前后基本保持一致。

案例 5-4

交易所不进行股息保护的案例

1998 年 3 月 10 日，德国奔驰公司宣布了给股民发放占股票价值 12% 的股息，但德国证券交易所并没有对本所交易的期权做任何调整，显然该股票期权持有者的收益将受到很大的影响。

三、到期日与交割月

（一）到期日

在美国，上市交易的股票期权的到期日都是交割月的第三个星期五，如果遇到节假日将顺延。

（二）交割月

1. 期权周期

期权合约从开仓至到期的时间称为期权周期。最常见的期权期限分别为 3 个月、6 个月和 9 个月。标的物股票的交割月份分为 3 个周期：

1 月周期包括：1 月份、4 月份、7 月份和 10 月份。

2 月周期包括：2 月份、5 月份、8 月份和 11 月份。

3 月周期包括：3 月份、6 月份、9 月份和 12 月份。

2. 投资者交割月份的选择

每只股票期权被派定在一个交割月周期，投资者可以在该周期中的四个月份执行股票期权。其中的两个交割月是最近的连续两个月，另外两个月取自当前月周期中紧接着的两个交割月份。

例如，某股票期权处在 1 月周期（1、4、7、10）中，如果此时位于 1 月初，则可选择的交割月为 1 月、2 月，及当前月周期中紧接着的两个交割月，分别为 4 月、7 月；如果此时位于 1 月末，则可选择的交割月为 2 月、3 月，及当前月周期中紧接着的两个交割月，分别为 4 月、7 月；如果此时位于 7 月底，则可选择的交割月为 8 月、9 月，及当前月周期中的紧接着的两个交割月，分别为 10 月、1 月。

四、期权的执行与交割

（一）期权的执行

在期权合约到期前，期权持有者若要执行期权，可通知他的经纪公司，由经纪公司通知期权清算公司，由清算公司来匹配交易的另一方。

如果要执行的期权是看涨期权，期权持有者将买入股票，清算公司需要匹配出按执行价格卖出股票的空方；如果要执行的期权是看跌期权，期权持有者将卖出股票，清算公司需要匹配出按执行价格买入股票的空方。

因为所有的交易都是通过期权清算公司完成的，所以，期权的买方与卖方并不知道本次交易与谁达成。

（二）期权的交割

在期权到期日，除非收益小于或等于0，股票期权交易将遵循自动执行原则。

1. 期权的自动执行

在交割月的第三个星期五的最后交易日：对于看涨期权，如果收盘价格 S 高于执行价格 K 达到0.75美元及以上，对于看跌期权，如果收盘价格 S 低于执行价格 K 达到0.75美元及以下，这时的期权买方的收益将大于0，除非期权多头通知清算公司放弃执行期权，否则期权将自动执行。

2. 期权执行的卖方

这里的执行期权，是相对于期权买方而言的。期权卖方一旦将期权卖出，就没有了申请执行期权的权利。期权清算公司对于期权空方的选择，采用随机选择或先进先出的原则。如果迟迟没有被选中，也只有耐心等待。

五、保证金制度

从期权交易的方式可以看出，期权空方的风险是很大的，如果交易所没有相应的措施，将很难避免违约的发生。在这样的背景下，针对期权卖方的保证金制度应运而生。

（一）计算保证金的原则

保证金和标的资产的类型、交易方式等多种情况有关，不同的经纪公司也不相同，而且不是一成不变的。因此，期权清算公司只制定了保证金的收取原则。这里只介绍芝加哥期权交易所股票期权保证金的计算方法。

（二）股票期权的保证金计算

由于投机是投资者有意识地构造出的风险暴露，以图盈利，那么投机盈亏的可能性都有，风险很大，这时的卖出期权被称为无保护期权。

命题5-3： 如果出售的是无保护期权，期权费为 C，市场价格为 S，虚值期权的数值为 W，每份股票期权合约为100股，则初始保证金取以下两种计算方法的最大值 V：

$$V_1 = 100\times(C+0.2S-W) \tag{5-5}$$

$$V_2 = 100\times(C+0.1S) \tag{5-6}$$

$$V=\max\{V_1, V_2\} \tag{5-7}$$

说明：

1）如果投资者卖出的是股票指数期权，一般将式（5-5）中的0.2替换成0.15，因为指数的波动性通常小于单个股票的波动性。

2）期权卖方交纳的保证金，在收取的期权费基础上补足。故在期权合约交割以前，空方是无法拿到期权费的。

案例 5-5

股票期权合约的保证金

投资者出售了一份无保护期权，期权费为5美元/股，期权执行价格为50美元，股票当前价格为46美元。

试问：看涨期权、看跌期权的保证金各是多少？

解析：已知 $C=5$ 美元，$K=50$ 美元，$S=46$ 美元。

1. 看涨期权的保证金

如果投资者卖出的是看涨期权，由于 $S=46$ 美元 <50 美元 $=K$，故

$$W=50-46=4\text{ 美元。}$$

由式（5-5），有

$$\begin{aligned}V_1&=100\times(C+0.2S-W)\\&=100\times(5\text{ 美元}+0.2\times46\text{ 美元}-4\text{ 美元})=1020\text{ 美元}\end{aligned}$$

由式（5-6），有

$$\begin{aligned}V_2&=100\times(C+0.1S)\\&=100\times(5\text{ 美元}+0.1\times46\text{ 美元})=960\text{ 美元}\end{aligned}$$

因此，初始保证金应为1020美元，出售这一看涨期权的投资者，除了要将收入的期权费500美元冻结在保证金账户内之外，还要向经纪公司交纳520美元的初始保证金。

2. 看跌期权的保证金

如果投资者卖出的是看跌期权，由于 $S=46$ 美元 <50 美元 $=K$，故 $W=0$ 美元。由式（5-5），有

$$V_1=100\times(5\text{ 美元}+0.2\times46\text{ 美元}-0)=1420\text{ 美元}$$

而 V_2 依旧是960美元，故看跌期权的空方的保证金为1420美元。

六、期权交易与期货交易的区别

1. 买卖双方的权利和义务不同

期货合约的双方都被赋予了相应的权利和义务，而期权合约只赋予买方权利，卖方则无任何权利。

2. 标准化程度不同

期货合约都是场内交易，故是标准化的；而现货期权分场外交易和场内交易两种情

况，而场外交易的期权是非标准化的。

3. 盈亏风险不同

期货交易双方所承担的盈亏风险都是无限的。

期权交易买方：风险只是期权费，因而是有限的；看涨期权的收益是无限的，看跌期权的收益是有限的。

期权交易卖方：看涨期权风险是无限的，看跌期权风险是有限的；盈利只是期权费，因而总是有限的。

4. 保证金制度不同

期货交易的买卖双方都须交纳保证金。期权的买方则无须交纳保证金，而场内交易的期权卖方却要交纳保证金。

5. 交易双方的责任不同

期货合约的买方到期必须买入标的资产，卖方必须卖出标的资产，双方的责任相同；而期权合约买方在到期日前，可以选择是否买入（看涨期权）或卖出（看跌期权）标的资产；卖方必须配合期权合约买方卖出或买入标的资产。

6. 套期保值的效果不同

运用期货进行的套期保值，在把风险转移出去的同时，也把盈利机会转移出去了；而运用期权进行套期保值时，只把风险转移出去了，而把盈利机会留给了自己。

第四节　期权交易策略

期权交易方式多种多样，不胜枚举，本节首先对于基本的期权交易进行介绍，对于几种常用的情况进行了详细的剖析。

一、基本期权交易

基本的期权交易包括买方看涨期权、卖方看涨期权、买方看跌期权及卖方看跌期权四种方式。

（一）看涨期权

1. 买方看涨期权盈亏分析

命题 5-4：当预期标的资产的市场价格 S 的涨势将超过协议价格 K 与期权费 C 之和时，期权买方将支付期权费，签订以协议价格 K 买入标的资产权利的期权合约。

期权合约存续期间，若标的资产的市场价格 S 始终低于协议价格（$S<K$），他将放弃执行期权，每份期权合约损失期权费 C。

若标的资产的市场价格 S 真的上涨了（$S>K$），他将执行期权，以执行价格 K 买入，以市场价格 S 卖出，每份期权合约可获得的收益为 $S-K-C$，见图 5-1。

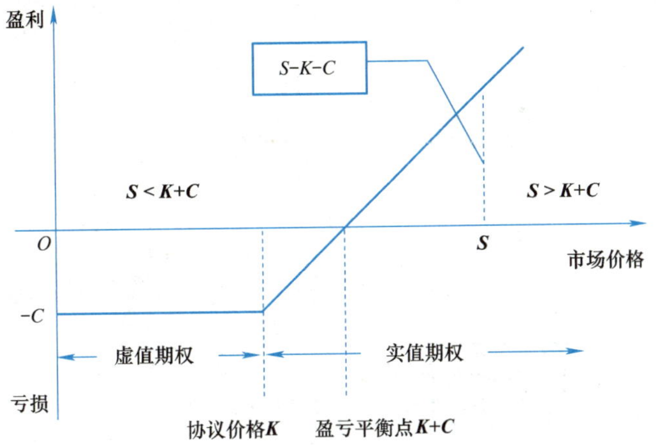

图 5-1 买方看涨期权损益图

总结：买方看涨期权的风险为期权费，因而是有限的；收益随着市场价格 S 增大而增大，因而是无限的。

2. 卖方看涨期权盈亏分析

命题 5-5： 与看涨期权的买方相反，当期权卖方预计未来一段时间，标的资产的市场价格 S 将会下跌到低于协议价格 K 的水平时，将收取期权费 C，签订以协议价格 K 卖出标的资产的期权合约。

如果未来一段时间，标的资产的市场价格 S 始终低于协议价格 K，此时期权买方不会执行期权，期权的卖方将获得期权费 C，见图 5-2。

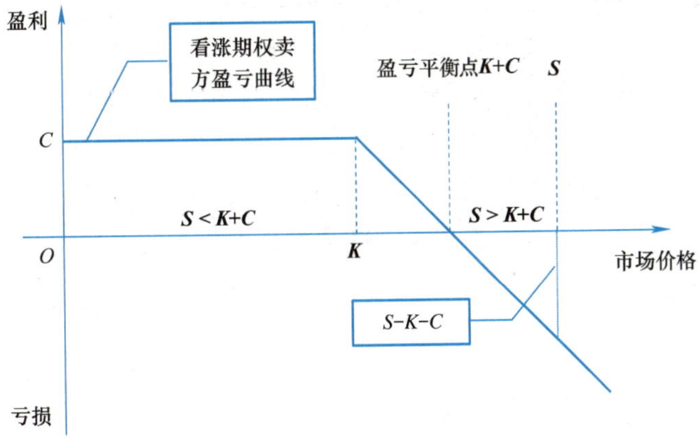

图 5-2 卖方看涨期权损益图

当标的资产市场价格 S 高于标的资产的协议价格 K 时，期权买方将执行期权，期权卖方收益减少；当市场价格 S 大于协议价格 K 与期权费 C 之和时，期权卖方将亏损，亏损额为 $S-K-C$。

总结：卖方看涨期权的收益是期权费，因而是有限的；但风险随着市场价格的增加而增加，因而可以是无限的。

通过图 5-3 可以看出，看涨期权买卖双方的盈亏曲线关于横轴对称，即期权交易的双方是零和博弈。

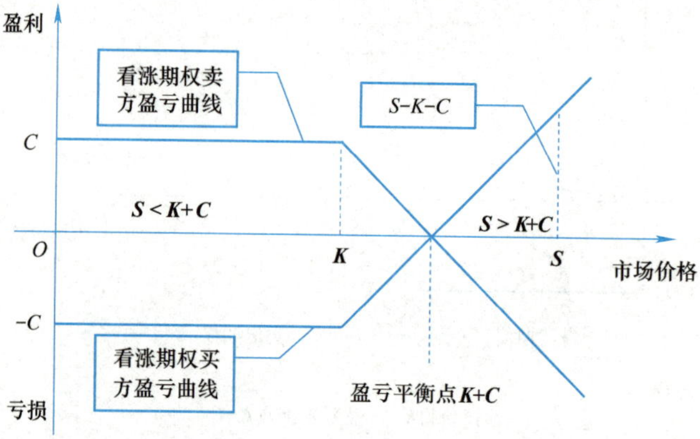

图 5-3 看涨期权买卖双方的盈亏曲线关于横轴对称

案例 5-6

看涨期权盈亏分析

股票 A 当前市场价格为 48 美元，投资者预期该股票的价格将上涨。故以期权费为 3 美元/股、协议价格为 50 美元、6 月末到期，买了一份看涨期权合约（100 股），支付期权费 300 美元。

如果在期权合约存续期内：

1）股票市场价格始终低于 50 美元。

2）在期权合约存续期内，股票的市场价格真的上涨了，达到 55 美元。

试对看涨期权买方、卖方分别进行盈亏分析。

解析： 已知 $K=50$ 美元，$S_1<50$ 美元，$S_2=55$ 美元，$C=3$ 美元。

（1）买方看涨期权分析

1）若在期权合约存续期内，股票市场价格始终小于 50 美元，投资者将放弃执行期权，每股损失 3 美元，共损失 300 美元，见图 5-4。

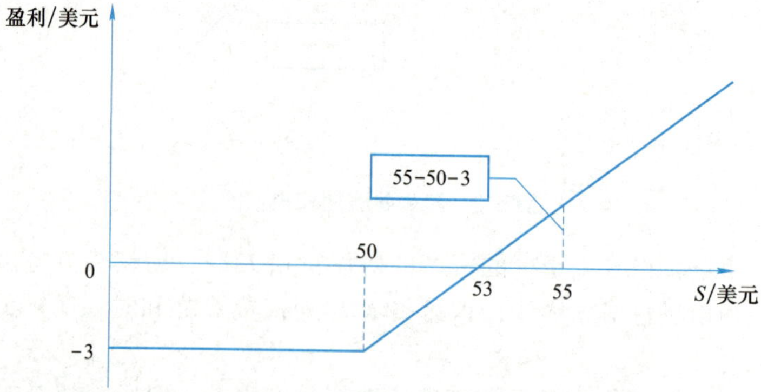

图 5-4 看涨期权买方盈亏图

2）如果股票市场价格上涨了，达到 $S_2=55$ 美元，由命题 5-4，期权买方执行期权，每股按协议价格 50 美元从期权卖方买入，在现货市场以 55 美元卖出，每股赚取：

$$S_2-K-C=55\text{ 美元}-50\text{ 美元}-3\text{ 美元}=2\text{ 美元}$$

100 股共赚取利润为 200 美元。

（2）卖方看涨期权分析

1）如果在期权合约存续期间，股票市场价格始终小于协议价格 50 美元，期权买方将放弃执行期权，这时卖方每股盈利 3 美元，总共盈利 300 美元。

2）如果股票市场价格上涨了，达到 $S_2=55$ 美元。由命题 5-5，买方执行期权，卖方需要从现货市场以每股 55 美元买入，以每股 50 美元的协议价格卖给买方，期权空方每股将亏损：

$$S_2-K-C=55\text{ 美元}-50\text{ 美元}-3\text{ 美元}=2\text{ 美元}$$

总共亏损 200 美元，见图 5-5。

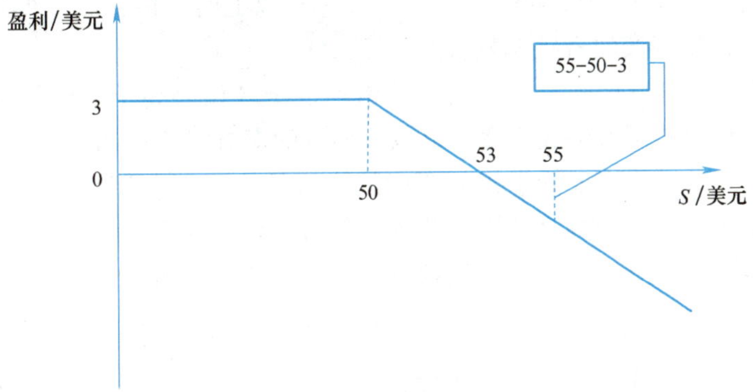

图 5-5 看涨期权卖方盈亏图

（二）看跌期权

1. 买方看跌期权盈亏分析

命题 5-6：当预期未来标的资产市场价格 S 将下跌，且将跌至协议价格 K 与期权费 P 之差$(K-P)$以下时，期权买方将支付期权费 P，购买以协议价格 K 卖出标的资产权利的期权合约。

若期权合约存续期内，市场价格 S 真的下跌了$(S<K-P)$，他将执行期权，以市场价格 S 于市场上买入标的资产，以协议价格 K 卖给期权合约的卖方，其收益为 $K-S-P$。

若期权合约存续期内，标的资产的市场价格 S 始终高于协议价格$(S>K)$，他将放弃执行期权，每份期权合约损失期权费 P，见图 5-6。

总结：买方看跌期权风险是期权费，因而是有限的；当市场价格为 0 时收益达到最大，为 $K-P$，因而也是有限的。

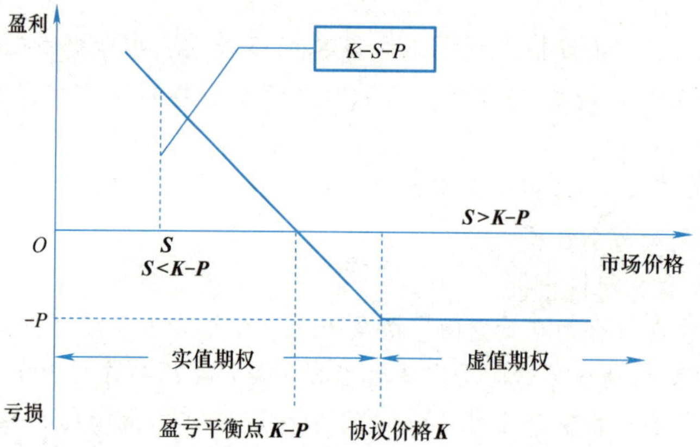

图 5-6　买方看跌期权损益图

2. 卖方看跌期权盈亏分析

命题 5-7：与看跌期权买方相反，看跌期权卖方预期未来一段时间，标的资产的市场价格 S 将上涨至协议价格 K 与期权费 P 之差($K-P$)以上时，他会收取期权费 P，卖出以协议价格 K 买入标的资产的看跌期权合约。

如果在期权合约存续期间，标的资产的市场价格 S 始终高于协议价格 K 与期权费 P 之差($K-P$)，看跌期权买方将放弃执行期权，期权的卖方将获得期权费 P。

当标的资产的市场价格 S 低于标的资产的协议价格 K 时，期权买方将执行期权；期权卖方以高于市场价格 S 的协议价格 K 买入，其收益将减少。

当市场价格 S 低于协议价格 K 与期权费 P 之差，期权卖方将亏损，亏损额为 $K-S-P$，见图 5-7。

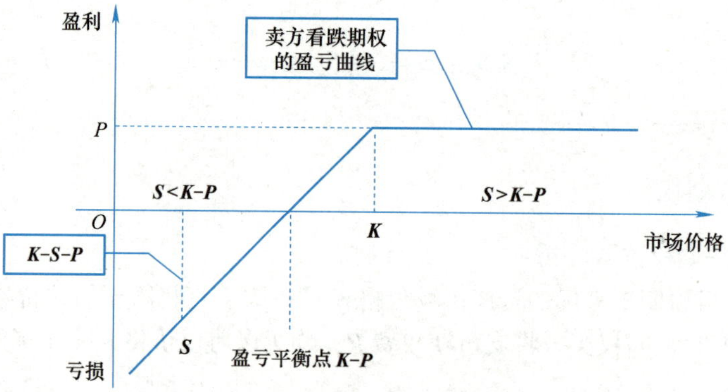

图 5-7　卖方看跌期权损益图

总结：卖方看跌期权收益为期权费，因而是有限的；当市场价格为 0 时风险达到最大，为 $K-P$，因而其风险也是有限的。

类似于看涨期权的情况，对于看跌期权，买方期权盈亏曲线与卖方期权盈亏曲线大小相等、方向相反，关于横轴对称，即一方的收益是另一方提供的，见图 5-8。

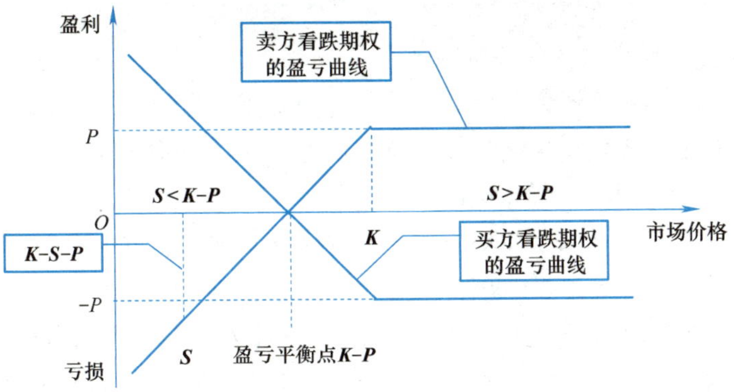

图 5-8 看跌期权买卖双方的盈亏曲线

案例 5-7

看跌期权盈亏分析

某投资者预期该股票将会下跌，按 5 美元价格买入 1 份执行价格为 60 美元的股票看跌期权，合约规模为 100 股。如果到期日前：

1）股票价格下跌到了 45 美元。

2）股票价格始终高于 60 美元。

试对看跌期权买、卖双方的收益进行分析。

解析： 已知 $K=60$ 美元，$S_1=45$ 美元，$S_2>60$ 美元，$P=5$ 美元。

（1）买方看跌期权盈亏分析

1）合约到期前股票价格下跌了，达到了 $S_1=45$ 美元，已经低于交割价格 60 美元，由命题 5-6 可知，期权买方将执行期权。

以每股 45 美元在股市上买入，按协议价格 60 美元卖出，每股盈利 $K-S_1-P=60$ 美元−45 美元−5 美元=10 美元，总计盈利 1000 美元。

2）若在期权合约存续期间，股票的市场价格 S 始终大于协议价格 60 美元，期权买方将放弃执行期权，每股损失 5 美元，共损失 500 美元，见图 5-9。

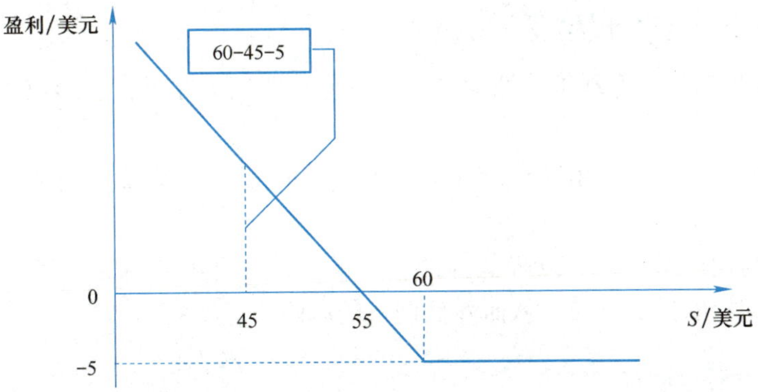

图 5-9 买方看跌期权盈亏图

（2）卖方看跌期权盈亏分析

1）在合约到期前股票价格下跌了，达到了 $S_1=45$ 美元，低于交割价格 60 美元。由命题 5-7 可知，期权买方将执行期权，以市场价格 45 美元买入，以协议价格 60 美元卖给期权合约卖方。

期权卖方按协议价格 60 美元买入，每股亏损 $K-S_1-P=60$ 美元 -45 美元 -5 美元 $=10$ 美元，总计亏损 1000 美元。

2）若在期权合约存续期间，股票价格始终大于协议价格 60 美元，期权买方将放弃执行期权，这时期权卖方每股将盈利 5 美元，共盈利 500 美元，见图 5-10。

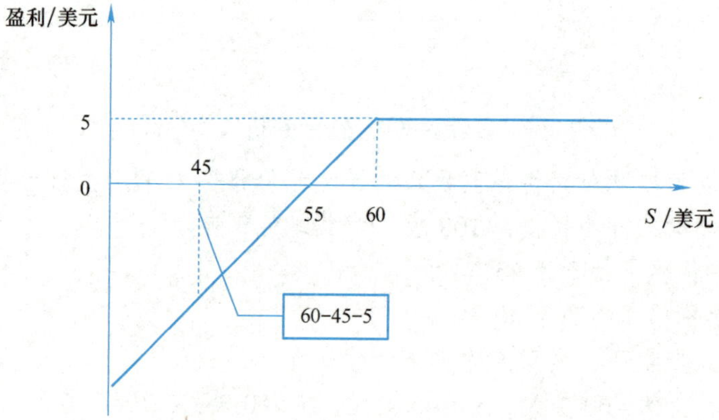

图 5-10　卖方看跌期权盈亏图

通过前边的讨论，了解了期权交易的四种基本类型：买方看涨期权、卖方看涨期权、买方看跌期权和卖方看跌期权。

期权投资预测失误时有发生，若出现预测失误，能否改变期权的方向？期货投资风险很大，能否让期货具有期权的功能？如何利用期权为现货保值？

二、标的资产与期权组合

定义 5-5： 把标的资产现货、期货的头寸与另一期权头寸组合，形成等价的另一种期权被称为合成期权。

合成期权的盈亏曲线，由构成该组合各种资产的盈亏曲线叠加而成；合成期权的形态，等同于某一基本的期权形态。

标的资产与期权组合，可以降低标的资产的风险，即实现保值；若期权投资预测失误，可以改变期权的投资方向，从而降低期权的风险。

1. 合成买方看涨期权

适用情况：如果预测标的资产的价格将上涨，希望买入标的资产在价格上涨时获利，同时限制价格下跌时带来的损失，可以通过合成买方看涨期权的方法实现。

操作方法：买进一个协议价格 K_1 看跌期权的同时，买进一个协议价格 $K_2(K_1<K_2)$ 同一标的资产，将合成买方看涨期权，其盈亏情况见表 5-2 及图 5-11。

表 5-2 合成买方看涨期权盈亏

资产价格范围	买进看跌期权盈亏曲线	买进标的资产盈亏曲线	合成买进看涨期权盈亏曲线	
$S\leqslant K_1$	K_1-S-P	$S-K_2$	K_1-K_2-P	合成期权费
$S>K_2$	$-P$	$S-K_2$	$S>K_2-P$	

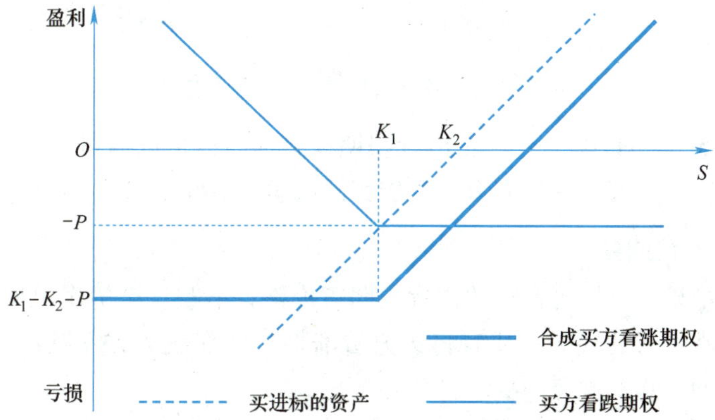

图 5-11 合成买方看涨期权的盈亏曲线

总结：由图 5-11 可以看出，如果持有标的资产，可以通过买入看跌期权的方式为其实现保值；如果买入看跌期权预测失误，可以通过买入标的资产的方式，将买方看跌期权转变成买方看涨期权。

2. 合成卖方看涨期权

适用情况：投资者卖出了看跌期权，当出现下跌行情时，可通过合成卖方看涨期权的方式，将卖方看跌期权转换成卖方看涨期权，以减少损失。

操作方法：卖出协议价格为 K_1，期权费为 P 的看跌期权，卖出协议价格为 $K_2(K_1<K_2)$ 同一标的资产的现货或期货，其盈亏情况见表 5-3 及图 5-12。

表 5-3 合成卖方看涨期权盈亏

资产价格范围	卖方看跌期权盈亏曲线	卖出标的资产盈亏曲线	合成卖方看涨期权盈亏曲线	
$S\leqslant K_1$	$S-K_1+P$	K_2-S	K_2-K_1+P	合成期权费
$S>K_1$	P	K_2-S	K_2-S+P	

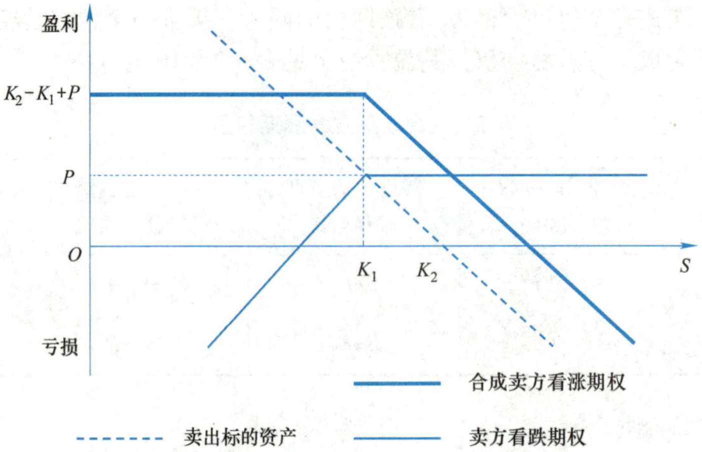

图 5-12　合成卖方看涨期权的盈亏曲线

总结：由图 5-12 可以看出，当卖出看跌期权失误时，可以通过卖出与期权相同的标的资产现货或期货的方式，将卖方看跌期权转换成卖方看涨期权。

3. 合成买方看跌期权

适用情况：如果预测标的资产的现货或期货价格将下跌，希望卖出该标的资产获利，同时限制价格上涨带来的损失；或者将买方看涨期权转变成买方看跌期权，可以通过合成买方看跌期权的方式实现。

操作方法：买进一个协议价格为 K_2、期权费为 C 的同一标的资产的看涨期权；卖出一个协议价格 $K_1(K_1<K_2)$ 同一标的资产的现货或期货，其盈亏情况见表 5-4 和图 5-13。

表 5-4　合成买方看跌期权盈亏

资产价格范围	买方看涨期权盈亏曲线	卖出标的资产盈亏曲线	合成买方看跌期权盈亏曲线
$S\leqslant K_2$	$-C$	K_1-S	K_1-S-C
$S>K_2$	$S-K_2-C$	K_1-S	K_1-K_2-C　合成期权费

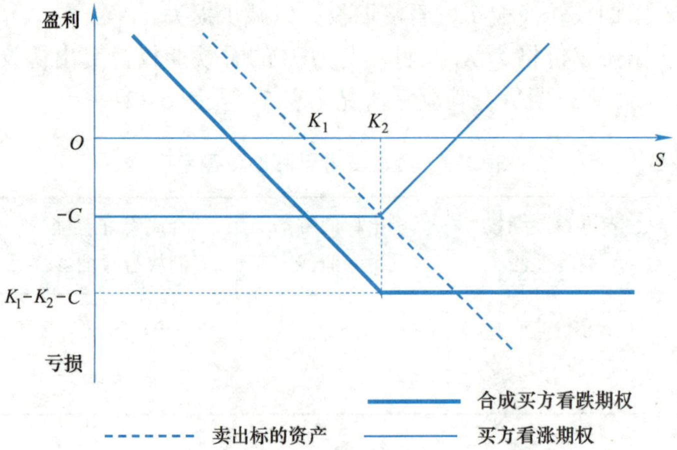

图 5-13　合成买方看跌期权的盈亏曲线

总结：由图 5-13 可以看出，通过买入看涨期权，可以使卖出的期货具有买方看跌期权的功能；如果是持有负债，可以通过买入看涨期权实现保值；如果买入看涨期权预测失误，可以通过卖出期货或现货的方式，将买方看涨期权转变成买方看跌期权。

4. 合成卖方看跌期权

适用情况：投资者卖出了看涨期权，当出现上涨行情时，可通过卖出同一标的资产的现货或期货，合成卖方看跌期权的方式，将卖方看涨期权转换成卖方看跌期权，以减少损失。

操作方法：卖出协议价格为 K_2、期权费为 C 的看涨期权；买入协议价格 K_1($K_1<K_2$)同一标的资产的现货或期货，其盈亏情况见表 5-5 和图 5-14。

表 5-5 合成卖方看跌期权盈亏

资产价格范围	卖方看涨期权盈亏曲线	买入标的资产盈亏曲线	合成卖方看跌期权盈亏曲线	
$S \leqslant K_2$	C	$S-K_1$	$S-K_1+C$	
$S>K_2$	K_2-S+C	$S-K_1$	K_2-K_1+C	合成期权费

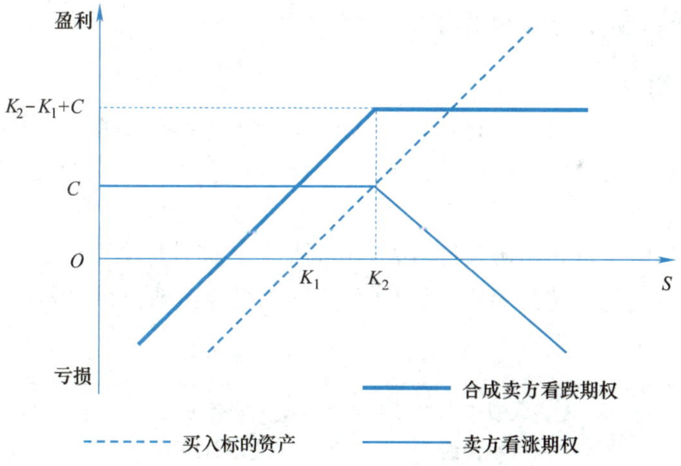

图 5-14 合成卖方看跌期权的盈亏曲线

总结：由图 5-14 可以看出，如果卖出看涨期权预测失误，可以通过买入同一标的资产的期货或现货的方式，将卖方看涨期权转换成卖方看跌期权。

5. 合成期权总结

通过标的资产与期权的合成期权讨论可以看出，用标的资产与期权组合，合成买方期权可以降低标的资产的风险，也可以改变买方期权的方向；合成卖方期权可以改变卖方期权方向。合成期权四种形式的构成由表 5-6 总结给出。

表 5-6　合成期权的四种主要形式

合　成	形　式	目　的
买方看涨期权	买进看跌期权+买进标的资产期货	为买入标的资产保值或改变买入期权的方向
卖方看涨期权	卖出看跌期权+卖出标的资产期货	改变卖出看跌期权方向
买方看跌期权	买进看涨期权+卖出标的资产期货	为卖出标的资产保值或改变买入期权的方向
卖方看跌期权	卖出看涨期权+买进标的资产期货	改变卖出看涨期权方向

标的资产与期权组合，可以实现为标的资产保值，或改变期权的方向，在一定意义上规避了投资风险，增加了盈利的机会。

现在的问题是，用不同的期权进行组合，能有怎样的投资效果呢？

三、跨式组合

跨式（Straddle）组合是指通过同时买进和卖出相同协议价格、相同期限、同种标的资产的看涨期权和看跌期权组合而成的期权。根据买卖期权协议价格是否相同，又分为跨式期权和宽跨式期权两种。

（一）跨式期权

跨式期权，顾名思义，是指买卖的两个期权协议价格相同，根据期权买卖方向的不同，跨式期权有买入跨式组合和卖出跨式组合两种。

1. 买入跨式组合

适用情况：买入跨式组合又称底部跨式组合，当投资者预测标的资产市场价格 S 会发生较大变化，也就是说市场价格 S 会远离协议价格 K，但无法判断变动方向时，可以采用这种组合进行投资。

操作方法：同时买进相同协议价格 K、相同期限、同种标的资产的看涨期权（期权费为 C）和看跌期权（期权费为 P），将构成买入跨式组合，见表 5-7 及图 5-15。

表 5-7　买入跨式组合盈亏

资产价格范围	买入看涨期权盈亏曲线	买入看跌期权盈亏曲线	买入跨式期权盈亏曲线
$S<K$	$-C$	$-S+K-P$	$-S+K-(C+P)$
$S=K$	$-C$	$-P$	$-C-P$
$S>K$	$S-K-C$	$-P$	$S-K-(C+P)$

盈亏分析：当标的资产的市场价格 S 位于区间 $(K-C-P, K+C+P)$ 时，投资者将亏损；当标的资产的市场价格 S 位于区间 $(K-C-P, K+C+P)$ 之外时，投资者将盈利。

当 $S<K$ 时，盈亏值为 $-S+K-(C+P)$；当 $S=K$ 时，损失达到最大值 $C+P$；当 $S>K$ 时，盈亏值为 $S-K-(C+P)$。

当 S 下跌远离 $(K-C-P)$ 时，其盈利是有限的，最大值为 $(K-C-P)$；当 S 上涨远离 $(K-C-P)$ 时，其盈利将是无限的。

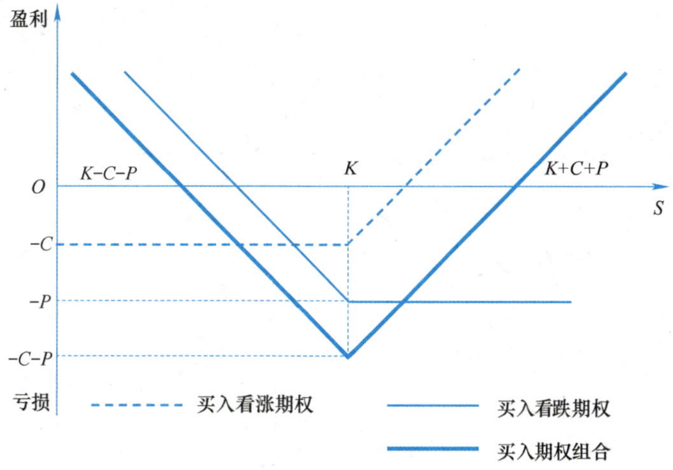

图 5-15 买入跨式组合盈亏图

K-C-P、K+C+P 是买入跨式组合的盈亏平衡点。

2. 卖出跨式组合

适用情况：卖出跨式组合又称顶部跨式组合，当投资者预测标的资产市场价格 S 不会有太大变化，会在协议价格附近波动时，可以采用这种组合进行投资。

操作方法：同时卖出相同协议价格 K、相同期限、同种标的资产的看涨期权（期权费为 C）和看跌期权（期权费为 P），将构成卖出跨式组合，见表 5-8 及图 5-16。

表 5-8 卖出跨式组合盈亏

资产价格范围	卖出看涨期权盈亏曲线	卖出看跌期权盈亏曲线	卖出跨式期权盈亏曲线
$S<K$	C	$S-K+P$	$S-K+(C+P)$
$S=K$	C	P	$C+P$
$S>K$	$-S+K+C$	P	$-S+K+(C+P)$

盈亏分析：当标的资产的市场价格 S 位于区间（K-C-P，K+C+P）之间时，投资者将盈利；当标的资产的市场价格 S 位于区间（K-C-P，K+C+P）之外时，投资者将亏损。

当 $S<K$ 时，盈亏值为 $S-K+(C+P)$；当 $S=K$ 时，收益取到最大值 $C+P$；当 $S>K$ 时，盈亏值为 $-S+K+(C+P)$。

当 S 下跌远离(K-C-P)时，其亏损是有限的，最大值为(K-C-P)；当 S 上涨远离(K-C-P)时，其亏损将是无限的。

K-C-P、K+C+P 是卖出跨式期权的盈亏平衡点。

可以看出，对于买入跨式组合，其盈利是不连续(跨越)的，位于区间(K-C-P，K+C+P）的两侧；对于卖出跨式组合，其亏损是不连续（跨越）的，位于区间(K-C-P，K+C+P）的两侧，这就是跨式组合名称的由来。

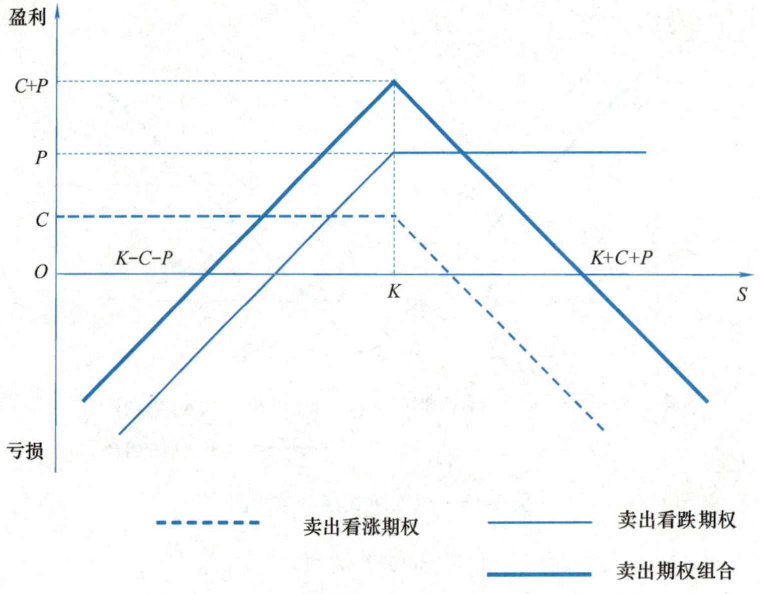

图 5-16　卖出跨式组合盈亏图

案例 5-8

买入跨式组合投资

某石油公司股票受国际形势的影响涨跌幅度很大，8 月份，投资者根据当前形势估计，该石油公司的股票价格剧变的可能性很大，希望用买入期权组合进行投资。

该投资者以 100 美元的协议价格，买入一份看涨期权，期权费 8 美元/股；买入一份看跌期权；期权费 5 美元/股；每份期权 100 股。如果到期前：

1）股价跌至 93 美元。

2）上涨至 120 美元。

试对该买入跨式组合进行盈亏分析。

解析：已知 $K=100$ 美元，$C=8$ 美元，$P=5$ 美元，$S_1=93$ 美元，$S_2=120$ 美元。

由前边的讨论可知，买入跨式组合的盈亏平衡点分别为

$$K-C-P=100\text{ 美元}-8\text{ 美元}-5\text{ 美元}=87\text{ 美元}$$

$$K+C+P=100\text{ 美元}+8\text{ 美元}+5\text{ 美元}=113\text{ 美元}$$

当市场价格位于区间（87，113）之内时将亏损，位于该区间之外时将盈利。

1）当 $S_1=93$ 美元时，位于该区间之内且小于协议价格 100 美元，代入表 5-7 的买入跨式组合盈亏：

$$-S+K-(C+P)=-93\text{ 美元}+100\text{ 美元}-(8\text{ 美元}+5\text{ 美元})=-6\text{ 美元}$$

共计亏损 600 美元。

2）当 $S_2=120$ 美元时，位于该区间之外且大于协议价格 100 美元，代入表 5-7 的买入跨式组合盈亏：

$$S-K-(C+P)= 120\text{美元}-100\text{美元}-(8\text{美元}+5\text{美元})=7\text{美元}$$

共计盈利 700 美元。

跨式组合的特点是同时买入看涨、看跌两期权或同时卖出看涨、看跌两个期权，其协议价格相同。如果跨式组合的协议价格不同，其投资效果将如何呢？

（二）宽跨式期权

宽跨式期权，由投资者同时买进或卖出同一标的资产、相同到期日、协议价格不同的一份看涨期权和一份看跌期权组成，分买入宽跨式组合和卖出宽跨式组合两种投资策略。

1. 买入宽跨式组合

适用情况：买入宽跨式组合又称底部宽跨式组合，当投资者预测标的资产价格将会发生剧烈的波动但无法判断变动方向，波动的幅度会远大于跨式组合的情形，可以采用这种组合。

操作方法：同时买进相同期限、同种标的资产、协议价格为 K_1、期权费为 P 的看跌期权以及协议价格为 $K_2(K_1<K_2)$、期权费为 C 的看涨期权，将构成买入宽跨式组合，见表 5-9及图 5-17。

表 5-9 买入宽跨式组合盈亏

资产价格范围	买入看涨期权盈亏曲线	买入看跌期权盈亏曲线	买入跨式期权盈亏曲线
$S\leqslant K_1$	$-C$	$-S+K_1-P$	$-S+K_1-(C+P)$
$K_1<S<K_2$	$-C$	$-P$	$-C-P$
$S\geqslant K_2$	$S-K_2-C$	$-P$	$S-K_2-(C+P)$

盈亏分析：如果期权到期前标的资产的市场价格 S 位于区间（K_1-C-P，K_2+C+P），投资将亏损；当标的资产的市场价格 S 位于区间（K_1-C-P，K_2+C+P）之外时，投资者将盈利。

当 $S\leqslant K_1$ 时，盈亏值为 $-S+K_1-(C+P)$；当 $K_1<S<K_2$ 时，损失将取到最大值 $C+P$；当 $S\geqslant K_2$ 时，盈亏值为 $S-K_2-(C+P)$。

当 S 下跌远离（K_1-C-P）时，其盈利是有限的，最大值为 (K_1-C-P)；当 S 上涨远离 (K_2+C+P) 时，其盈利将是无限的。

K_1-C-P、K_2+C+P 是买入宽跨式组合的盈亏平衡点。

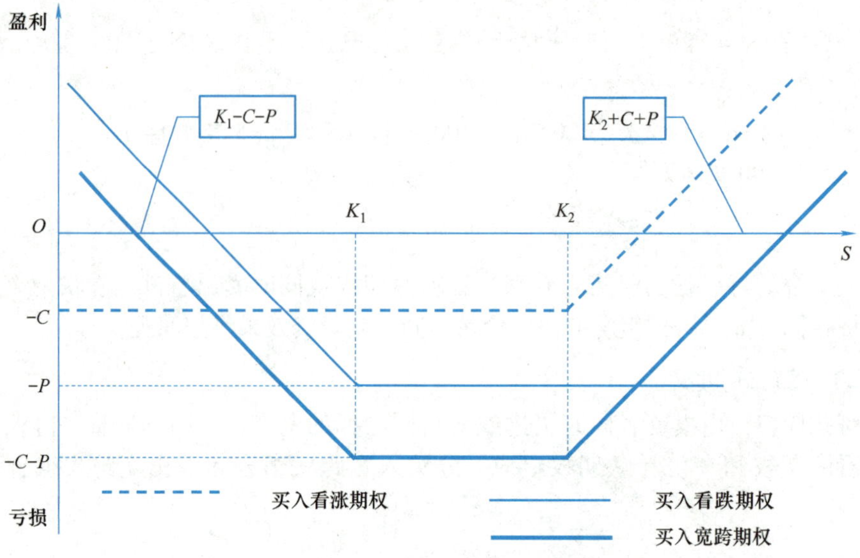

图 5-17　买入宽跨式组合盈亏图

2. 卖出宽跨式组合

适用情况：卖出宽跨式组合又称顶部宽跨式组合，当投资者预测标的资产价格不会有太大变化，但会大于跨式组合波动的幅度时，可以采用这种组合，但面临的潜在损失是不可控的。

操作方法：同时卖出相同期限、同种标的资产、协议价格为 K_1、期权费为 P 的看跌期权和协议价格为 $K_2(K_1<K_2)$、期权费为 C 的看涨期权，将构成卖出宽跨式组合，见表 5-10及图 5-18。

表 5-10　卖出宽跨式组合盈亏

资产价格范围	卖出看涨期权盈亏曲线	卖出看跌期权盈亏曲线	卖出跨式期权盈亏曲线
$S\leqslant K_1$	C	$S-K_1+P$	$S-K_1+(C+P)$
$K_1<S<K_2$	C	P	$C+P$
$S\geqslant K_2$	$-S+K_2+C$	P	$-S+K_2+(C+P)$

盈亏分析：当标的资产的市场价格 S 位于区间（K_1-C-P，K_2+C+P）之间时，投资者将盈利；当标的资产的市场价格 S 位于区间（K_1-C-P，K_2+C+P）之外时，投资者将亏损。

当 $S\leqslant K_1$ 时，盈亏值为 $S-K_1+(C+P)$；当 $K_1<S<K_2$ 时，收益取到最大值 $C+P$；当 $S\geqslant K_2$ 时，盈亏值为$-S+K_2+(C+P)$。

当 S 下跌远离（K_1-C-P）时，其亏损是有限的，最大值为（K_1-C-P）；当 S 上涨远离（K_2-C-P）时，其亏损将是无限的。

K_1-C-P、K_2+C+P 是卖出期权宽跨式组合的盈亏平衡点。

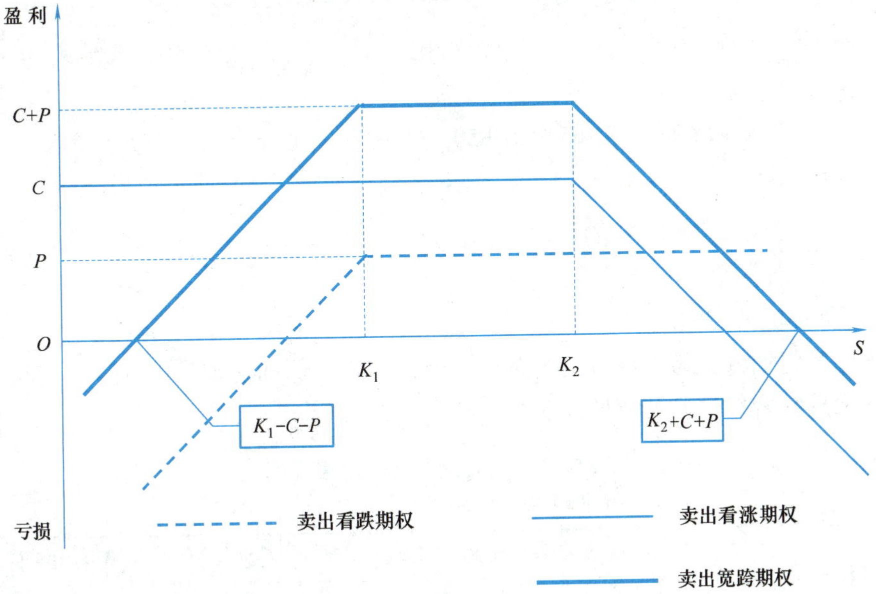

图 5-18 卖出宽跨式组合盈亏图

案例 5-9

宽跨式期权投资

某投资者根据当前形势预测，某公司的股票价格变化会有一定的幅度，但剧变的可能性不大，希望用卖出宽跨式组合进行投资。

该投资者以协议价格 40 美元、期权费 6 美元的价格卖出一份看跌期权；同时以协议价格 50 美元、期权费 4 美元的价格卖出一份看涨期权；每份期权 100 股。如果到期前：

1）股价跌至 45 美元。

2）股价上涨至 65 美元。

试对该卖出跨式组合进行盈亏分析。

解析： 已知 $K_1=40$ 美元，$P=6$ 美元，$K_2=50$ 美元，$C=4$ 美元，$S_1=45$ 美元，$S_2=65$ 美元。

由前边的讨论可知，卖出宽跨式组合的盈亏平衡点分别为

$$K_1-C-P=40\text{ 美元}-4\text{ 美元}-6\text{ 美元}=30\text{ 美元}$$

$$K_2+C+P=50\text{ 美元}+4\text{ 美元}+6\text{ 美元}=60\text{ 美元}$$

当 S 位于区间（30，60）之内时将盈利，位于该区间之外时将亏损。

1）当市场价格 $S_1=45$ 美元时，位于区间（30，60）之内且满足 $40<S<50$，代入表 5-10 的卖出宽跨式组合盈亏，投资者将盈利：

$$C+P=4\text{ 美元}+6\text{ 美元}=10\text{ 美元}$$

共计盈利 1 000 美元。

2）当 $S_2=65$ 美元时，位于区间（30，60）之外且大于 60，代入表 5-10 的卖出宽跨式组合盈亏：

$$-S+K_2+(C+P)=-65\text{ 美元}+50\text{ 美元}+(4\text{ 美元}+6\text{ 美元})=-5\text{ 美元}$$

共计亏损 500 美元。

四、垂直价差组合

西方国家将期权交易价格行情公布在金融报刊上，例如芝加哥国际货币市场（IMM）公布的日元期权合约价格行情见表 5-11。

表 5-11　日元期权合约价格行情

Japanese Yen（IMM）12 500 000 Yen；Cents Per 100 Yen

协议价格/美元	看涨期权费（美分/100 日元）			看跌期权费/（美分/100 日元）		
	Mar-C	Apr-C	May-C	Mar-P	Apr-P	May-P
7850	1. 05	1. 38	1. 74	0. 21	0. 62	1. 52
7900	0. 92	1. 05	1. 52	0. 39	0. 89	1. 39
7950	0. 81	0. 95	1. 41	0. 54	1. 16	1. 53
8000	0. 65	0. 77	1. 28	0. 72	1. 32	1. 75
8050	0. 44	0. 54	1. 03	1. 14	1. 51	1. 93
8100	0. 25	0. 47	0. 87	…	…	…

从该表可以看出，日元期权合约的合约规模为 1250 万日元。中间为 3 月、4 月、5 月 3 个月份到期的看涨期权、看跌期权，标的资产价格每变动 100 日元，期权费变动的美分数。

由于看涨期权协议价格越低市场价格越容易达到，看跌期权协议价格越高市场价格越容易达到，故看涨期权费随着协议价格增大而减少，看跌期权费随着协议价格减少而增大。

在期权合约价格行情表中，同一标的资产期权合约的协议价格从小到大纵向排列，位于左边；同一协议价格、不同到期日的期权费横向排列。

定义 5-6： 同一标的资产，协议价格不同、到期日相同的各种期权，被称为垂直系列期权；垂直系列期权进行组合，可被称为垂直价差组合，又称价格价差组合。

垂直价差组合包括牛市价差、熊市价差及蝶状价差三种情况。

（一）牛市价差

当交易者预测牛市将要到来，即标的资产的价格将会上涨，但又不能肯定，希望把收益和损失都限制在一定范围内时，可以运用对协议价格 K 买低卖高的牛市价差（价格不同到期日相同）策略来实现。

只有当标的资产价格真的上涨了，交易者才会盈利。牛市价差又分为牛市看涨期权价差和牛市看跌期权价差两种，其作用都是构造适合上涨的期权组合。

1. 牛市看涨期权价差

（1）操作方法

买入一个协议价格为 K_1、期权费为 C_1 的看涨期权，卖出一个标的资产相同、到期日相同、协议价格为 K_2（$K_1<K_2$）、期权费为 C_2（$C_2<C_1$）的看涨期权构成的期权组合，即被称为牛市看涨期权价差，盈亏情况见表 5-12 及图 5-19。

表 5-12 牛市看涨期权价差盈亏分析表

资产价格范围	买入看涨期权盈亏曲线	卖出看涨期权盈亏曲线	牛市看涨期权价差盈亏曲线	状态
$S \leqslant K_1$	$-C_1$	C_2	C_2-C_1	最小值
$K_1<S<K_2$	$S-K_1-C_1$	C_2	$S-K_1+(C_2-C_1)$	中间值
$S \geqslant K_2$	$S-K_1-C_1$	K_2-S+C_2	$K_2-K_1+(C_2-C_1)$	最大值

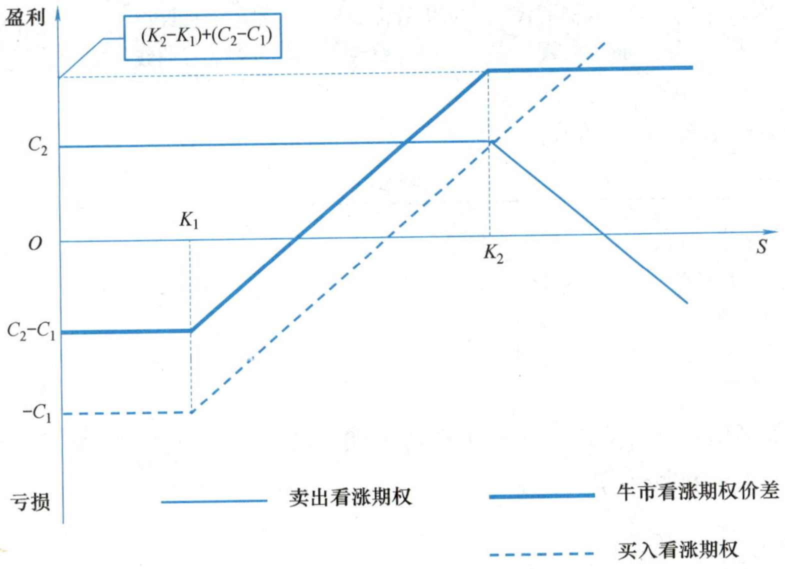

图 5-19 牛市看涨期权价差曲线

（2）盈亏分析

通过盈亏表和盈亏图可以看出，牛市看涨期权价差交易，投资者最大收益与最大损失都是有限的、已知的。

与单一看涨期权相比，牛市看涨期权价差可使投资者承担较小的风险，但也只能给投资者带来有限的利润，且有如下结论：

1）牛市看涨期权的盈亏平衡点为 $K_1+(C_1-C_2)$。

2）扩大协议价格 K_1、K_2 的差距时，将获得更高的利润。

3）缩小期权费 C_1、C_2 的差距时，将避免更大的风险。

4）若标的资产的市场价格真的上涨了，使用牛市看涨期权价差比直接买入看涨期权收益会有所降低。

5）买入协议价格较低的看涨期权，投机于价格上涨的预期；卖出协议价格较高的看涨期权，以减少价格下跌带来的损失。

案例 5-10

牛市看涨期权价差盈亏分析

某投资者预测某一股票将进入牛市，想构造牛市看涨期权价差进行投资，他以 6 美元的价格买入一个执行价格为 35 美元的股票看涨期权，以 2 美元的价格卖出一个执行价格为 43 美元的该股票看涨期权。

试对该投资者构造的牛市看涨期权价差进行盈亏分析。

解析： 已知 $K_1=35$ 美元，$K_2=43$ 美元，$C_1=6$ 美元，$C_2=2$ 美元。将数据代入表 5-12，可以得到如表 5-13 的结果。

表 5-13 牛市看涨期权价差投资收益 （单位：美元）

资产价格范围	买入看涨期权盈亏曲线	卖出看涨期权盈亏曲线	牛市看涨期权价差盈亏曲线	状态
$S\leqslant 35$	−6	2	−4	最小值
$35<S<43$	$S-41$	2	$S-39$	中间值
$S\geqslant 43$	$S-41$	$45-S$	4	最大值

盈亏分析：当市场价格 S 低于 35 美元时亏损最大，达到−4 美元；当市场价格 S 大于 43 美元时盈利最大，达到 4 美元；S 位于（35，43）时，盈利为（$S-39$）美元，$S=39$ 美元为盈亏平衡点。

前边给出了用两个看涨期权构造牛市价差期权的方法。现在的问题是，用两个看跌期权能构造牛市价差期权吗？

2. 牛市看跌期权价差

（1）操作方法

买入一个协议价格为 K_1、期权费为 P_1 的看跌期权，卖出一个标的资产相同、到期日相同、协议价格为 $K_2(K_1<K_2)$、期权费为 $P_2(P_2>P_1)$ 的看跌期权，所构成的期权组合被称为牛市看跌期权价差，盈亏情况见表 5-14 及图 5-20。

表 5-14 牛市看跌期权价差盈亏分析表

资产价格范围	买入看跌期权盈亏曲线	卖出看跌期权盈亏曲线	牛市看跌期权价差盈亏曲线	状态
$S\leqslant K_1$	$-S+K_1-P_1$	$S-K_2+P_2$	$(K_1-K_2)+(P_2-P_1)$	最小值
$K_1<S<K_2$	$-P_1$	$S-K_2+P_2$	$S-K_2+(P_2-P_1)$	中间值
$S\geqslant K_2$	$-P_1$	P_2	P_2-P_1	最大值

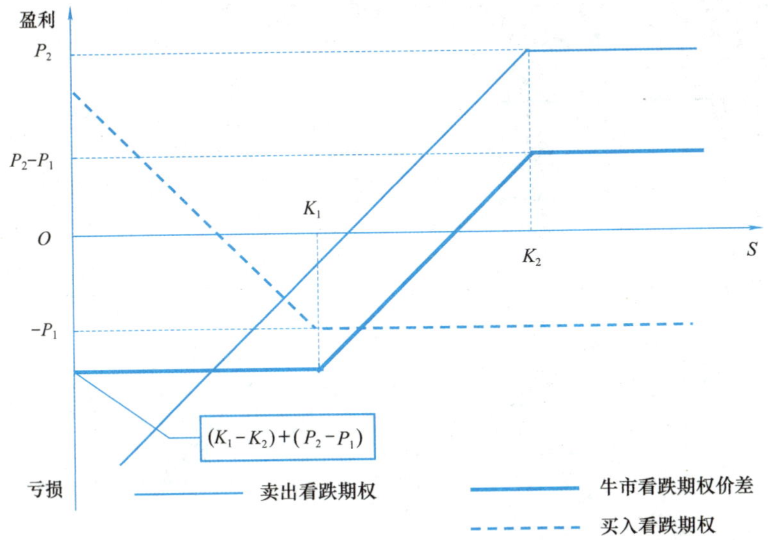

图 5-20 牛市看跌期权价差曲线（保值）

（2）盈亏分析

1）牛市看跌期权价差的盈亏平衡点为 $K_2+(P_1-P_2)$。

2）扩大期权费 P_1、P_2 差距时，将获得更高的利润。

3）缩小协议价格 K_1、K_2 差距时，将降低风险。

4）卖出协议价格较高的看跌期权，投机于价格上涨的预期；买入协议价格较低的看跌期权，为卖出的看跌期权在价格下跌时进行保值。

用两个看涨期权或两个看跌期权可以构造出牛市，那么能构造出熊市吗？

（二）熊市价差

当交易者预测熊市将要到来，即标的资产的市场价格将会下跌，但又不能肯定，希望把收益和损失都限制在一定范围内，可以运用对协议价格 K 买高卖低的熊市价差（价格不同交易日相同）的交易策略来实现。

当标的资产价格真的下跌了，交易者将会盈利。熊市价差分为熊市看涨期权价差和熊市看跌期权价差两种，其作用都是构造适合下跌的组合期权。

1. 熊市看涨期权价差

（1）操作方法

卖出一个协议价格为 K_1、期权费为 C_1 的看涨期权，买入一个标的资产相同、到期日相同、协议价格为 K_2（$K_1<K_2$）、期权费为 C_2（$C_2<C_1$）的看涨期权所构成的期权组合，即被称为熊市看涨期权价差，盈亏情况见表 5-15 及图 5-21。

表 5-15 熊市看涨期权价差盈亏分析表

资产价格范围	买入看涨期权盈亏曲线	卖出看涨期权盈亏曲线	熊市看涨期权价差盈亏曲线	状态
$S\leqslant K_1$	$-C_2$	C_1	C_1-C_2	最大值
$K_1<S<K_2$	$-C_2$	$-S+K_1+C_1$	$-S+K_1+(C_1-C_2)$	中间值
$S\geqslant K_2$	$S-K_2-C_2$	$-S+K_1+C_1$	$K_1-K_2+(C_1-C_2)$	最小值

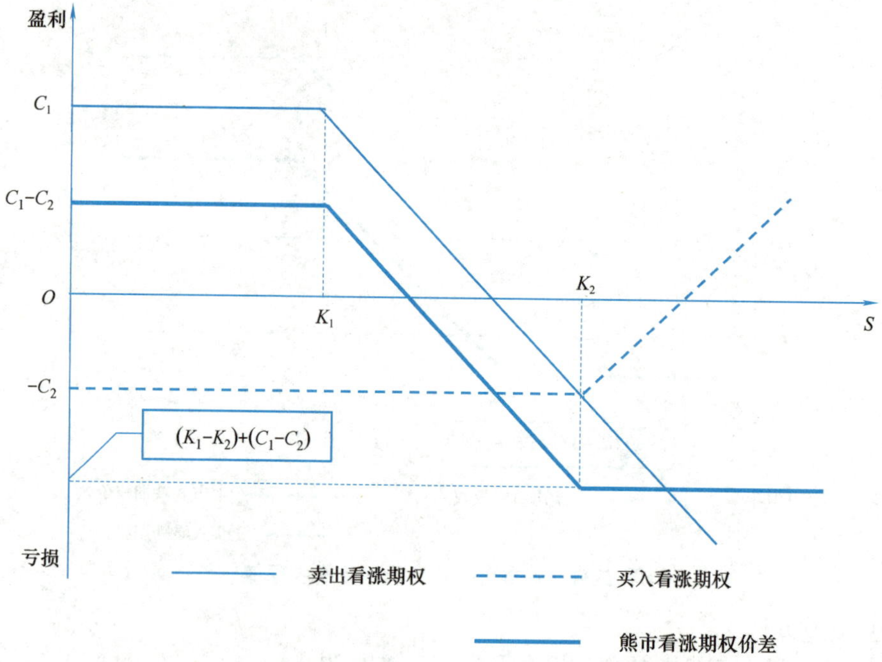

图 5-21　熊市看涨期权价差曲线（保值）

（2）盈亏分析

通过表 5-15 可以看出，熊市看涨期权价差交易有如下结论：

1）熊市看涨价差期权的盈亏平衡点为 $K_1+C_1-C_2$。

2）扩大期权费 C_1、C_2 的差距时，将能获得更高的利润。

3）缩小协议价格 K_1、K_2 的差距时，将能降低风险。

4）如果预期市场价格下跌但幅度不大，这时构造熊市价差期权风险有限，相应收益降低。

5）卖出协议价格较低的看涨期权投机于价格下跌的预期，买入一份执行价格较高的看涨期权，为卖出的看涨期权在价格上涨时保值。

案例 5-11

熊市看涨期权价差投资

投资者通过对股市的预测分析，认为未来将出现下跌行情，用熊市看涨期权价差进行投资。他以 2 美元的价格买入了执行价格为 43 美元的股票看涨期权，以 6 美元的价格卖出了执行价格为 35 美元的该股票看涨期权。

试对该熊市看涨期权价差投资策略进行盈亏分析。

解析： 已知 $K_1=35$ 美元，$C_1=6$ 美元，$K_2=43$ 美元，$C_2=2$ 美元，将数据代入表 5-15，得到计算结果，见表 5-16。

盈亏分析：盈亏平衡点为 $S=39$ 美元。

表 5-16 熊市看涨期权价差盈亏分析表 （单位：美元）

资产价格范围	买入看涨期权盈亏曲线	卖出看涨期权盈亏曲线	熊市看涨期权价差曲线	状态
$S \leqslant 35$	-2	6	4	最大值
$35<S<43$	-2	$-S+41$	$-S+39$	中间值
$S \geqslant 43$	$S-45$	$-S+41$	-4	最小值

当 S 低于 35 美元时，盈利达到最大值，为 4 美元。

当 S 位于区间（35，43）时，盈亏额为 $39-S$。

当市场价格大于 43 美元时，亏损最多，达到 -4 美元。

2. 熊市看跌期权价差

（1）操作方法

买入一个协议价格为 K_2、期权费为 P_2 的看跌期权，卖出一个标的资产相同、到期日相同、协议价格为 K_1（$K_1<K_2$）、期权费为 P_1（$P_1<P_2$）的看跌期权所构成的期权组合，即被称为熊市看跌期权价差，其盈亏情况见表 5-17 及图 5-22。

表 5-17 熊市看跌期权价差盈亏分析表

资产价格范围	买入看跌期权盈亏曲线	卖出看跌期权盈亏曲线	熊市看跌期权价差盈亏曲线	状态
$S \leqslant K_1$	$-S+K_2-P_2$	$S-K_1+P_1$	$(K_2-K_1)+(P_1-P_2)$	最大值
$K_1<S<K_2$	$-S+K_2-P_2$	P_1	$-S+K_2+(P_1-P_2)$	中间值
$S \geqslant K_2$	$-P_2$	P_1	P_1-P_2	最小值

（2）盈亏分析

1）令中间值等于 0，$S=K_2+(P_1-P_2)$ 为盈亏平衡点。

2）扩大协议价格 K_2、K_1 的差距时，盈利的空间将增大。

3）缩小期权费 P_1、P_2 的差距时，风险将减小。

4）如果预期市场价格将会下跌且跌幅不会很大，利用熊市看跌期权价差进行投资，收益可能会有所降低。

5）买入协议价格较高的看跌期权，投机于价格下跌的预期；卖出价格较低的看跌期权，为买入的看跌期权在价格下跌时保值。

关于牛市、熊市价差期权，可总结如下：

1）同时用两个看涨期权或两个看跌期权，既可以构造出牛市，也可以构造出熊市。

2）牛市价差是买低卖高，熊市价差是买高卖低。

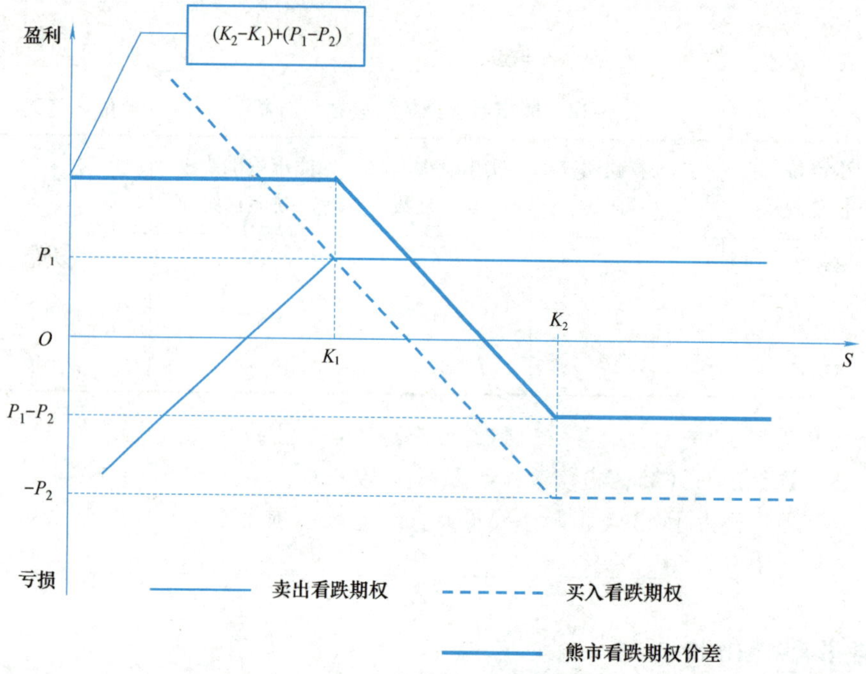

图 5-22 熊市看跌期权价差曲线

3）牛市价差或熊市价差，都是收益有限、风险有限的。

现在的问题是：用三个相同的（看涨或看跌）期权能建立期权组合吗？如果能，具有怎样的效果？

（三）蝶状价差期权组合

之所以称之为蝶状价差期权组合，是由于其收益曲线的图形像蝴蝶。蝶状价差期权组合由两个买入、两个卖出、到期日相同、标的资产相同、协议价格不同的三种期权组成。

根据看涨期权和看跌期权组合的不同，可分成看涨期权正向蝶状价差组合、看涨期权反向蝶状价差组合、看跌期权正向蝶状价差组合及看跌期权反向蝶状价差组合四种不同的情况。研究方法类似，这里只介绍前两种。

1. 看涨期权正向蝶状价差组合

（1）适合的情况

投资者预测标的资产的市场价格在某一区间内时将有盈利机会，但幅度不会很大，希望在这个价格区间内能获利。同时，倘若价格波动幅度超出预计的区间时，能将损失限制在一定的范围内。这时，可以采用看涨期权正向蝶状价差组合。

（2）操作方法

标的资产相同，到期日相同，三种协议价格成等差数列：$K_1<K_2<K_3$，构成三个看涨期权合约 A、B、C。

买入一个协议价格为 K_1、期权费为 C_1 的看涨期权 A；买入一个协议价格为 K_3、期权费为 C_3 的看涨期权 C；同时卖出两个同一协议价格为 K_2、期权费为 C_2 的看涨期权 B，这样构成的组合被称为看涨期权正向蝶状价差组合。

为了简单起见，将组合步骤分解成三步实现：

1）构造牛市看涨期权价差。买入一个协议价格为 K_1、期权费为 C_1 的看涨期权 A；卖出到期日相同、标的资产相同、协议价格为 K_2、期权费为 C_2 的看涨期权 B，构成牛市看涨期权价差组合（1），盈亏曲线见图 5-23。

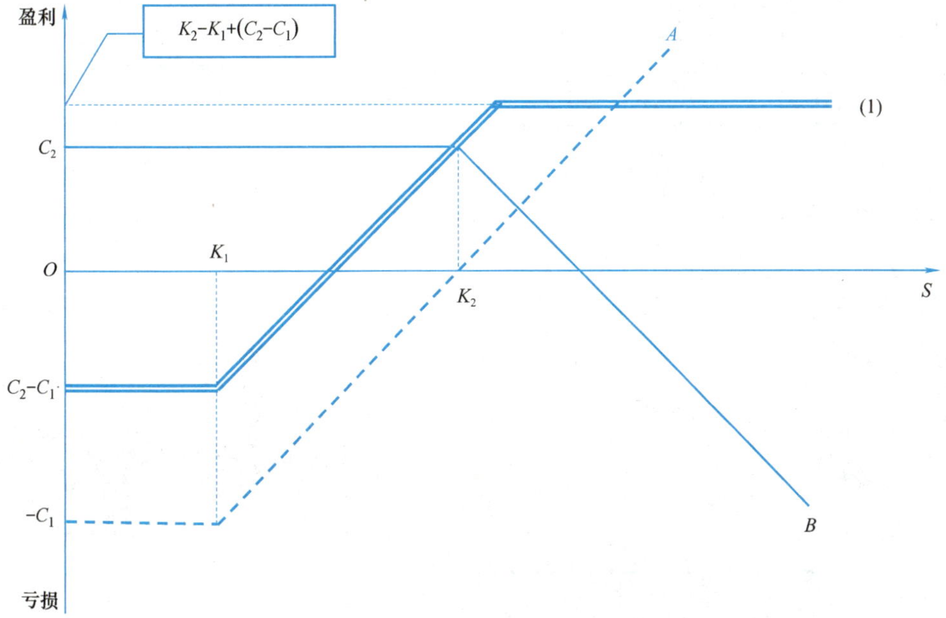

图 5-23 牛市看涨期权价差曲线 $A+B=(1)$

2）构造熊市看涨期权价差。买入一个协议价格为 K_3、期权费为 C_3 的看涨期权 C；卖出到期日相同、标的资产相同、协议价格为 K_2、期权费为 C_2 的看涨期权 B，构成熊市看涨期权价差组合（2），盈亏曲线见图 5-24 所示。

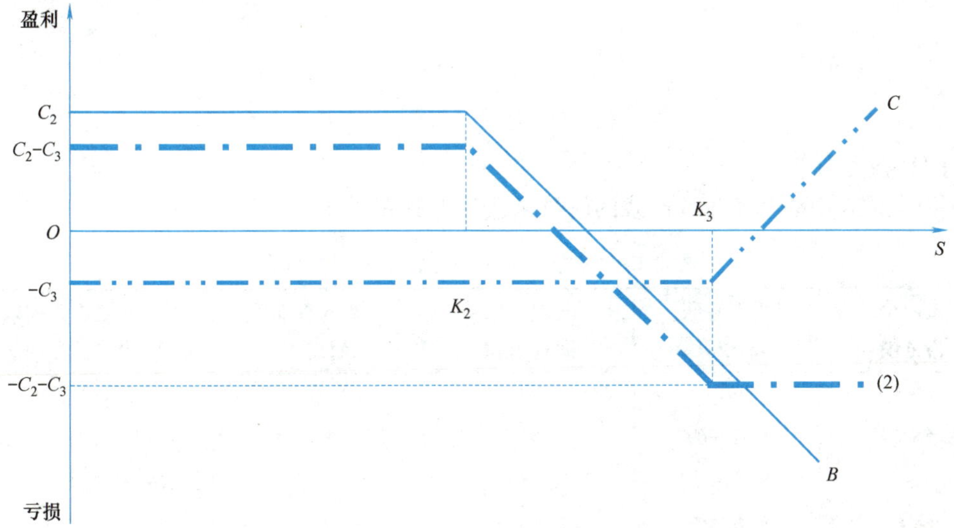

图 5-24 熊市看涨期权价差曲线 $B+C=(2)$

3）牛市看涨期权价差与熊市看涨期权价差组合。

组合（3）：由 $A+B$ 构成的组合（1）的牛市看涨价差曲线，与 $B+C$ 构成的组合（2）的熊市看涨价差曲线，二者重新组合，得到组合（3）的正向蝶状价差曲线，见图 5-25。实际的构造过程，熟练以后，可以直接得到看涨期权正向蝶状价差曲线，见图 5-26。

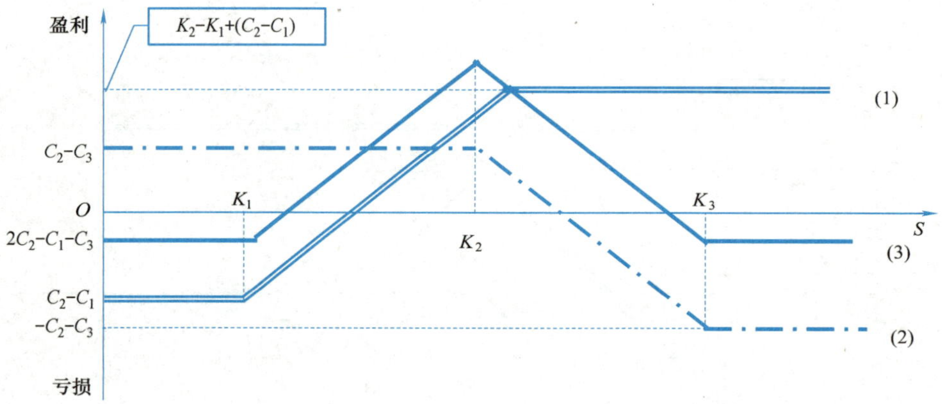

图 5-25 组合(1)+(2)=(3)构成的正向蝶状价差曲线

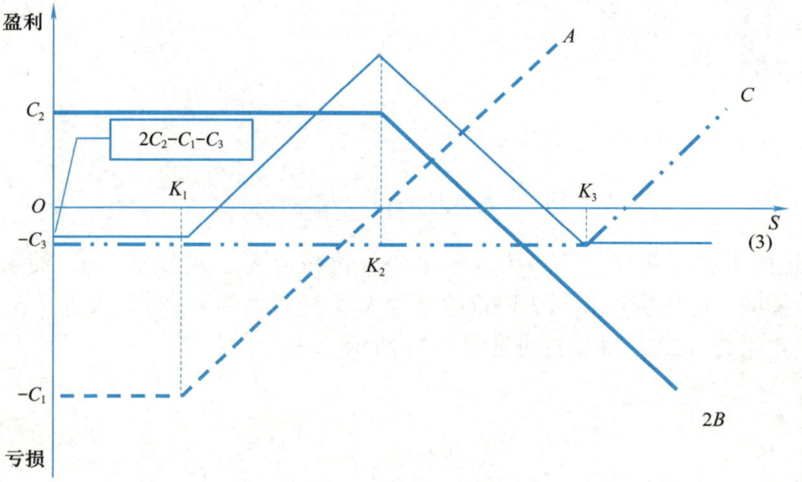

图 5-26 看涨期权正向蝶状价差曲线

（3）盈亏分析

将图 5-26 中的三条盈亏曲线的解析函数整理成表 5-18。

表 5-18 看涨期权正向蝶状价差盈亏分析

资产价格范围	买入看涨期权 A	卖出看涨期权 $B\times2$	买入看涨期权 C	看涨期权正向蝶状价差盈亏曲线
$S\leqslant K_1$	$-C_1$	$2C_2$	$-C_3$	$2C_2-C_1-C_3$
$K_1<S\leqslant K_2$	$S-K_1-C_1$	$2C_2$	$-C_3$	$S-K_1+(2C_2-C_1-C_3)$
$K_2<S<K_3$	$S-K_1-C_1$	$2(K_2-S+C_2)$	$-C_3$	$K_3-S+(2C_2-C_1-C_3)$
$S\geqslant K_3$	$S-K_1-C_1$	$2(K_2-S+C_2)$	$S-K_3-C_3$	$2C_2-C_1-C_3$

盈亏分析时，只需将数据代入该表即可，关键是要注意到：$K_1<K_2<K_3$，成等差数列，以及对应的期权费。

1）期权组合的盈亏平衡点有两个，分别为 $K_1-(2C_2-C_1-C_3)$、$K_3+(2C_2-C_1-C_3)$。

2）当标的资产的市场价格 S 位于区间 $(K_1-(2C_2-C_1-C_3),\ K_3+(2C_2-C_1-C_3))$ 之间时，投资者可实现有限的盈利。

3）当市场价格 $S=K_2$ 时，取到最大值为 $K_2-K_1+(2C_2-C_1-C_3)$。

4）在区间 $(K_1-(2C_2-C_1-C_3),\ K_3+(2C_2-C_1-C_3))$ 之外时，亏损是有限的，为 $2C_2-C_1-C_3$。

案例 5-12

看涨期权正向蝶状价差组合投资

假定某一股票的现价为 57 美元。如果某个投资者认为在以后的六个月中股票价格不可能发生重大变化。

通过买入一份执行价格为 50 美元、期权费为 8 美元的看涨期权，买入一份执行价格为 60 美元、期权费为 3 美元的看涨期权，同时售出两份执行价格为 55 美元、期权费为 5 美元的看涨期权，试构造一个正向蝶状价差期权，并进行分析。

解析： 已知 $K_1=50$ 美元，$C_1=8$ 美元，$K_2=55$ 美元，$C_2=5$ 美元，$K_3=60$ 美元，$C_3=3$ 美元，K_1、K_2、K_3 成等差数列。由前边的讨论可知，将已知数据代入表 5-18 最后一列即可，其结论见表 5-19。

表 5-19 看涨期权正向蝶状价差盈亏分析表 （单位：美元）

资产价格范围	看涨期权正向蝶状价差盈亏曲线
$S\leqslant 50$	$2C_2-C_1-C_3=2\times5-8-3=-1$
$50<S\leqslant 55$	$S-K_1+(2C_2-C_1-C_3)=S-50-1=S-51$
$55<S<60$	$K_3-S+(2C_2-C_1-C_3)=60-S-1=59-S$
$S\geqslant 60$	$2C_2-C_1-C_3=-1$

盈亏分析：通过表 5-19 有如下结论：

1）此正向蝶状价差组合有两个盈亏平衡点，分别为 51 美元、59 美元。

2）当市场价格位于区间（51，59）时，投资者将盈利，其收益位于 0 到 4 美元之间。

3）当市场价格 $S=55$ 美元时，取到收益的最大值：4 美元。

4）当市场价格 S 位于区间（51，59）之外时将亏损，位于区间（50，60）之外时最大亏损值是 1 元。

2. 看涨期权反向蝶状价差组合

（1）适合的情况

投资者预测市场行情将在某一区间外看好，希望在这个价格区间外时，能获得一定收益；但并不看好在这个区间内能有收益，故希望价格在这个区间内时，把自己的亏损限制在一定的范围内。

（2）操作方法

卖出一个协议价格为 K_1、期权费为 C_1 的看涨期权，卖出一个协议价格为 K_3、期权费为 C_3 的看涨期权，同时买入两个协议价格为 K_2、期权费为 C_2 的看涨期权，其中协议价格满足 $K_1<K_2<K_3$ 且成等差数列，这样构成的组合被称为看涨期权反向蝶状价差组合，盈亏曲线见图 5-27。

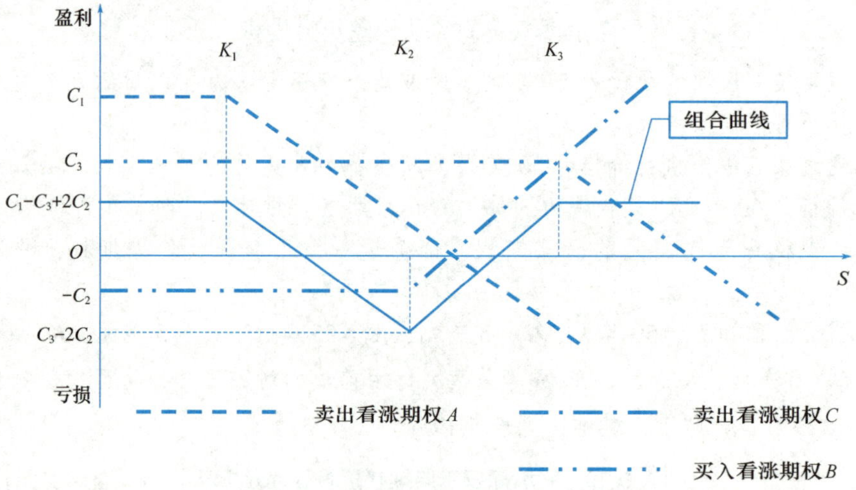

图 5-27　看涨期权反向蝶状价差组合曲线

为了方便使用，将看涨期权反向蝶状价差组合的损益曲线整理成表 5-20，应用时，只要分清各个期权的协议价格 K_i 及期权费 C_i，代入表的最后一列即可得到所要的结果。

表 5-20　看涨期权反向蝶状价差盈亏分析

资产价格范围	卖出看涨期权 A	卖出看涨期权 C	买入看涨期权 $B\times2$	看涨期权反向蝶状价差盈亏曲线
$S\leqslant K_1$	C_1	C_3	$-2C_2$	$C_1-2C_2+C_3$
$K_1<S\leqslant K_2$	$-S+K_1+C_1$	C_3	$-2C_2$	$-S+K_1+(C_1-2C_2+C_3)$
$K_2<S<K_3$	$-S+K_1+C_1$	C_3	$2(S-K_2-C_2)$	$S-K_3+(C_1-2C_2+C_3)$
$S\geqslant K_3$	$-S+K_1+C_1$	$-S+K_3+C_3$	$2(S-K_2-C_2)$	$C_1-2C_2+C_3$

（3）盈亏分析

1）看涨期权反向蝶状价差组合有两个盈亏平衡点，分别为 $K_1+(C_1-2C_2+C_3)$、$K_3-(C_1-2C_2+C_3)$。

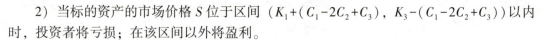

2）当标的资产的市场价格 S 位于区间（$K_1+(C_1-2C_2+C_3)$，$K_3-(C_1-2C_2+C_3)$）以内时，投资者将亏损；在该区间以外将盈利。

3）在区间（K_1，K_3）之外时，收益最大：$C_1-2C_2+C_3$。

4）当市场价格 $S=K_2$ 时取到最小值为 $K_1-K_2+(C_1-2C_2+C_3)$。

以上用看涨期权构造了正向蝶状价差组合、反向蝶状价差组合。类似的，用看跌期权同样可以构造正向蝶状价差组合、反向蝶状价差组合，方法完全相同，不再赘述。

总结：通过以上讨论可以发现，蝶状价差与跨式期权类似，但蝶状价差的亏损是有限的、可控的，而跨式期权的亏损有可能是无限的。

这里详细地讨论了垂直价差，包括牛市价差、熊市价差及蝶状价差。对于水平价差及对角价差，因篇幅所限不再涉及，有兴趣的读者可参看其他金融工程书籍。

第五节　期权价格的性质

确定期权价格（期权费），是金融工具定价中技术含量最高的。斯科尔斯（Scholes）和默顿（Merton）两位经济学家，由于期权定价的贡献，获得了1997年诺贝尔经济学奖。

要讨论期权的价格，首先需要讨论期权价格都和哪些因素（变量）有关？

一、期权价格的构成

事实上，期权价格由内在价值和时间价值两部分构成。

（一）内在价值

1. 内在价值的定义

定义5-7： 内在价值（Intrinsic Value），是指期权买方执行期权合约时的收益：

$$\text{看涨期权内在价值}=\max\{S-K,\ 0\} \tag{5-8}$$

$$\text{看跌期权内在价值}=\max\{K-S,\ 0\} \tag{5-9}$$

2. 内在价值定义的说明

1）内在价值是期权合约买方执行期权时的价值，是期权合约带给期权买方的收益。

2）内在价值的大小等于实值期权与平价期权的最大值。

3）内在价值与标的资产的执行价格 K 及市场价格 S 有关，与看涨期权、看跌期权有关。

案例5-13

内在价值

某投资者买入一份执行价格为40美元的股票看涨期权。当股票的市场价格为42美元时，试确定该看涨期权的内在价值是多少？

解析：已知 K=40 美元，S=42 美元，由式（5-8），有

看涨期权内在价值=max｛$S-K$，0｝=max｛42 美元-40 美元，0｝=2 美元

这表明，每只股票看涨期权的内在价值是 2 美元，每份期权合约的内在价值是 200 美元。

（二）时间价值

1. 时间价值的定义

内在价值是决定期权价格的主要因素，但不是期权价格的全部。

事实上，在签订合约的初始时刻，多数期权为平价期权和虚值期权，这时的内在价值为 0，无法盈利。但人们投资期权激情不减，为什么？

人们认为，随着时间的推移，标的资产价格波动的可能性将增加，盈利的机会将会到来。此时盈利的机会是由时间赢得的，是期权的时间价值。

定义 5-8：期权的时间价值（Time Value）又称为“外在价值”，是指在有效期内，由于标的资产的价格波动，给期权持有者带来收益增加可能性的潜在价值。

2. 时间价值的特征

1）距离到期日越远，标的资产价格波动的可能性越大，期权的时间价值就越大。

2）随着期权剩余有效期的缩短，期权的时间价值会下降，随着期权到期日的临近，期权的时间价值逐渐接近于 0。

3）与货币的时间价值不同，期权的时间价值和标的资产的价格波动有关，存在诸多的不确定性，这是期权时间价值不易计算的原因。

（三）期权价格

1. 期权价格的定义

定义 5-9：期权价格由内在价值和时间价值构成，即

$$期权价格=内在价值+时间价值 \tag{5-10}$$

2. 期权价格的特征

1）实值期权的价格由内在价值和时间价值两部分组成。

2）虚值期权和平价期权的内在价值等于 0，这时期权价格只有时间价值。

3）期权的价格是一个固定值，由式（5-10）可以看出：期权的内在价值越大，时间价值越小，反之亦然。

4）由内在价值的式（5-8）、式（5-9）可知，内在价值随着市场价格 S 与协议价格 K 的差距的增大而增大，减小而减小；平价期权（S=K）时内在价值等于 0，达到最小，此时的时间价值达到最大，见图 5-28。

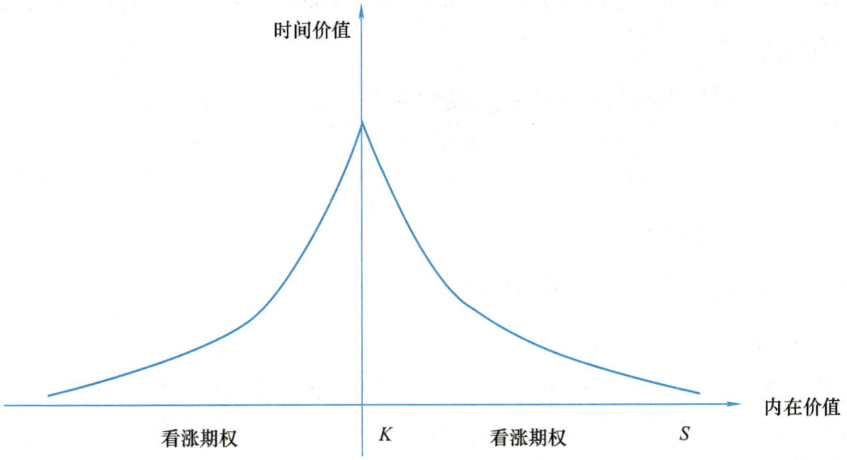

图 5-28 看涨期权时间价值与内在价值的关系

根据以上特点，得到看涨期权中期权价格、内在价值和时间价值三者之间的变动关系，见图 5-29。

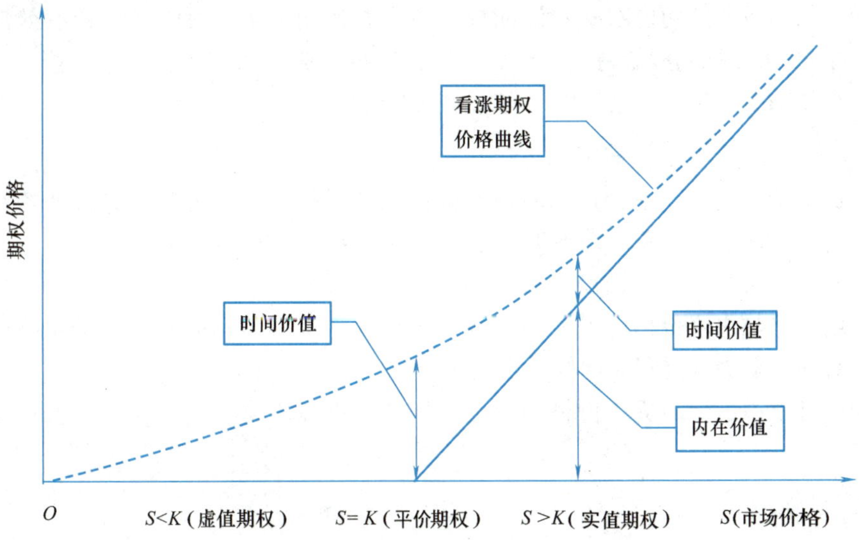

图 5-29 看涨期权中期权价格、内在价值和时间价值三者之间的变动关系

二、期权价格的影响因素

期权价格由内在价值和时间价值构成，故凡是影响这两个指标的因素，都会影响到期权价格，共五个方面。

（一）标的资产的市场价格与执行价格

由于看涨期权与看跌期权的内在价值不同，因此，需要分别讨论。

1. 看涨期权

$$
\begin{aligned}
\text{看涨期权价格} &= \text{看涨期权的内在价值} + \text{期权的时间价值} \\
&= \max\{S-K,\ 0\} + \text{期权的时间价值}
\end{aligned}
$$

从上式可以看出：标的资产的市场价格越大或协议价格越小，看涨期权的价格越大。

2. 看跌期权

$$\begin{aligned}看跌期权价格&=看跌期权的内在价值+期权的时间价值\\&=\max\{K-S,\ 0\}+期权的时间价值\end{aligned}$$

从上式可以看出：标的资产的市场价格越小或协议价格越大，看跌期权的价格越大。

（二）期权的有效期

分美式期权及欧式期权两种情况讨论。

1. 美式期权

对于美式期权而言，由于它可以在有效期内任何时间执行，有效期越长，多头获利机会就越大。而且有效期长的期权包含了有效期短的期权的所有执行机会，因此有效期越长，期权价格越高。

2. 欧式期权

对于欧式期权而言，由于它只能在期末执行，有效期长的期权就不一定包含有效期短的期权的所有执行机会。因此，欧式期权的有效期与期权价格之间的关系要复杂得多。

例如，同一股票的两份欧式看涨期权，一份有效期为 1 个月，另一份有效期为 2 个月。假定在 40 天后标的股票将支付红利配股，这将使股票的市场价格 S 下降，故在这种情况下，有效期短的期权价格会大于有效期长的期权。

（三）标的资产价格的波动率

标的资产价格的波动率，是标的资产价格偏离平均价格的程度，是标的资产价格的标准差，是用来衡量标的资产未来价格变动不确定性的指标，用 σ 表示。

由于期权多头的最大亏损额仅限于期权费；而最大盈利，则取决于执行期权时，标的资产市场价格与协议价格之差。因此波动率越大，也就是标的资产市场价格波动的幅度越大，对期权多头越有利，期权价格也应越高。

波动率可以通过标的资产价格的历史数据的标准差求得，这样确定的波动率称为历史波动率。

（四）无风险利率

1. 看跌期权

无风险利率对期权价格的影响是间接的，以债券为例。

1）若无风险利率较高，人们对标的资产预期收益率增加将使得价格 S 也会较高，导致看跌期权多方收益（$K-S$）下降。

2）另外，由债券的价格公式：

$$P=\sum_{t=1}^{n}\frac{C_t}{(1+r)^t}+\frac{F}{(1+r)^n} \tag{5-11}$$

这里的债券价格 P 相当于期权的市场价格 S。由于利率与价格成反比，故无风险利率高时，作为未来有权卖出标的资产的看跌期权多方，未来现金流的现值将会减少。

以上两种情况都将影响看跌期权的价值，即随着无风险利率的增加，看跌期权的价值下降。

2. 看涨期权

1）对于看涨期权，无风险利率增加，标的资产价格 S 增加，看涨期权的价值增加。

2）与看跌期权同样的理由，随着无风险利率的增加，看涨期权标的物的价值也会下降。

可以看出，无风险利率对看涨期权影响的两个效应相反，但前者的影响大于后者，故当无风险利率上升时，看涨期权价格一般是上涨的。

（五）标的资产收益

由于标的资产分红、付息等将减少标的资产的价格 S，而协议价格 K 并未进行相应调整，由公式：

$$看涨期权内在价值=\max\{S-K,\ 0\}$$

$$看跌期权内在价值=\max\{K-S,\ 0\}$$

可知在期权有效期内，标的资产产生收益将使看涨期权价格下降，而使看跌期权价格上升。

通过以上讨论可以看出，期权价格的影响因素很多，各个因素对于期权价格的影响复杂；影响方向不同、影响程度不同；因素之间的影响，既相互补充，又相互抵消。以上五个因素对于期权价格的影响汇集整理成表 5-21。

表 5-21　影响因素的变化对期权价格的影响

影响因素	欧式看涨期权	欧式看跌期权	美式看涨期权	美式看跌期权
标的资产市场价格	+	−	+	−
执行价格	−	+	−	−
有效期	?	?	+	+
价格的波动率	+	+	+	+
无风险利率	+	−	+	−
标的资产收益	−	+	−	+

注：+：增加或增大；−：减少或减小；?：不确定。

期权的价格是期权买方支付给期权卖方承担风险的补偿。太贵了将无人购买；太便宜了，卖家的风险得不到补偿，将没有卖家。

因此，确定出期权的合理价格是至关重要的。但确定期权价格是复杂的，能否给出期权价格的一个合理范围呢？

第六节　期权价格的取值范围

一、期权价格的上限

（一）看涨期权价格的上限

欧式看涨期权、看跌期权的价格分别用 c、p 表示。

命题 5-8：美式和欧式的看涨期权价格小于或等于标的资产的市场价格 S，即

$$C \leqslant S,\ c \leqslant S$$

说明：由买方看涨期权损益图 5-1 可知，美式看涨期权多头的收益是市场价格与协议价格及期权费之差，即 $S-K-C$。

如果 $C>S$，即使 K 为 0，多头的收益也为负值，购买期权将失去意义。欧式期权的情况也可进行类似的讨论。

（二）看跌期权价格的上限

命题 5-9：美式看跌期权的价格小于或等于协议价格，即

$$P \leqslant K$$

欧式看跌期权价格 p 小于或等于协议价格 K 的现值，即

$$p \leqslant K\mathrm{e}^{-r(T-t)}$$

说明：由图 5-6 可知，美式看跌期权可以随时交割，期权多头的收益是 $K-S-P$，如果 $P>K$，即使 $S=0$ 也将无有收益，购买期权投资将失去意义。

欧式期权只能在期权到期时才能交割，支付期权费 p 购买期权的初始时刻交割价格的现值为 $K\mathrm{e}^{-r(T-t)}$，欧式期权比美式期权的上限更精确。

期权的下限要比期权上限复杂得多，分欧式期权、美式期权两种情况讨论。

二、欧式期权价格的下限

（一）欧式看涨期权价格的下限

期权合约的标的资产，分无收益与有收益两种情况。

1. 无收益资产

命题 5-10：无收益资产欧式看涨期权价格 c 的下限满足如下不等式：

$$c \geqslant \max\{S-K\mathrm{e}^{-r(T-t)},\ 0\} \tag{5-12}$$

证明：为了给出证明，构造如下两个组合：

组合 A：以期权费 c 购买一份欧式看涨期权，并持有数量为 $K\mathrm{e}^{-r(T-t)}$ 的现金，其组合为 $c+K\mathrm{e}^{-r(T-t)}$。

组合 B：1 单位标的资产。

在组合 A 中，将现金 $K\mathrm{e}^{-r(T-t)}$ 按无风险利率投资，在 T 时刻的终值为 K；到期时，多头是否执行看涨期权，取决于 T 时刻标的资产市场价格 S_T 是否大于 K。

若 $S_T>K$，则执行看涨期权，支付 K 得到 S_T，组合 A 的价值为 S_T；若 $S_T \leqslant K$，则不执行看涨期权，组合 A 的价值为 K。

因此，在 T 时刻，组合 A 的价值为 $\max\{S_T,\ K\}$ 而组合 B 在 T 时刻价格为 S_T。显然 A 的终值大于或等于 B 的终值：

$$\max\{S_T,\ K\} \geqslant S_T$$

由无套利均衡分析，A 的初值也该大于 B 的初值，即

$$c+K\mathrm{e}^{-r(T-t)} \geqslant S \quad \Rightarrow \quad c \geqslant S-K\mathrm{e}^{-r(T-t)}$$

否则将出现套利的机会。由于期权的价值一定为正，故无收益资产欧式看涨期权价格下限为

$$c \geqslant \max \{S-Ke^{-r(T-t)}, 0\}$$

案例 5-14

看涨期权套利

某不付红利股票的欧式看涨期权，股票价格为 20 元，执行价格为 18 元，距到期日还有 1 年，无风险年利率为 10%。

(1) 试确定该股票欧式看涨期权下限是多少？

(2) 如果期权费报价为 3 元，是否存在套利的机会？

(3) 如果存在套利的机会，如何套利？

解析： 已知 $S=20$ 元，$K=18$ 元，$T-t=1$，$r=10\%$，$c=3$ 元。

(1) 计算欧式看涨期权价格的下限

根据式 (5-12)，该期权价格的下限为

$$S-Ke^{-r(T-t)}=20\text{ 元}-18\text{ 元}\times e^{-0.1\times 1}=3.71\text{ 元}$$

即该欧式看涨期权的下限为 3.71 元。

(2) 套利机会的判断

欧式看涨期权的价格等于 3 元，小于理论下限 3.71 元，表明期权费被低估，故存在套利的机会。

(3) 套利策略

套利的原则是：买入被低估的，卖出被高估的。

由于是看涨期权，期权买方未来有权按协议价格买入标的资产，故套利者采用卖空的套利策略：卖空标的资产，届时用买入的标的资产归还。故借入 1 只股票卖掉，得款 20 元用于：

1) 取 3 元购买看涨期权，期限 1 年。

2) 将剩下 17 元以年利率 10% 投资 1 年，1 年后将变为

$$FV=17\text{ 元}\times e^{0.1\times 1}=18.79\text{ 元}$$

(4) 投资效果分析

1) 股价上涨，大于 18 元。在期权到期时，如果股票价格高于 18 元，这时投资者执行期权，用 18 元买入 1 只股票平仓，投资者每只股票盈利为

$$18.79\text{ 元}-18\text{ 元}=0.79\text{ 元}$$

2) 股价下跌，跌至 16 元。如果股票价格 S_T 下跌到 16 元，套利者将不执行期权，从市场上用 16 元的价格购买股票平仓，此时套利者可获得的利润为

$$18.79\text{ 元}-16\text{ 元}=2.79\text{ 元}$$

可以看出，如果期权费被低估，无论标的资产的市场价格是上涨还是下跌，投资者都会盈利，现金流见图 5-30。

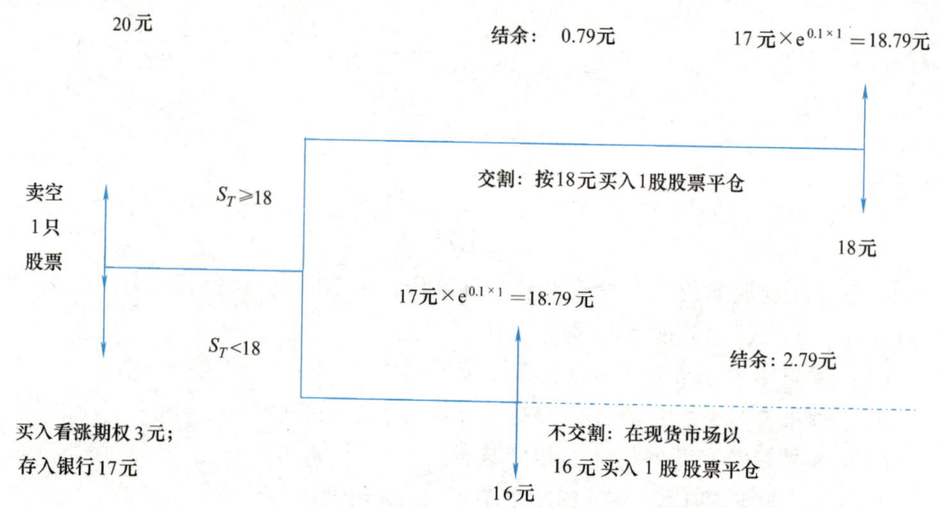

图 5-30　无收益看涨欧式期权现金流

2. 有收益资产欧式看涨期权下限

命题 5-11：若标的资产在期权合约存续期内取得固定收益 I，则标的资产欧式看涨期权价格 c 的下限满足如下不等式：

$$c \geqslant \max\{S-I-Ke^{-r(T-t)},\ 0\} \tag{5-13}$$

证明：有收益资产与无收益资产的证明思路相同，只要将上述组合 A 的现金改为 $I+Ke^{-r(T-t)}$，就可得出有收益资产欧式看涨期权价格公式式（5-13）。

（二）欧式看跌期权价格的下限

1. 无收益资产

命题 5-12：无收益资产欧式看跌期权价格 p 的下限满足如下不等式：

$$p \geqslant \max\{Ke^{-r(T-t)}-S,\ 0\} \tag{5-14}$$

证明：考虑以下两种组合：

组合 A：支付期权费 p 购买一份欧式看跌期权，并持有 1 单位标的资产 S，即 $p+S$。

组合 B：金额为 $Ke^{-r(T-t)}$ 的现值。

首先考察组合 A 的价值。在期终的 T 时刻，如果 $S_T<K$，那么看跌期权将被执行，组合 A 的价值为 K；如果 $S_T>K$，那么看跌期权将不执行，组合 A 的价值为 S_T，即在 T 时刻组合 A 的价值为：$\max\{S_T,\ K\}$。

再看组合 B。将资金 $Ke^{-r(T-t)}$ 以无风险利率投资，则在 T 时刻组合 B 的价值为 K。

显然，组合 A 的价值在期终 T 时刻大于或等于组合 B，所以在期初的 t 时刻组合 A 的价值也应大于或等于组合 B，即

$$p+S \geqslant Ke^{-r(T-t)} \quad\Rightarrow\quad p \geqslant Ke^{-r(T-t)}-S$$

由于期权价值一定为正，所以无收益资产欧式看跌期权价格下限为

$$p \geqslant \max\{Ke^{-r(T-t)} - S,\ 0\}$$

案例 5-15

欧式看跌期权套利

不付红利的股票的欧式看跌期权，协议价格为 40 元。如果此时股票的市场价格为 37 元，距到期日还有 6 个月，无风险利率为 5%。

试问：

(1) 该股票欧式看跌期权下限是多少？

(2) 如果期权费为 1 元，是否存在套利的机会？

(3) 如果存在套利的机会，如何套利？

解析： 已知 $S=37$ 元，$K=40$ 元，$T-t=0.5$ 年，$r=5\%$。

(1) 计算欧式看跌期权价格的下限。

根据式 (5-14)，该期权价格的下限为

$$Ke^{-r(T-t)} - S = 40\text{ 元} \times e^{-0.05\times0.5} - 37\text{ 元} = 2.01\text{ 元}$$

即该欧式看跌期权的下限为 2.01 元。

(2) 套利机会的判断

欧式看跌期权的价格为 1 元，小于理论价格的下限 2.01 元，表明期权费被低估，存在套利的机会。

(3) 套利策略

套利的原则是：买入被低估的，卖出被高估的。

由于是看跌期权，期权买方未来有权按协议价格卖出标的资产，需准备好标的资产届时卖出，故套利者采用买空的套利策略，现金流见图 5-31。

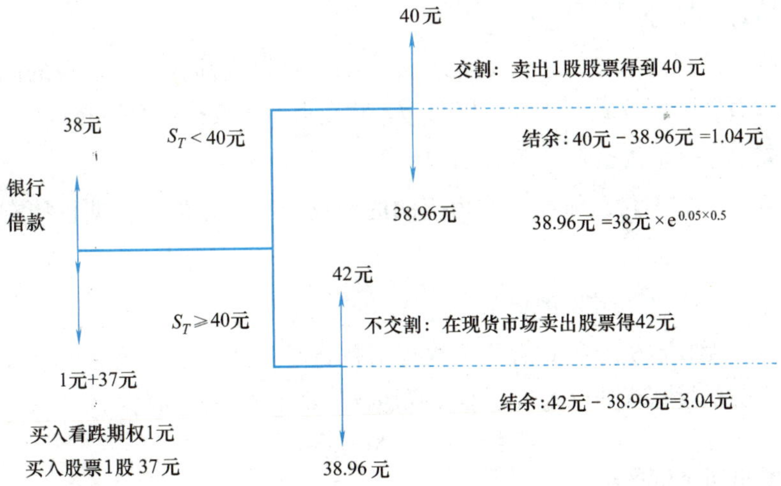

图 5-31　欧式看跌期权现金流

1）按无风险利率5%借入38元，期限0.5年，到期时需支付银行：

$$FV=38\text{元}\times e^{0.05\times0.5}=38.96\text{元}$$

2）38元中，用1元作为期权费，买入到期以40元卖出股票的看跌期权，期限0.5年。

3）将剩下37元购买1股股票。

（4）投资效果分析

1）股价下跌，低于40元。

如果股票价格S_T跌破协议价格40元，则套利者将执行期权，将手中的股票以40元卖出，用其中38.96元偿还银行本金利息平仓，此时套利者可获得的利润为

$$40\text{元}-38.96\text{元}=1.04\text{元}$$

2）股价上涨到42元。在期权到期时，股票价格达到42元，高于协议价格40元，这时投资者将不执行期权，在股票市场上以每股42元的价格卖出手中的股票，偿还银行借款，投资者每只股票盈利为

$$42\text{元}-38.96\text{元}=3.04\text{元}$$

2. 有收益资产

命题5-13： 若标的资产在期权合约存续期内取得了固定收益I，则标的资产欧式看跌期权价格p的下限满足如下不等式：

$$p\geqslant\max\{I+Ke^{-r(T-t)}-S,\ 0\}\tag{5-15}$$

证明：有收益资产与无收益资产的证明思路相同，只要将命题5-12中无收益组合B的现金改为$I+Ke^{-r(T-t)}$，就可得出有收益资产欧式看跌期权价格公式式（5-15）。

三、美式期权价格的下限

美式期权与欧式期权最大的区别是，美式期权可以提前执行。现在的问题是，美式期权提前执行有利吗？或者，美式期权在什么状态下，提前执行有利呢？

（一）提前执行无收益资产美式期权的合理性

无收益资产（如不付息债券）作为标的的期权合约，提前执行期权持有标的资产将没有收益。

1. 无收益资产美式看涨期权提前执行是不明智的

命题5-14： 无收益资产美式看涨期权提前执行是不明智的，故对于无收益资产的看涨期权，美式期权与欧式期权等价，即美式期权价格下限同样满足：

$$C\geqslant\max\{S-Ke^{-r(T-t)},\ 0\}\tag{5-16}$$

证明：给出两个资产组合。

组合A：支付期权费C买入一份美式看涨期权，并将大小为$Ke^{-r(T-t)}$的资金用于无风险投资。

组合B：1单位的标的资产。

1）如果不提前执行一直到合约到期的 T 时刻：组合 A 的价值为 $\max\{K, S_T\}$，组合 B 的价值为 S_T。这表明，不提前执行，期权投资将大于或等于现货投资。

2）如果在 τ 时刻提前执行（$t<\tau<T$）：期权盈利为（$S_\tau-K$），无风险投资的资金为 $Ke^{-R(T-\tau)}$，其中 R 为远期利率，见图 5-32。

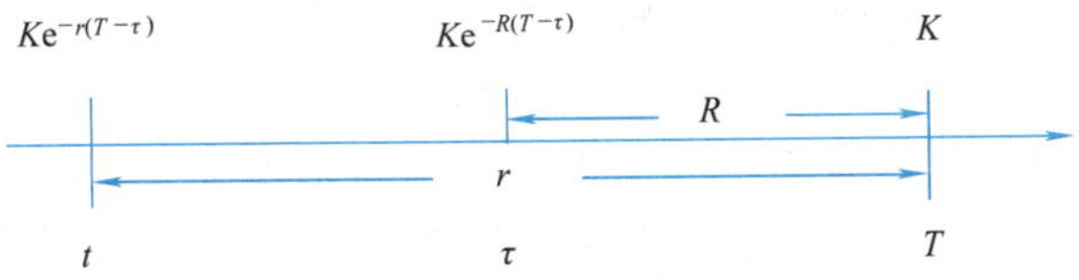

图 5-32 时刻与利率的关系

由于 $e^{-R(T-\tau)}<1$，故 $Ke^{-R(T-\tau)}<K$，故组合 A 的收益满足：

$$S_\tau-K+Ke^{-R(T-\tau)}<S_\tau-K+K<S_\tau$$

这表明，看涨期权提前执行并不比持有现货收益高，因此提前执行无收益资产的美式看涨期权是不明智的。

根据无收益资产欧式看涨期权下限的式（5-12），可以得到无收益资产美式看涨期权价格下限同样为

$$C\geqslant\max\{S-Ke^{-r(T-t)}, 0\}$$

即美式看涨期权不可提前执行，美式看涨期权与欧式看涨期权没有差异，二者的下限相同。

2. 无收益资产美式看跌期权提前执行有可能有利

命题 5-15： 无收益资产美式看跌期权是否提前执行，取决于实值期权（$K-S$）、无风险利率水平等诸多因素。

在期权的存续期，如果出现 S 相对于 K 来说较低，或者 r 较高时，提前执行无收益资产美式看跌期权才可能是有利的。因此，美式看跌期权价格的下限满足：

$$P\geqslant K-S \tag{5-17}$$

举例说明，看跌期权是以执行价格卖出标的资产。假定执行价格 K 为 10 元，标的资产市场价格 S 为 5 元，期权费为 1 元。如果立即执行看跌期权可立即获利 4 元；如果继续等待，很有可能出现市场价格上扬的情况，导致收益减少。

另外，若无风险利率 r 较高，执行期权后进行再投资，又可以有较好的回报。因此，这时提前执行显然是有利的。由于存在提前执行的可能性，由式（5-14），有

$$P\geqslant K-S\geqslant\max\{Ke^{-r(T-t)}-S, 0\}$$

（二）提前执行有收益资产美式期权的合理性

命题 5-16： 有收益资产的美式看涨期权，提前执行可提前获得标的资产的收益，提前执行可能是合理的，故有收益资产看涨期权下限，美式期权大于或等于欧式期权，即

$$C\geqslant c\geqslant\max\{S-I-Ke^{-r(T-t)}, 0\} \tag{5-18}$$

命题 5-17： 看跌期权是按协议价格卖出标的资产，有固定收益美式看跌期权如果提前执行，相当于放弃标的资产的收益，故一般不提前执行，但存在提前执行的可能性，其下限满足：

$$P \geqslant \max\{I+K-S,\ 0\} \tag{5-19}$$

证明：有收益的美式看跌期权提前执行的可能性变小，是否执行期权取决于标的资产收益与执行期权收益及再投资收益之和的比较，投资者会选择收益更大的方式。

因此，有收益的美式看跌期权一般不提前执行，但存在提前执行的可能性。因此，由欧式有收益资产看跌期权下限的式（5-15），有

$$P \geqslant \max\{I+K-S,\ 0\} \geqslant \max\{I+Ke^{-r(T-t)}-S,\ 0\}$$

总结：通过以上讨论可以看出，对于美式期权的无收益资产、有收益资产的四种情形，只有看涨期权一种提前执行是不明智的，其他三种情况均存在提前执行的可能。

前面讨论了期权价格的上下限，根据期权的下限，判断期权费是否合理，从中找出盈利的机会。现在的问题是：看涨期权与看跌期权的价格之间存在某种联系吗？如果存在联系，若已知其一，可方便地得到另一情况。

四、看涨期权与看跌期权的平价关系

所谓看涨期权与看跌期权之间的平价关系是指：看涨期权的价格与看跌期权的价格，必须维持在无套利均衡水平的价格关系上。

如果这一关系被打破，则这两种价格之间将存在套利机会，而套利者的纷纷参与又将这种不正常的价格关系，重新拉回到正常水平。

（一）欧式看涨期权与看跌期权之间的平价关系

1. 无收益资产的欧式期权

（1）平价定理

命题 5-18（平价定理）：无收益资产的欧式看涨期权价格 c 与看跌期权价格 p 之间存在如下关系：

$$c+Ke^{-r(T-t)}=p+S \tag{5-20}$$

证明：对于无收益标的资产，考虑以下两种组合：

组合 A：买入一份价格为 c 的欧式看涨期权加上金额为 $Ke^{-r(T-t)}$ 的资金用于无风险投资，期初价值：$c+Ke^{-r(T-t)}$。

组合 B：买入一份与看涨期权有效期相同、协议价格相同、价格为 p 的欧式看跌期权及 1 单位的标的资产 S，期初价值：$p+S$。

组合 A、B 的数据流见图 5-33、图 5-34，可以看出，在期权到期时，两个组合的价值均为 $\max\{S_T,\ K\}$。

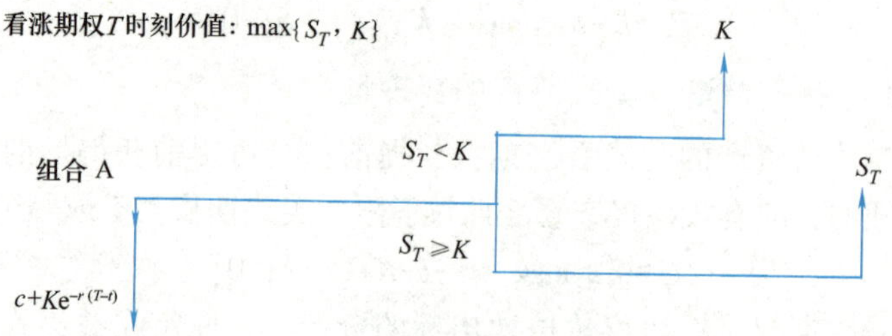

图 5-33　欧式看涨期权数据流

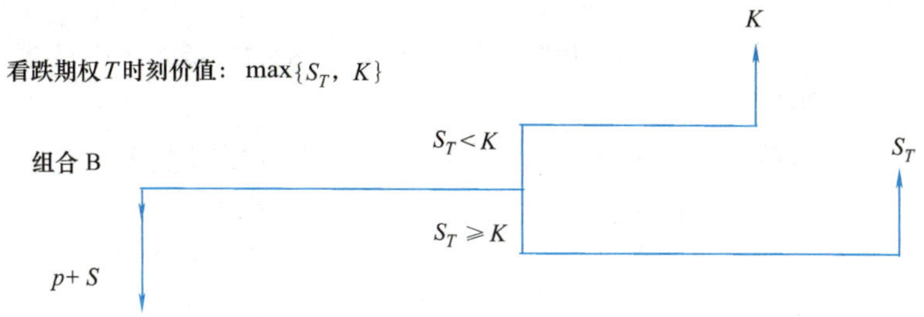

图 5-34 欧式看跌期权数据流

欧式期权不能提前执行，两个组合终值相等，故在时刻 t 的初值也应相等，即

$$c+K\mathrm{e}^{-r(T-t)}=p+S$$

这就是无收益资产欧式看涨期权与看跌期权之间的平价关系。

推论 1： 无收益资产欧式看涨期权、看跌期权的价格可以互相表示，已知一个价格时，可以得到另一个价格。

将式（5-20）变形，可以得到如下两个表达式：

$$c=p+S-K\mathrm{e}^{-r(T-t)}$$

$$p=c-S+K\mathrm{e}^{-r(T-t)}$$

这两个公式表明：欧式看涨期权的期权价可根据协议价格相同、到期日相同的欧式看跌期权的期权价得到，反之亦然。

（2）平价公式的金融含义

推论 2： 某一标的资产的市场价格，可以表示成看涨期权与看跌期权的期权费及无风险资产的组合，即

$$S=c-p+K\mathrm{e}^{-r(T-t)}$$

将式（5-20）变形，便可以得到上述表达式。

这一公式描述了金融工程的组合分解技术。一只股票、债券等某一金融产品的市场价格，可以通过看涨期权、看跌期权的期权费及协议价格推测出来。

平价定理给出了如下两方面的含义：

1）看涨期权与看跌期权的价格存在均衡状态，否则将出现套利的机会。

2）一种投资方式可以由其他投资方式复制。

案例 5-16

平价关系的套利策略

已知股票市场价格为 11 美元，3 个月期无风险年利率为 10%，股票的欧式看涨期权和看跌期权的执行价格都是 10 美元，期权费分别为 3 美元和 2 美元，3 个月后到期。

试问：该只股票的看涨期权与看跌期权平价关系是否满足？若不满足如何套利？

解析：已知 $S=11$ 美元，$r=10\%$，$T-t=0.25$，$K=10$ 美元，$c=3$ 美元，$p=2$ 美元。由式（5-20），有

$$c+Ke^{-r(T-t)}=3\text{ 美元}+10\text{ 美元}\times e^{-0.1\times0.25}=12.75\text{ 美元}$$

$$p+S=2\text{ 美元}+11\text{ 美元}=13\text{ 美元}$$

由于平价公式的左边不等于等式的右边，故不满足无收益资产的平价定理，因而存在无风险套利的机会。

（1）套利策略

平价公式的左边小于等式的右边，表明相对于组合 A，组合 B 的价值被高估，故卖出组合 B 的资产，买入组合 A 的资产。

投资方案：卖出一份看跌期权得款 2 美元，卖空一股股票得款 11 美元，共计得款 13 美元；用其中的 3 美元买入看涨期权，并将余下的 10 美元按无风险利率投资 3 个月，则 3 个月的本利和：

$$10\text{ 美元}\times e^{0.1\times0.25}=10.25\text{ 美元}$$

（2）套利盈亏分析

此次投资的数据流见图 5-35。在 3 个月末的到期时刻，有如下两种可能：

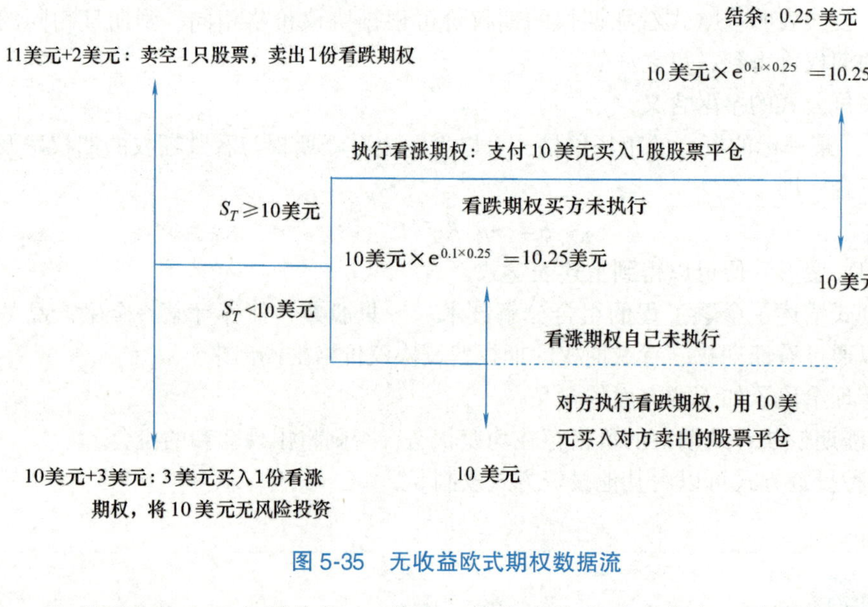

图 5-35 无收益欧式期权数据流

1）股票价格大于交割价格 10 美元：投资者执行看涨期权，将到期的 10.25 美元从银行取出，按照 10 美元价格购买 1 股股票，将卖空的股票平仓，此时盈利：

$$\text{获利}=10.25\text{ 美元}-10\text{ 美元}=0.25\text{ 美元}$$

由于股票价格上涨了，买入看跌期权的对方并没有执行期权。

2）股票价格小于 10 美元：看跌期权的买方执行期权，需按 10 美元价格从对方手中将股票买进，正好用于卖空的股票平仓：

获利 = 10. 25 美元 − 10 美元 = 0. 25 美元

可以看出，只要看涨期权与看跌期权的期权费不满足平价定理，无论市场价涨跌，投资者均能无风险套利。众多套利者纷纷参与，套利机会很快消失，市场又回到均衡状态。

2. 有收益资产的欧氏期权

命题 5-19：有收益资产 I 的欧式看涨期权价格 c 与看跌期权价格 p 之间存在如下关系：

$$c+I+Ke^{-r(T-t)}=p+S \tag{5-21}$$

证明：在标的资产有收益的情况下，只要将命题 5-18 组合 A 中的现金 $Ke^{-r(T-t)}$ 改为 $I+Ke^{-r(T-t)}$，就可以推导出有收益资产欧式看涨期权和看跌期权的平价关系。

（二）美式看涨期权和看跌期权之间的关系

1. 无收益资产的美式期权

命题 5-20：无收益资产美式看涨期权价格 C 与看跌期权价格 P 之间存在如下关系：

$$S-K<C-P<S-Ke^{-r(T-t)} \tag{5-22}$$

说明：由于美式期权可能提前执行，因此，美式看涨与看跌期权之间不存在严格的平价关系，无收益资产美式期权的期权费只满足式（5-22）的不等式关系。

证明：首先证明右边的不等式成立。

无收益资产美式看涨期权提前执行是不明智的，也就是说，提前执行会导致收益减少，因而是不可能发生的，故欧式期权等同于美式期权，即 $C=c$。

而无收益资产美式看跌期权有可能提前执行，故 $P>p$，结合式（5-20）平价定理，可得

$$P>p=c+Ke^{-r(T-t)}-S$$
$$\Rightarrow P>C+Ke^{-r(T-t)}-S$$
$$\Rightarrow C-P<S-Ke^{-r(T-t)}$$

下面分四步证明左边的不等式成立。

（1）构建组合

组合 A：支付期权费 c，购买一份不支付红利的欧式看涨期权，并持有金额为 K 的现金：$c+K$。

组合 B：支付期权费 P，购买一份有效期和执行价格与组合 A 相同的美式看跌期权，并持有 1 单位标的资产 S：$P+S$。

（2）价值分析

组合 A 价值：由于是欧式看涨期权，其现金流见图 5-36。在到期的 T 时刻，当 $S_T<K$ 时为 $Ke^{r(T-t)}$，当 $S_T\geq K$ 时为 $Ke^{r(T-t)}+S_T-K$，故组合 A 到期时刻的价值为：$\max\{Ke^{r(T-t)}, Ke^{r(T-t)}+S_T-K\}$。

组合 B 价值：分两种情况。

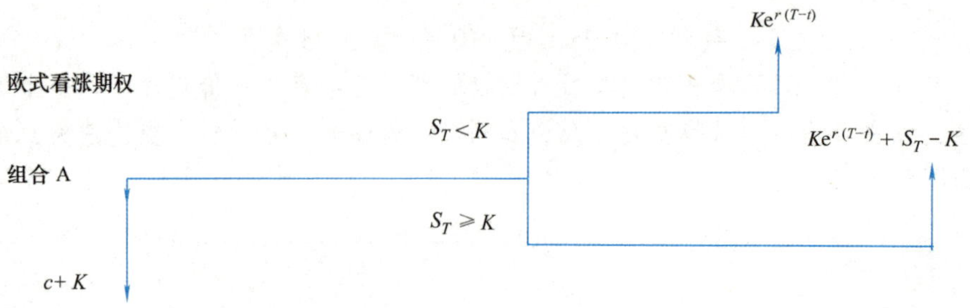

图 5-36　组合 A 现金流

1）美式期权不提前执行，看跌期权现金流见图 5-37。

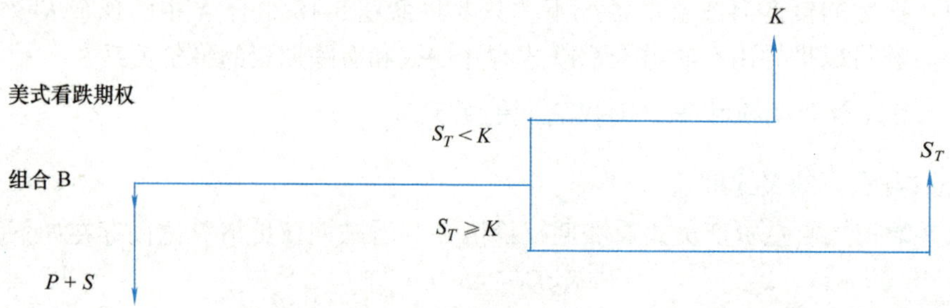

图 5-37　美式期权不提前执行时，看跌期权现金流

由于是看跌期权，且不提前执行，故在到期时刻，当 $S_T<K$ 时执行期权将股票卖出，其价值为 K；当 $S_T \geqslant K$ 时，不执行期权，手中的股票价值为 S_T；故组合 B 到期时刻的价值为 $\max\{K, S_T\}$

由于 $r>0$，有 $Ke^{r(T-t)}>K$，到期时刻与组合 A 的终值比较，有

$$\max\{Ke^{r(T-t)}, Ke^{r(T-t)}+S_T-K\} \geqslant \max\{K, S_T\}$$

组合 A 的终值大于组合 B 的终值。

2）美式期权在τ（$t<\tau<T$）时刻提前执行，即此时市场将下跌了，将股票卖出，得到协议价格为 K。而此时组合 A 的价值大于或等于 $Ke^{r(\tau-t)}$，因此组合 A 的终值也大于组合 B。

总结：通过以上两种情况的讨论可知，无论美式期权是否提前执行，未来时刻组合 A 的价值都高于组合 B，故在初始的 t 时刻，组合 A 的价值也应大于组合 B，即 $c+K>P+S$。

对于美式看涨期权，满足 $c=C$，有

$$C+K>P+S \quad \Rightarrow \quad C-P>S-K$$

最终可以得到：

$$S-K<C-P<S-Ke^{-r(T-t)}$$

2. 有收益资产美式期权

命题 5-21：有收益资产 I 的美式看涨期权价格 C 与看跌期权价格 P 之间存在如下关系：

$$S-I-K<C-P<S-I-Ke^{-r(T-t)} \tag{5-23}$$

证明：将式（5-22）的 K 与 $Ke^{-r(T-t)}$ 换成 $I+K$ 与 $I+Ke^{-r(T-t)}$，与命题 5-19 同样的证明方法，就可以得到所要证明的结论。

前边讨论了期权价格的上下限，这对于期权投资提供了一定的决策支持。但还是有些遗憾，因为只有掌握了期权价格的计算方法，才能提高预测精度，减少决策失误。

第七节 二叉树定价模型

1979 年，美国学者考克斯（J. Cox）、罗斯（S. Ross）和鲁宾斯坦（M. Rubinstein）发表了一篇名为《期权定价：一种被简化的方法》的文章。

文中给出了二叉树定价模型（Binomial Tree），又被称为二项式定价模型。该模型简单直观，不需要复杂的数学知识就可以应用，现已成为最基本的期权定价方法之一。

一、单步二叉树定价模型

二叉树定价模型，要求投资者为风险中性型：既不回避风险，也不主动追求风险，对风险并不要求额外的补偿，预期收益率只是无风险利率。

（一）基本思想

在确定期权的价格过程中，把期权的有效期分为很多微小的时间间隔 Δt，并假设在每一个时间间隔 Δt 内标的资产的价格只有两种运动的可能。

当时间间隔较大时，标的资产的市场价格的运动方向有多种可能，二值运动的假设与实际不符；但当时间间隔非常小时，假设标的资产的价格呈现二值运动是合理的；由于时间足够短，不再有提前执行的可能，故每个时间段的期权相当于欧式期权。

因此，二叉树定价模型的基本思想是用大量小幅的二值运动来模拟标的资产价格的连续运动，然后在此基础上运用无套利均衡分析法和风险中性假设来为期权定价。

（二）单步二叉树看涨期权定价模型

1. 基本假设

期权的初始价格为 C，执行价格为 K，如果市场价格 S 上升，原值扩大到 u 倍，达到 Su，期终的期权价为 C_u；如果市场价格下降，则下降到原值的 d 倍，达到 Sd，期终时的期权价为 C_d；其中 $u>1$，$d<1$。

Δt 时间内，市场价格 S、期权价格 C 的变化见图 5-38。

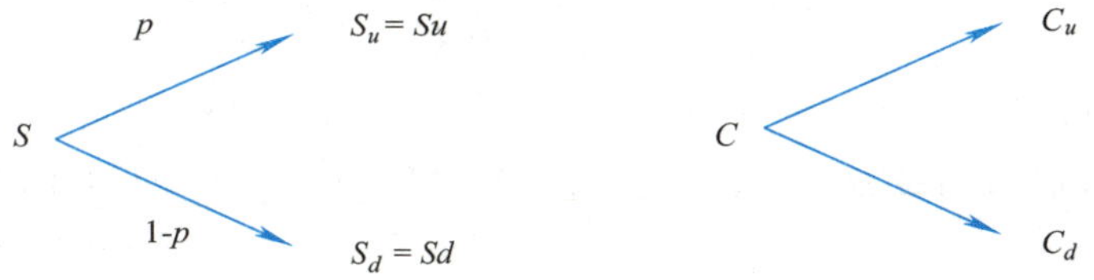

图 5-38 Δt 时间内，市场价格、期权价格变化的二叉树图

期权费 = 内在价值 + 时间价值，是交易所公布的期初交易价格。期权期终的时间价值为 0，期权费只含内在价值，故有

$$\begin{cases} C_u = \max\{Su - K, 0\} \\ C_d = \max\{Sd - K, 0\} \end{cases} \tag{5-24}$$

在风险中性环境下，投资者对于标的资产的期望收益率为无风险利率。因此，标的资产现在的价格可以通过未来价格的期望值按无风险利率贴现来获得。

2. 结论的推导

由图5-38，若已知标的资产上升的概率为p，下跌的概率为$1-p$，则未来T时刻市场价格S_T的均值为

$$E(S_T)=pSu+(1-p)Sd$$

标的资产未来市场价格的数学期望的无风险利率折现值，正好是标的资产当前市场价格S：

$$S=e^{-r(T-t)}[pSu+(1-p)Sd] \tag{5-25}$$

两边同除以市场价格S，从该式中将概率解出有

$$p=\frac{e^{r(T-t)}-d}{u-d} \tag{5-26}$$

期初的期权费，可以认为是期终期权费数学期望的折现，因而有

$$C=e^{-r(T-t)}[pC_u+(1-p)C_d] \tag{5-27}$$

案例 5-17

一阶段二叉树定价模型计算无收益资产美式看涨期权价格

某只不分红利的股票当前的市场价格为20元。投资者预期3个月后股价如果上涨将达到22元，如果下跌可能是18元，无风险利率为10%，投资者打算以21元执行价格买入3个月期股票的欧式看涨期权，试对期权费进行估值。

解： 已知$S=20$美元，$r=0.1$，$K=21$美元，$T-t=0.25$。

由于$Su=20u=22$，故$u=1.1$；$Sd=20d=18$，故$d=0.9$。

由式（5-24），有

$$\begin{cases} C_u = \max\{Su - K, 0\} = \max\{22\text{ 美元} - 21\text{ 美元}, 0\} = 1 \\ C_d = \max\{Sd - K, 0\} = \max\{18\text{ 美元} - 21\text{ 美元}, 0\} = 0 \end{cases}$$

由式（5-26），有

$$p=\frac{e^{r(T-t)}-d}{u-d}=\frac{e^{0.1\times0.25}-0.9}{1.1-0.9}=0.627$$

由式（5-27），有

$$C=e^{-r(T-t)}[pC_u+(1-p)C_d]=e^{-0.1\times0.25}\times[0.627\times1\text{ 美元}+(1-0.625)\times0]$$
$$=0.61\text{ 美元}$$

二、多步二叉树定价模型

（一）基本假设

为了简化问题，采用考克斯、罗斯和鲁宾斯坦的假设：标的资产的价格在各个时间段，上涨或下跌的比率相同，即以 u 倍上涨或以 d 倍下跌，且满足 $u=1/d$。

（二）两阶段二叉树看涨期权定价模型

不失一般性，首先假定标的资产的价格在期权有效期内变动两次，通过两阶段二叉树期权定价的讨论，总结出多阶段二叉树的求解方法。

在基本假设的基础上，两阶段欧式看涨期权在有效期内标的资产的市场价格及期权价格的二叉树如图 5-39 所示。

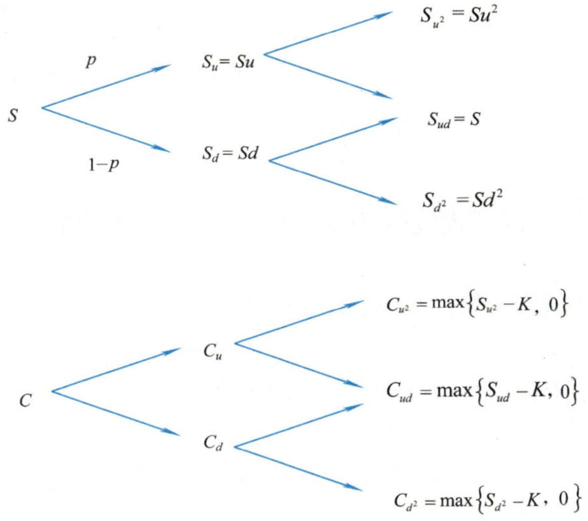

图 5-39 两阶段市场价格、期权价格变化二叉树图

（三）上升下跌比率及概率 u、d、p

通过前面的讨论可知，运用二叉树法求解，需要在已知上升比率 u 和下跌比率 d 的条件下实现。可以证明，在 $u=1/d$ 的条件下，有

$$u=\mathrm{e}^{\sigma\sqrt{\Delta t}} \tag{5-28}$$

$$d=\mathrm{e}^{-\sigma\sqrt{\Delta t}} \tag{5-29}$$

设在风险中性的假设下，标的资产价格上涨的概率（即风险中性概率）为 p，则其价格下跌的概率为 $1-p$。假设各个阶段的时间间隔相同，均为 Δt，由式（5-26），标的资产上涨的概率为

$$p=\frac{\mathrm{e}^{r(T-t)}-d}{u-d}=\frac{\mathrm{e}^{r\Delta t}-d}{u-d} \tag{5-30}$$

通过两阶段二叉树的讨论，可以总结出多阶段二叉树的求解方法。

（四）标的资产市场价格多阶段二叉树

根据标的资产市场价格 S 及上升比率 u 和下跌比率 d，可以方便地得到标的资产市场价格在期权有效期内的二叉图，具体算法如图 5-40 所示。

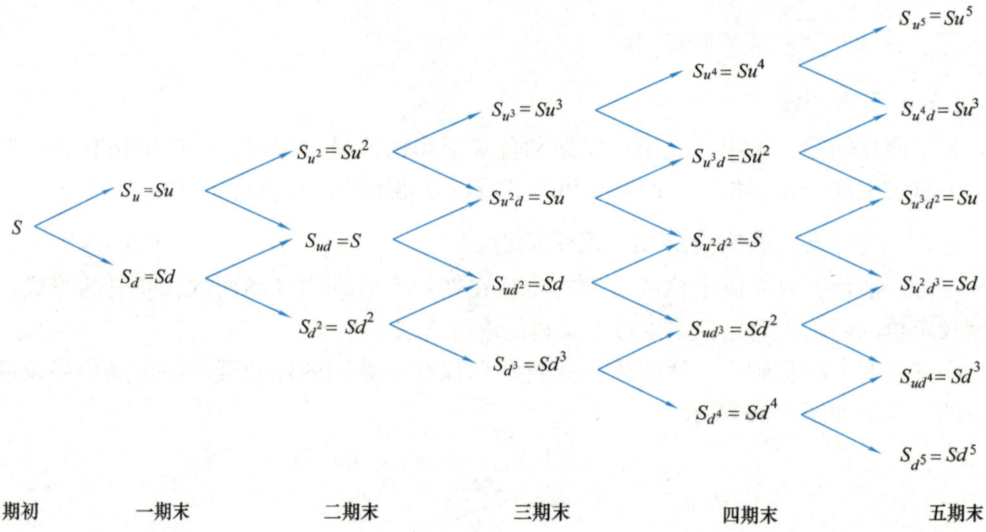

图 5-40　五阶段市场价格二叉树

说明：

1）显然，如果将期权的期限分成为 n 个时间段，二叉树将有 $n+1$ 列，最后一列将有 $n+1$ 个最终节点。

2）每个节点标的资产市场价格的表达式是 $S_{u^id^j}=Su^id^j$，第 k 列的上升、下跌比率的指数之和满足：$i+j=k-1$。

3）奇数列中间节点标的资产市场价格中的上升、下跌比率的指数相等，这时的标的资产市场价格等于初始值 S，即

$$S_{u^id^i}=Su^id^i=Su^i\ \{1/u^i\}\ =S$$

（五）各阶段期权价格的计算

根据标的资产市场价格变化的图 5-40，从二叉树图的右上角或右下角开始，计算期权内在价值作为期终期权的价值：

$$C_{u^id^j}=\max\ \{Su^id^j-K,\ 0\}$$

根据式（5-24）及标的资产上涨概率 p，用倒推的方法，计算各个节点的期权价格。如果是两个阶段的情况，则第一阶段：

$$C_u=\mathrm{e}^{-r\Delta t}\ [pC_{u^2}+\ (1-p)\ C_{ud}] \tag{5-31}$$

$$C_d=\mathrm{e}^{-r\Delta t}\ [pC_{ud}+\ (1-p)\ C_{d^2}] \tag{5-32}$$

最后倒推出期权的初始价格：

$$C=\mathrm{e}^{-r\Delta t}\ [pC_u+\ (1-p)\ C_d] \tag{5-33}$$

将中间结果的式（5-31）和式（5-32）代入式（5-33），得到二阶段两叉树直接计算期权价格的公式：

$$C=\mathrm{e}^{-2r\Delta t}\ [p^2C_{u^2}+2p\ (1-p)\ C_{ud}+\ (1-p)^2C_{d^2}] \tag{5-34}$$

显然，式（5-34）具有二项式的结构，这便是二叉树法又被称为二项式法的原因。将期权有效期划分为 n 个阶段，直接计算二叉树期权初始定价的模型为

$$C=\mathrm{e}^{-nr\Delta t}\sum_{k=0}^{n}\frac{n!}{k!\ (n-k)!}p^k(1-p)^{n-k}C_{u^kd^{n-k}} \tag{5-35}$$

说明：若用二叉树法计算美式期权，需要对图 5-40 中的每个节点，都判断在该节点是提前执行期权还是继续持有期权，这两种操作方法哪一种操作更为有利，选择价值较大者计算本节点的期权价格。

案例 5-18

二叉树模型计算无收益资产美式看跌期权价格

不付红利的股票当前市场价格为 50 美元，波动率为每年 40%，无风险连续复利年利率为 10%，该股票 5 个月期的美式看跌期权协议价格为 50 美元，试问期权价 P 为几何？

解析： 已知 $S=50$ 美元，$\sigma=0.4$，$r=0.1$，$K=50$ 美元。

将期权的有效期的 5 个月分成 5 个时间段，每个时间段为 $\Delta t=0.0833$ 年。

1. 计算上升、下降比率及相应的概率

由式（5-28）、式（5-29）和式（5-30）可得

$$u=e^{\sigma\sqrt{\Delta t}}=e^{0.4\times\sqrt{0.0833}}=1.1224$$

$$d=e^{-\sigma\sqrt{\Delta t}}=e^{-0.4\times\sqrt{0.0833}}=0.8909$$

$$p=\frac{e^{r\Delta t}-d}{u-d}=\frac{e^{0.1\times0.0833}-0.8909}{1.1224-0.8909}=0.5076$$

2. 计算标的资产各个时点市场价格的二叉树图

根据值 S、u、d 及图 5-40，可算出标的资产股票在期权有效期内市场价格 S 的二叉树，见图 5-41。例如第二期末 B 点股票价格：

$$S_{d^2}=Sd^2=50\text{ 美元}\times0.8909^2=39.69\text{ 美元}$$

3. 计算期权价格的两叉树图

采用倒推法计算期权价格，从二叉树图 5-41 末端右上角或右下角的市场价格终值开始，计算各个节点的期权价格，最后计算出期权的初始价格。

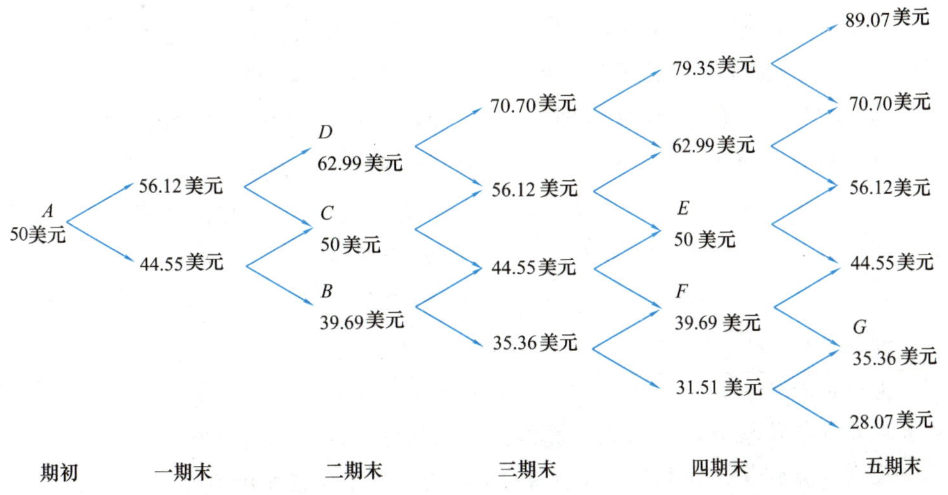

图 5-41 股票价格二叉树

(1) 计算到期日（第五期）各个节点期权价格

由于到期日时的时间价值为0，期权的价格只剩下期权的内在价值，即 $P=\max\{K-S_T, 0\}$，这里 $K=50$ 美元，从图5-41的右下角开始，第五期末各个节点期权的价格为

$$P_{d^5}=\max\{K-S_{d^5}, 0\}=\max\{50\text{ 美元}-28.07\text{ 美元}, 0\}=21.93\text{ 美元}$$

$$P_{ud^4}=\max\{K-S_{ud^4}, 0\}=\max\{50\text{ 美元}-35.36\text{ 美元}, 0\}=14.64\text{ 美元}$$

$$P_{u^2d^3}=\max\{K-S_{u^2d^3}, 0\}=\max\{50\text{ 美元}-44.55\text{ 美元}, 0\}=5.45\text{ 美元}$$

$$P_{u^3d^2}=\max\{K-S_{u^3d^2}, 0\}=\max\{50\text{ 美元}-56.12\text{ 美元}, 0\}=0$$

$$P_{u^4d}=\max\{K-S_{u^4d}, 0\}=\max\{50\text{ 美元}-70.70\text{ 美元}, 0\}=0$$

$$P_{u^5}=\max\{K-S_{u^5}, 0\}=\max\{50\text{ 美元}-89.07\text{ 美元}, 0\}=0$$

(2) 计算美式看跌期权各个节点期权价格

非到期日各个节点的期权价格，由期终各个节点到期日的期权价格逐级倒推得到，且上一级节点处期权没有被提前执行。

为了描述方便，对类似于式（5-31）或（5-32）确定的期权价格称为计算价格；由式（5-34）确定的期权价格称为内在价值，简称内在价。例如在 E、F 两点，期权的计算价格为

$$\begin{aligned}P_{u^2d^2}&=e^{-r\Delta t}[pP_{u^3d^2}+(1-p)P_{u^2d^3}]\\&=e^{-0.1\times0.083}\times(0.5076\times0+0.4924\times5.45\text{ 美元})=2.66\text{ 美元}\end{aligned}$$

$$\begin{aligned}P_{ud^3}&=e^{-r\Delta t}[pP_{u^2d^3}+(1-p)P_{ud^4}]\\&=e^{-0.1\times0.083}\times[0.5076\times5.45\text{ 美元}+0.4924\times14.64\text{ 美元}]=9.90\text{ 美元}\end{aligned}$$

(3) 判断提前执行期权是否有利

注意：由于美式期权允许提前执行，将某个节点期权的计算价格与内在价值进行比较，如果内在价值大，则提前执行期权价值更大，将被提前执行。

每个节点的期权值保留期权费大者。例如对于 E 点：已知 $S_{u^2d^2}=S=50$ 美元，而协议价格 $K=50$ 美元，因此期权的内在价值和计算价格分别为

内在价值：　$P_{u^2d^2}=\max\{K-S_{u^2d^2}, 0\}=\max\{50\text{ 美元}-50\text{ 美元}, 0\}=0$

计算价格：　　$P_{u^2d^2}=e^{-r\Delta t}[pP_{u^3d^2}+(1-p)P_{u^2d^3}]=2.66$ 美元

内在价值小于计算价格，提前执行不合算，保留计算价格；例如 F 点，已知 $S_{ud^3}=39.69$ 美元，而 $K=50$ 美元，因此期权的内在价值和计算价格分别为

内在价值：$P_{ud^3}=\max\{K-S_{ud^3},0\}=\max\{50\text{ 美元}-39.69\text{ 美元},0\}=10.31$ 美元

计算价格：$P_{ud^3}=e^{-r\Delta t}[pP_{u^2d^3}+(1-p)P_{ud^4}]=9.90$ 美元

由于内在价值大于计算价格，提前执行期权价值更大，保留内在价值。其他各节点处期权价格 P 的计算以此类推，最后倒推出期初的期权价。

最终计算结果，初始期权价为4.48美元，具体数据如图5-42所示。

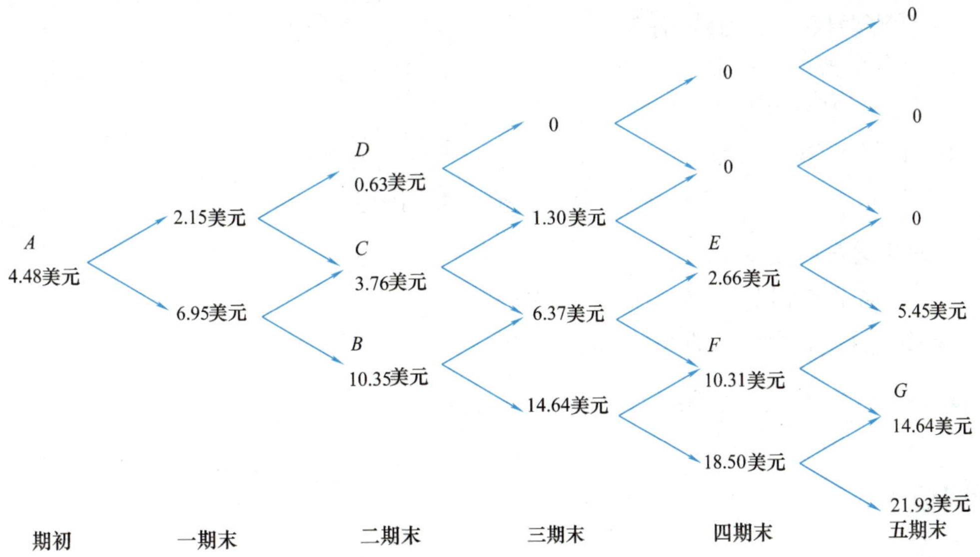

图 5-42 股票期权价格二叉树

通过以上讨论可以看出，二叉树法虽然理论上比布莱克-斯科尔斯模型简单，但计算量大，计算过程烦琐，应如何用计算机完成呢？

三、利用 MATLAB 软件计算期权价格

（一）MATLAB 软件简介

美国新墨西哥大学计算机系主任 CleveMoler 博士，为了数学计算，于 20 世纪 70 年代开发了 MATLAB 软件，其名字是 Matrix（矩阵）和 Laboratory（实验室）两个单词的前三个字符组成。

MATLAB 软件具有强大的数学计算、经济分析等诸多功能，其中的金融工具箱，含有大量的金融函数，一个很复杂的金融计算，只需执行一个函数即可轻松实现。

（二）MATLAB 二叉树模型美式期权价格计算函数

1. 两叉树模型美式期权价格计算函数的格式

MATLAB 软件的二叉树模型美式期权价格计算函数为

[price，option] =binprice（S，K，r，$T-t$，Δt，σ，F，q，v，d）

功能：用二叉树法，计算各个节点的市场价格 S 及期权价格。

2. 输入参数的意义

S：标的资产的价格。

K：标的资产的执行价格。

r：无风险利率。

$T-t$：有效期。

σ：标的资产价格的波动率。

Δt：时间增量。

F：看涨期权，1；看跌期权，0。

q：标的资产的红利率。

v：价外红利（红利外的红利）。

d：标的资产的除息日。

说明：q、v、d 可以为 0，如果 $q \neq 0$，则 $v=0$，$d=0$。

3. 输出参数的意义

price：输出各个节点标的资产的市场价格 S。

option：输出各个节点的期权价格 C、P。

4. 用 MATLAB 二叉树函数计算举例

案例 5-19

续例 5-18。无红利股票当前市价为 50 美元，波动率为 40%，无风险连续复利年利率为 10%，该股票 5 个月期美式看跌期权协议价格为 50 美元，求期权价格 P。

解析：已知 $S=50$ 美元，$K=50$ 美元，$r=0.1$，$T-t=0.4167$，$\Delta t=0.0833$，$\sigma=0.4$，$F=0$，$q=0$，$v=0$，$d=0$。

在 MATLAB 的命令窗口输入二叉树模型美式期权价格计算函数后回车：

[price, option] = binprice(50, 50, 0.1, 0.4167, 0.0833, 0.4, 0, 0, 0, 0)

输出结果见图 5-43。可以看出，计算结果与图 5-41 和图 5-42 的结果一致。

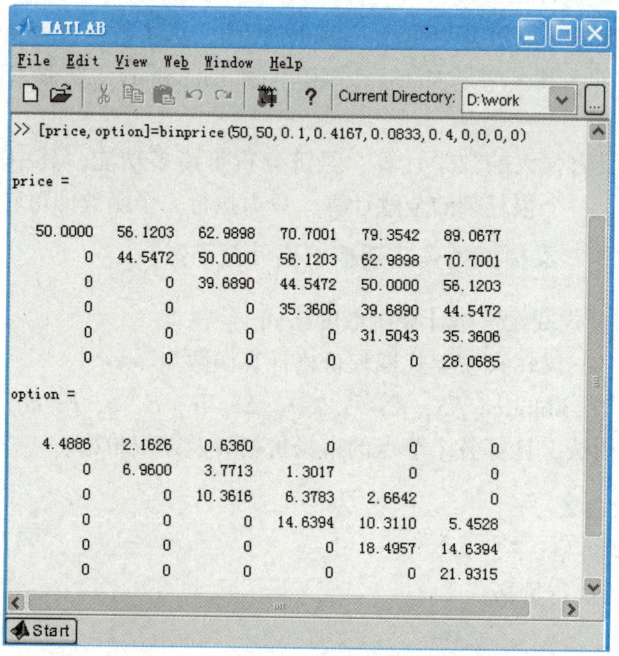

图 5-43 用 MATLAB 的二叉树函数输出的市场价格、期权价格界面

第八节 布莱克-斯科尔斯期权定价模型

20 世纪 70 年代以前出现过一些期权定价模型，但对于如何描述标的资产的价格波动对期权价格的影响，始终都没有满意的结果。

1973 年，布莱克（Black）和斯科尔斯（Scholes）发表了《期权定价与公司债务》一文，其中给出的欧式看涨期权定价公式，被称为布莱克-斯科尔斯（Black-Scholes）期权定价公式，简称 B-S 公式。

该模型的建立对金融市场产生了巨大的影响，对 50 余年以来金融工程领域的发展起到了决定性的作用。

布莱克和斯科尔斯在期权定价方面贡献巨大，于 1997 年斯科尔斯与默顿两位经济学家双双获得诺贝尔经济学奖，令人遗憾的是，布莱克因英年早逝，失去了获奖的机会。

一、Black-Scholes 期权定价公式

Black-Scholes 期权定价模型的思想是：期权价格的波动，在标的资产的价格波动中会得到充分的反映。也就是说，它们都受同一种不确定性因素影响。只要匹配得当，这种不确定性就可以消除（抵消）。

因此，期权的收益可以用标的资产和无风险证券的投资组合来复制，在无套利均衡条件下，期权价格应只和标的资产价格波动、无风险利率、期权到期时间、执行价格和标的资产的市场价格五个因素有关。

布莱克-斯科尔斯证明了不支付红利标的资产的价格必须满足的微分方程，并运用该微分方程推导出计算欧式期权价格的精确模型。

（一）Black-Scholes 微分方程

假定期权的标的资产价格遵循几何布朗运动，呈对数正态分布。

1. 标的资产收益率满足的微分方程

标的资产价格 S 所遵循的带漂移的几何布朗运动是一种随机过程，在条件满足的情况下，时间连续变化时，标的资产价格收益率的变动满足如下的微分方程（由变量的微分构成的方程称为微分方程）：

$$\mathrm{d}S=\mu S\mathrm{d}t+\sigma S\mathrm{d}z \tag{5-36}$$

式中 μ——以连续复利表示的股票期望收益率，又称为漂移率；

σ——标的资产收益率的标准差，又称为波动率；

$\mathrm{d}z=\varepsilon(\mathrm{d}t)^{1/2}$——标准布朗运动是随机过程，$\varepsilon$ 是随机变量，满足标准正态分布。

2. 布莱克-斯科尔斯导出的偏微分方程

通过式（5-36），可以导出著名的布莱克-斯科尔斯偏微分方程：

$$\frac{\partial f}{\partial t}+rS\frac{\partial f}{\partial S}+\frac{1}{2}\sigma^2S^2\frac{\partial^2 f}{\partial S^2}=rf \tag{5-37}$$

其中的 f 为期权费，其大小只与标的资产的市场价格 S、时间 t、标的资产价格波动率 σ 及无风险利率 r 有关，而与期望收益率 μ 无关。对于看涨期权，f 为 c；对于看跌期权，f 为 p。

（二）B-S 方程的求解

1. 无收益资产欧式看涨期权定价

1973 年，布莱克-斯科尔斯成功地求出了式（5-37）的 B-S 偏微分方程的解，获得了计算欧式看涨期权价格的精确公式。

无收益资产的美式看涨期权，提前执行是不明智的，故无收益资产的欧式期权与美式的期权价相同，因而可以有如下命题：

命题 5-22：无收益资产看涨期权价格的计算公式为

$$C=c=SN(d_1)-Ke^{-r(T-t)}N(d_2) \tag{5-38}$$

式中 S——标的资产市场价格；

K——协议价格；

N——服从标准正态分布的随机变量，其概率分布为

$$N(d)=P(K\leqslant d)=\int_{-\infty}^{d}\frac{1}{\sqrt{2\pi}}e^{-\frac{t^2}{2}}dt$$

由标准正态分布的对称性（见图 5-44），有

$$N(-d)=1-N(d)$$

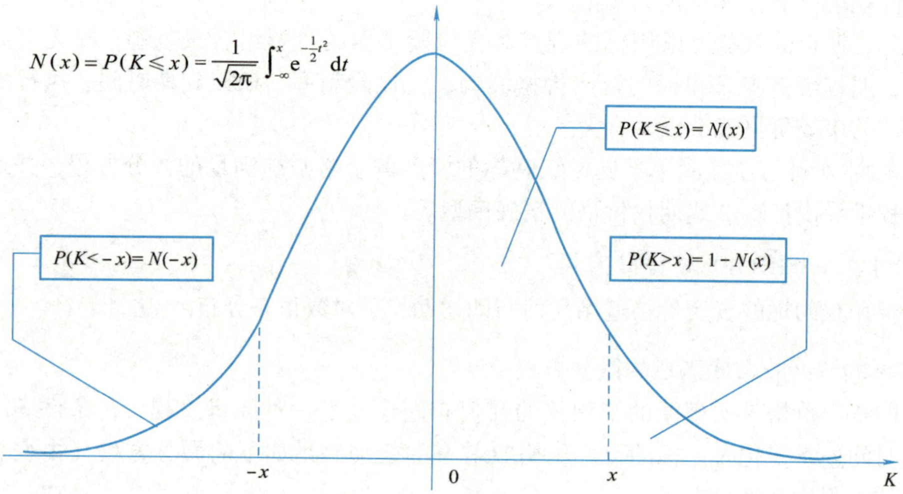

图 5-44 标准正态分布表的结构图示

式（5-38）中 d_1、d_2 的取值分别为

$$d_1=\frac{\ln(S/K)+(r+\sigma^2/2)(T-t)}{\sigma\sqrt{T-t}}$$

$$d_2=d_1-\sigma\sqrt{T-t}$$

式（5-38）为看涨期权的定价公式，那么对于看跌期权的定价公式该如何计算呢？能否利用看涨期权与看跌期权的平价关系？

2. 无收益资产欧式看跌期权的定价

命题 5-23：无收益欧式看跌期权的价格计算公式为

$$p=Ke^{-r(T-t)}N(-d_2)-SN(-d_1) \tag{5-39}$$

证明：根据欧式看涨期权和看跌期权之间的平价关系：

$$c+Ke^{-r(T-t)}=p+S$$

将看跌期权的价格 p 解出，将式（5-38）代入并整理，有

$$\begin{aligned}p&=c+Ke^{-r(T-t)}-S\\&=SN(d_1)-Ke^{-r(T-t)}N(d_2)+Ke^{-r(T-t)}-S\\&=Ke^{-r(T-t)}[1-N(d_2)]-S[1-N(d_1)]\\&=Ke^{-r(T-t)}N(-d_2)-SN(-d_1)\end{aligned}$$

证毕。

与式（5-38）欧式看涨期权定价相比较不难发现，欧式看跌期权的定价是两项符号的改变和正态分布中符号的改变。

由式（5-22）可知，美式期权无精确的平价关系，无法直接用看涨期权的定价公式得到看跌期权的定价公式。

案例 5-20

无收益资产看涨期权定价

欧式无收益看涨期权，有效期为 6 个月，股票价格为 42 美元，期权的执行价格为 40 美元，无风险年利率为 10%，波动率为每年 20%，试确定该期权的价格几何？

解析：已知 $T-t=0.5$，$r=0.1$，$\sigma=0.2$，$S=42$ 美元，$K=40$ 美元。

首先计算 d_1、d_2：

$$d_1=\frac{\ln(42\text{ 美元}/40\text{ 美元})+(0.1+0.2^2/2)\times 0.5}{0.2\times\sqrt{0.5}}=0.7693$$

$$d_2=d_1-\sigma\sqrt{T-t}=0.7693-0.2\times\sqrt{0.5}=0.6278$$

查正态分布表：

$$N(d_1)=N(0.7693)=0.7791$$

$$N(d_2)=N(0.6278)=0.7349$$

由式（5-38），有

$$\begin{aligned}c&=SN(d_1)-Ke^{-r(T-t)}N(d_2)\\&=42\text{ 美元}\times N(0.7693)-40\text{ 美元}\times e^{-0.1\times0.5}N(0.6278)\\&=4.76\text{ 美元}\end{aligned}$$

通过 B-S 公式精确地计算出了看涨期权的理论价格为 4.76 美元。如果交易所公布的这种股票期权的价格不等于 4.76 美元，那么将存在套利的机会。

二、波动率的确定方法

在本章第五节期权价格的影响因素的讨论中，已经给出了波动率的概念，所以这里主要介绍股票收益率的波动率。某一股票年收益率的标准差被称为该股票收益率的波动率，用于度量股票收益的不确定性。

股票收益率的波动率通常介于15%~50%之间。

估计股票收益率波动率的方法有多种，这里只介绍常用的历史波动率法。

（一）历史波动率法的定义

定义5-10：根据标的股票价格的历史数据，用价格对数作为收益率，将对数收益率的标准差作为波动率，这种方法被称为历史波动率法。

（二）波动率的计算方法

假设在过去n天里的第t天股票收盘价为S_t，第$t-1$天的收盘价为S_{t-1}，则第t天的股票连续复利收益率为

$$r_t = \ln \frac{S_t}{S_{t-1}}$$

那么，日收益率的标准差可用下面的公式计算：

$$\sigma = \sqrt{\frac{1}{n-1}\sum_{t=1}^{n}(r_t - \bar{r})^2}$$

$$\bar{r} = \frac{1}{n}\sum_{t=1}^{n} r_t$$

式中　$\bar{r}$——过去n天股票收益率的均值。

（三）n值的确定

1. 折中的方法

计算收益率的波动率，数据过多或者过少都会导致计算结果不准确。

当n很大时，因为过早的历史数据可能与现在的数据差别很大，这些数据的加入有时会降低计算的精度；而数据过少，有时会由于随机因素的影响，导致计算结果的失真。

折中的方法是，取90~180天的历史数据计算股票收益率的波动率。

2. 约定俗成的确定方法

确定波动率约定俗成的方法是：将期权的期限用于计算波动率的天数。例如，要计算两年期期权的价格，就取最近两年的收盘价进行计算。

（四）波动率的转换

由于在式（5-38）中所有参数的时间单位均为年，因此，这里得到的波动率必须转换为年波动率。由历史数据计算历史波动率，应采用实际的交易天数。

例如，美国一年的交易日为252天，我国为240天。具体的转换公式为

$$\text{每年波动率} = \text{每个交易日波动率} \times \sqrt{\text{每年的交易天数}}$$

三、B-S 公式的推广

前边讨论了无收益资产欧式期权定价。那么对于有收益资产，欧式期权的价格应如何计算呢？

（一）有固定收益欧式期权定价公式

命题 5-24： 有固定收益 I 的标的资产欧式看涨和看跌期权定价公式分别满足如下关系：

$$c=(S-I)N(d_1)-Ke^{-r(T-t)}N(d_2) \tag{5-40}$$

$$p=Ke^{-r(T-t)}N(-d_2)-(S-I)N(-d_1) \tag{5-41}$$

其中的 d_1、d_2 分别为

$$d_1=\frac{\ln[(S-I)/K]+(r+\sigma^2/2)(T-t)}{\sigma\sqrt{T-t}}$$

$$d_2=d_1-\sigma\sqrt{T-t}$$

说明：当标的资产具有固定收益 I 时，只要用 $S-I$ 代替式（5-38）和式（5-39）中的 S 即可得到有固定收益欧式期权的定价公式式（5-40）和式（5-41）。

（二）有固定收益率欧式期权的定价

命题 5-25： 支付连续复利收益率 q 标的资产的欧式看涨和看跌期权的价格分别为

$$c=Se^{-q(T-t)}N(d_1)-Ke^{-r(T-t)}N(d_2) \tag{5-42}$$

$$p=Ke^{-r(T-t)}N(-d_2)-Se^{-q(T-t)}N(-d_1) \tag{5-43}$$

其中的 d_1、d_2 分别为

$$d_1=\frac{\ln[Se^{-q(T-t)}/K]+(r+\sigma^2/2)(T-t)}{\sigma\sqrt{T-t}}$$

$$d_2=d_1-\sigma\sqrt{T-t}$$

说明：当标的资产具有固定收益率 q（复利，单位为年）时，用 $Se^{-q(T-t)}$ 代替式（5-38）和式（5-39）中的 S，即可得到式（5-42）和式（5-43）。

（三）标的资产为期货时的期权定价

布莱克-斯科尔斯模型是基于现货标的资产时导出的期权定价公式。如果标的资产是期货，有如下相应的期权定价公式。

命题 5-26： 标的资产是期货时，F 为期货标的资产的理论价格，则期货欧式看涨期权、看跌期权的定价公式分别为

$$c=e^{-r(T-t)}[FN(d_1)-KN(d_2)] \tag{5-44}$$

$$p=e^{-r(T-t)}[KN(-d_2)-FN(-d_1)] \tag{5-45}$$

其中的 d_1、d_2 的表达式为

$$d_1=\frac{\ln(F/X)+\sigma^2/2(T-t)}{\sigma\sqrt{T-t}}$$

$$d_2=d_1-\sigma\sqrt{T-t}$$

证明：若标的资产是期货，其价格将遵循如下微分方程：

$$dF=\mu Fdt+\sigma Fdz$$

本式类似于布莱克-斯科尔斯模型中的式（5-36），只是将市场价格 S 换成了期货的理论价格 F，证明思路也相同，详细证明略。

案例 5-21

有收益率欧式看涨期权价格计算

假设当前英镑的即期汇率为 \$1.5000，美国无风险连续复利的年利率为 7%，英国的无风险连续复利年利率为 10%，英镑汇率的波动率为 10%。

试求：6 个月期协议汇率为 \$1.5000 的欧式看涨期权价格。

说明：外汇交易是用一种货币购买另一种货币，被购买的货币是交易的标的资产，存在着无风险收益率，故兑换的货币可看作具有固定收益率的标的资产，需要按有固定收益率资产的期权价格计算。

解析： 已知 $T-t=0.5$，$r=0.07$，$q=0.1$，$\sigma=0.1$，$S=K=1.5$ 美元。首先计算 d_1、d_2：

$$d_1=\frac{\ln[Se^{-q(T-t)}/K]+(r+\sigma^2/2)(T-t)}{\sigma\sqrt{T-t}}$$

$$=\frac{\ln(1.4268/1.5)+(0.07+0.1^2/2)\times 0.5}{0.1\times\sqrt{0.5}}=-0.17678$$

$$d_2=d_1-\sigma\sqrt{T-t}=-0.17678-0.1\times\sqrt{0.5}=-0.24749$$

查标准正态分布表：

$$N(d_1)=N(-0.17678)=1-N(0.17678)=0.429841$$

$$N(d_2)=N(-0.24749)=1-N(0.24749)=0.402265$$

由式（5-42）可得，英镑欧式看涨期权价格为

$$c=Se^{-q(T-t)}N(d_1)-Ke^{-r(T-t)}N(d_2)$$

$$=1.5\text{ 美元}\times e^{-0.1\times 0.5}\times 0.429841-1.5\text{ 美元}\times e^{-0.07\times 0.5}\times 0.402265$$

$$=3.07\text{ 美分}$$

布莱克-斯科尔斯定价模型解决了欧式期权价格的计算，美中不足的是计算烦琐，非专业人员通常难以胜任。但用计算机软件可以轻松完成期权价格的计算。

（四）MATLAB 欧式期权价格函数

MATLAB 欧式期权价格函数的调用格式为

$$[\text{Call},\text{Put}]=\text{blsprice}(S,\ K,\ r,\ T-t,\ \sigma,\ q)$$

1. 输入参数的意义

S：标的资产的市场价格。

K：标的资产的执行价格。

r：无风险利率。

$T-t$：有效期。
σ：标的资产价格的波动率。
q：标的资产的收益率。

2. 输出参数的意义

Call：欧式看涨期权的价格；Put：欧式看跌期权的价格。

案例 5-22

利用 MATLAB 函数计算无收益资产欧式看涨期权价格

续例 5-20，已知 $S=42$ 美元，$K=40$ 美元，$r=0.1$，$T-t=0.5$，$\sigma=0.2$，$q=0$，试计算看涨期权价格。

解析：在 MATLAB 的命令窗口输入如下函数后回车：

Call=blsprice（42，40，0.1，0.5，0.2，0）

输出结果：Call=4.7594 美元，与例 5-20 的计算结果相同。

案例 5-23

利用 MATLAB 函数计算有收益率资产欧式看涨期权价格

续例 5-21，已知：$T-t=0.5$，$r=0.07$，$\sigma=0.1$，$S=K=1.5$ 美元，$q=0.1$，试计算看涨期权价格。

解析：在 MATLAB 的命令窗口输入欧式期权价格函数后回车：

Call=blsprice（1.5，1.5，0.07，0.5，0.1，0.1）

可以得到期权费为 3.07 美分，与例 5-21 相同。两例的 MATLAB 软件执行界面见图 5-45。

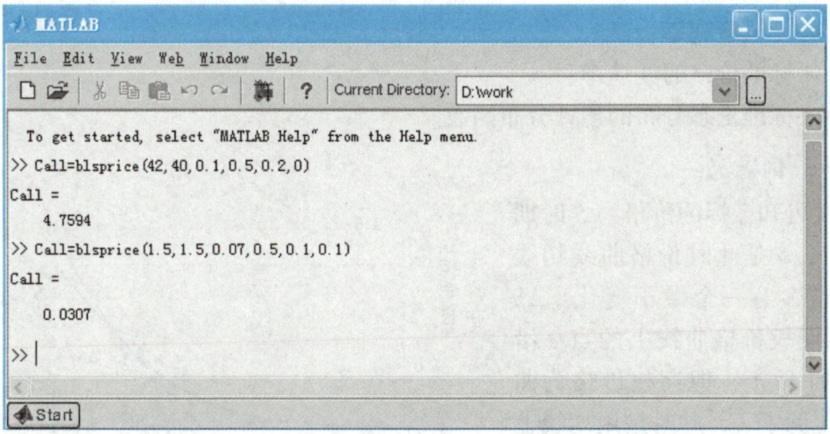

图 5-45 MATLAB 计算欧式期权价格界面

第九节　期权风险参数

期权价格的变化决定了投资者的盈亏。根据 B-S 公式，期权价格主要取决于标的资产市场价格、到期时间、波动率和无风险利率等因素，本节主要讨论期权价格对这些因素变化的敏感性，以及这些因素对期权价格构成的主要风险，这几个指标通常用希腊字母表示，因而也称 greeks 风险。

一、Delta（δ）

（一）定义

Delta 衡量的是标的价格变化对期权价格变化影响的敏感性，即标的价格变化一个单位，期权价格相应产生的变化。Delta 准确的定义为期权价格对于标的价格的一阶偏导，根据 Black-Scholes 期权定价公式，无红利欧式认购期权的 Delta 公式为

$$\delta_c = \frac{\partial c}{\partial S} = N(d_1) \tag{5-46}$$

认沽期权的 Delta 公式为

$$\delta_p = \frac{\partial p}{\partial S} = N(d_1) - 1 \tag{5-47}$$

其中

$$d_1 = \frac{\ln(S/K) + (r+\sigma^2/2)T}{\sigma\sqrt{T}}$$

式中　T——期权到期时间；
S——标的价格；
K——行权价格；
r——无风险利率；
σ——标的价格的波动率；
$N(d_1)$——标准正态分布的累计分布函数。

（二）几何意义

由定义可知，标的价格为 S 时期权价格为 c，δ 是此时价格曲线切线的斜率，当 S 有一个微小变化：ΔS 到 S_1 时，期权价格曲线上的点 c 沿切线变化到 c_1 上，但期权价格为曲线实际变化到了 c_1'，此时是用切线上的点 c_1 近似估计期权价格曲线上的点 c_1'，见图 5-46。

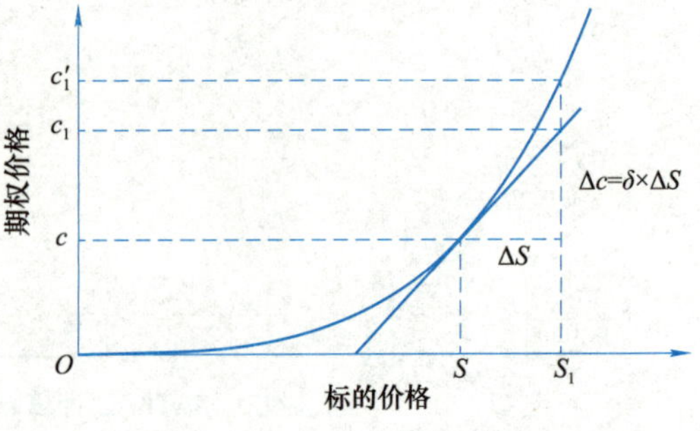

图 5-46　Delta 的几何意义

（三）性质

1. 认购期权与认沽期权的 Delta 之差

通过定义式（5-46）和定义式（5-47）可以看出，认购期权与认沽期权的 Delta 之差为 1，即认沽期权的 Delta 是认购期权 Delta 往下平移 1 个单位，见图 5-47。

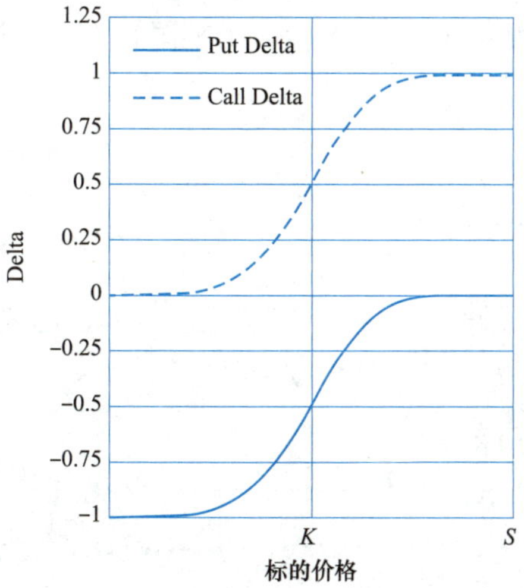

图 5-47 Delta 与标的价格关系

2. 认购期权

1）当 Delta 取值介于 0 到 1 之间为正值时，期权价格与标的价格同向变化，即标的价格上涨，期权价格也会上涨；标的价格下跌，期权价格同样下跌。

2）当 $S=K$ 的平价期权 Delta 在 0.5 附近取值时，标的价格有一个微小的变化，会导致 Delta 有较大幅度的变化。

3）当 $S<K$ 的虚值期权 Delta 小于 0.5 时，深虚值 Delta 平缓的接近于 0。

4）当 $S>K$ 的实值期权 Delta 大于 0.5 时，深实值 Delta 平缓的接近 1。

3. 认沽期权

1）当 Delta 取值介于−1 到 0 之间为负值时，期权价格与标的价格反向变化，即标的价格上涨，期权价格下跌；标的价格下跌，期权价格上涨。

2）当 $S=K$ 的平价期权 Delta 在−0.5 附近取值时，标的价格变化微小，Delta 变化幅度大。

3）当 $S>K$ 的虚值期权 Delta 大于−0.5 时，深虚值 Delta 平缓地接近于 0。

4）当 $S<K$ 的实值期权 Delta 小于−0.5 时，深实值 Delta 平缓地接近−1。

（四）影响 Delta 的因素

1. 标的价格

由 Delta 定义：新期权价格 = 原期权价格 + 标的价格变化 × δ，可见期权价格的变化受 Delta 影响很大。

虚值程度很深的 Delta 接近于 0，标的价格的变动对期权价格的影响很小，或者说期权价格几乎不受标的价格变化的影响。

相反，实值程度很深的 Delta 接近于±1。也就是说，标的价格变动将导致期权价格差不多同等幅度的变动，这导致投资者所面临的风险与持有等额标的资产的风险一模一样。

2. 到期期限

Delta 随到期期限变化，实值期权的 Delta 和虚值期权的 Delta 与平值期权 Delta 之间的距离大小，与期权的虚实程度有关，与到期日的期限有关，见图 5-48。

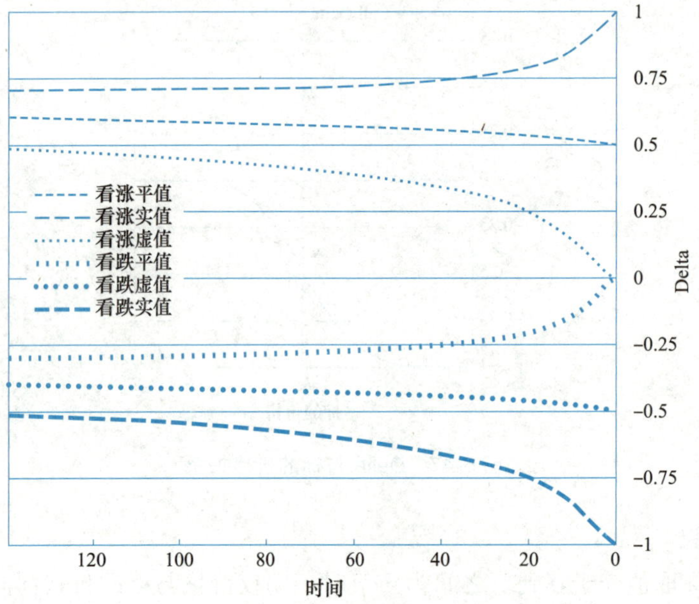

图 5-48　Delta 与到期期限的关系

期权的虚实程度越大，实值期权的 Delta 和虚值期权的 Delta 与平值期权 Delta 的距离越大，反之减小。距到期日越远，实值期权、虚值期权与平值期权的 Delta 距离最近；距到期日越近，三者 Delta 的距离越远。

临近到期日：看涨期权的实值期权 Delta 收敛于 1，平值期权 Delta 收敛于 0.5，虚值期权 Delta 收敛于 0；看跌期权的实值期权 Delta 收敛于-1，平值期权 Delta 收敛于-0.5，虚值期权 Delta 收敛于 0。

Delta 风险是持仓风险中影响最大、最显性的风险，也是优先对冲的风险。随到期期限的临近，期权合约的 Delta 风险也达到最大。

（五）应用

1. 衡量期权的虚实程度

虚值期权的 Delta 绝对值较小，实值期权的 Delta 绝对值较大，因而期权的 Delta 常用于判断期权的虚实程度。

2. 对应标的资产的头寸暴露

投资组合的 Delta 表示与标的资产对应的风险敞口，例如投资组合 100 万元的 Delta 为 0.01，表明随着时间的推移，即使现货价格 100 万元没有改变，也将导致投资组合的期权价值变动 1 万元。

3. 变为实值的近似概率

由定义，看涨期权 $\delta_c = N(d_1)$，看跌期权 $\delta_p = N(d_1) - 1$，这表明，Delta 的绝对值为期权到期时变成实值的概率。Delta 的绝对值越大，到期时期权收在实值的可能性越大。

例如，$\delta = 0.10$，这表明为深度虚值的看涨期权，期权价格便宜，但到期时变成实值期权的概率只有 10%，亏损的可能性更大，购买时需格外小心。

4. 对冲率

Delta 是标的价格对期权价格的敏感程度，对于投资组合中的不同资产，Delta 具有可加性。如果某个组合的 Delta=0，表明此时标的价格变化对期权价格没有影响，此时称该投资组合具有 Delta 中性。投资组合中每种资产的 Delta 为投资组合中性对冲风险的对冲率。

例如某股票看涨期权的 Delta 为 0.75，合约单位为 100 股，由于 Delta 具有可加性，卖出一手合约的 $\delta = -75$。买入一个单位的现货或期货 $\delta = 1$，则卖出 1 手看涨期权需要在现货市场买入 75 股标的股票来对冲卖出 1 手看涨期权的风险，此时的卖出一手期权和买入 75 股股票构成的投资组合的 Delta 之和等于零，即投资组合 Delta 中性，这时标的价格发生变化，将不会影响投资组合期权价格的收益变化。

不过，需要注意的是 Delta 是动态变化的，实际操作中 Delta 为 0 的中性状态能维持的时间很短暂，这就需要投资者适时调整对冲策略以实现再平衡。

（六）不足

由 Delta 定义可知，未来期权价格用以 δ 为斜率的线性函数来估计，而期权价格是曲线不是直线，这时的估计有较大的误差。那么如何提高期权价格估计的精度呢？

二、Gamma（Γ）

（一）定义

Gamma 是期权的 Delta 关于标的资产价格变化率，也即期权价格关于标的价格的二阶变化率，利用平价定理可以证明看涨期权和看跌期权的 Gamma 值相等。根据 Black-Scholes 公式，对于无红利欧式期权，Gamma 公式如下：

$$\text{Gamma} = \frac{\text{Delta 变化}}{\text{标的价格变化}} = \frac{\partial \text{Delta}}{\partial S} = \frac{\partial^2 c}{\partial S^2} = \frac{n(d_1)}{S\sigma\sqrt{T}} = \frac{\partial^2 p}{\partial S^2} \tag{5-48}$$

其中 $n(d_1)$ 为标准正态分布的概率密度。Gamma 的含义是标的价格 S 变动 1 个单位，Delta 值变动的幅度。

（二）几何意义

假设标的资产价格为 S，期权价格为 c，若 S 有一个微小变化为 ΔS，如果仅考虑 Delta，则预计的期权价格为

$$c_1 = c + \delta \times \Delta S$$

考虑 Gamma 因素后，用期权价格函数的泰勒展开式的第三项作为 $c_1' - c_1$ 的近似，这时的期权价格为

$$c_1 = c + \delta \times \Delta S + \frac{1}{2} \times \Gamma \times \Delta S^2$$

这时的期权价格预测，精度大大提高，见图 5-49。

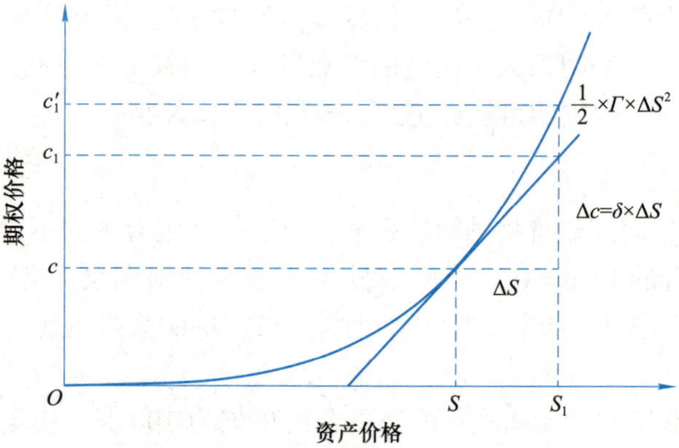

图 5-49　Gamma 的几何意义

（三）性质

1）对期权的买方而言，Gamma 值是大于零的一个小数，也就是说，在其他因素不变时，Delta 值将随市场价格 S 的上涨而增加。对期权的卖方而言，Gamma 值则始终小于零，Delta 值将随市场价格 S 的上涨而减少，见图 5-50。

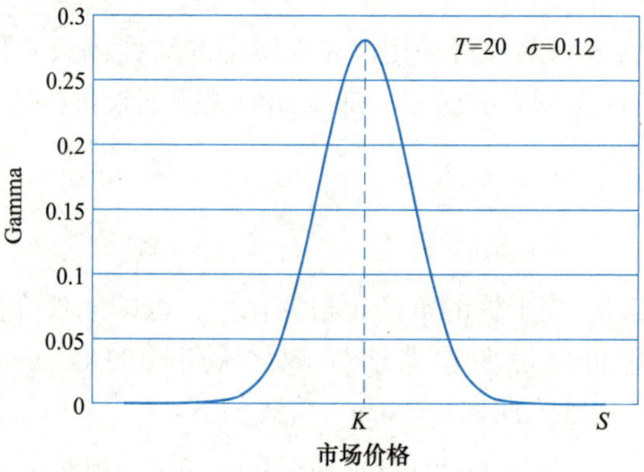

图 5-50　Gamma 与市场价格的关系

2）$S=K$ 时的平价期权 Gamma 取得最大值，此时的期权 Delta 对市场价格 S 的变化最敏感，市场价格 S 有一个微小的改变，Delta 就会有大幅度的改变。

看涨期权市场价格 S 小幅的上涨，看跌期权市场价格小幅的下跌，权利金都会有较大的增加，投资者会有较高的收益。

3）当市场价格 S 处于深虚或深实期权时，Gamma 值接近于零，此时 Delta 对市场价格 S 的变化不敏感，即使市场价格 S 有一个较大的改变，权利金也不会有明显的改变，投资者收益有限。

（四）期限对 Gamma 的影响

图 5-51 给出了期权不同期限的 Gamma 曲线。可以看出，距到期日期限越长的 Gamma 曲线越扁平，表明市场价格的变化对权利金的影响越小，期权的风险越小。这个结果也可由式（5-48）得知，有效期 T 出现在分母上，分母越大，Gamma 的值就会越小。

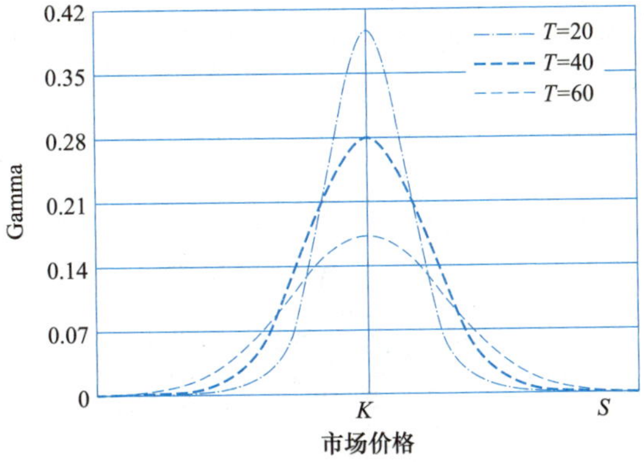

图 5-51　不同剩余期限 Gamma 曲线

相反的距到期日越近（比如 20 天），Gamma 曲线越窄且尖向上突出，表明越是接近到期日，市场价格的微小变化都会使得平价期权的 Gamma 值变化剧烈，风险增加，但深虚值或深实值期权的 Gamma 曲线越扁平，则表明风险越在下降。

所以，接近到期日的平价期权的 Gamma 值很大，在平价期权附近，市场价格有一个微小的变化，实值期权就很容易变为虚值期权而产生亏损，虚值期权很容易变为实值期权而盈利。在到期日的前几天，要特别注意市场价格的变动与 Gamma 风险的关系。

（五）Gamma 中性

当 Gamma 的绝对值很小的时候，Delta 也相应地变化会很小，这就保证了 Delta 对冲调整的频率不会很频繁。

而当 Gamma 的绝对值很大的时候，Delta 对于标的资产价格的变化就会变得非常敏感，此时为了保证 Delta 中性，资产的调整频率将会很频繁。为了避免因标的资产价格变动而产生的对冲效果变差的情况，在 Delta 中性的基础上同时实现 Gamma 中性，将可以有效减少对冲调整的频率。

三、Vega（v）

（一）定义

Vega 度量了标的价格的波动率变化对期权价格的影响，当标的价格的波动率变化一个百分点时导致的期权价格的变化幅度，即期权价格相对标的价格波动率的变化率。

由平价定理可以证明，看涨期权与看跌期权的 Vega 值相等，根据无红利欧式期权定价的 B-S 公式，计算公式为

$$\mathrm{Vega}_c=\frac{\text{期权价格变化}}{\text{标的价格波动率变化}}=\frac{\partial c}{\partial \sigma}=S\sqrt{T}n(d_1)=\frac{\partial p}{\partial \sigma}=\mathrm{Vega}_p \tag{5-49}$$

Vega 曲线的图形见图 5-52。

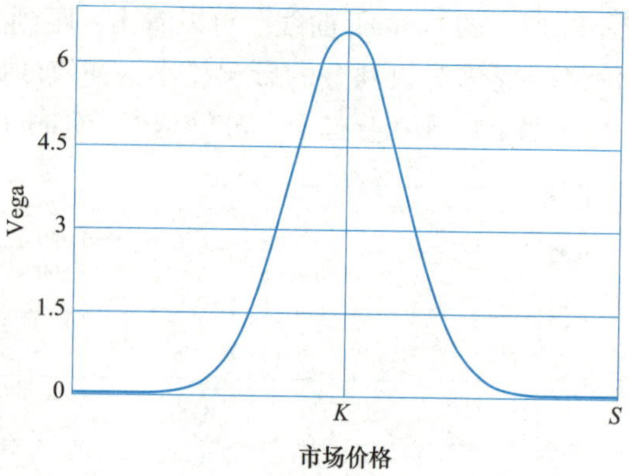

图 5-52　Vega 与市场价格的关系

（二）性质

1. 波动率对期权价格的影响

由图 5-52 可以看出，期权买方的 Vega 值始终大于零，这表明波动率增加将使得期权价值增加。

相反，期权卖方的 Vega 值始终为负，这表明波动率增加，卖出期权的风险将增加。

因此，人们常说买卖期权相当于买卖波动率。

当期权处于平价状态时，Vega 值达到最大，此时若波动率增加，期权买方获利更高，期权卖方的风险也更大。

当期权处于较深的实值或者虚值时，Vega 值接近于零，这表明波动率的变动对期权价格的影响甚微。

2. 期限对 Vega 的影响

由式（5–49）可知，不同期限的 Vega 曲线如图 5-53 表示，其实际意义如下：

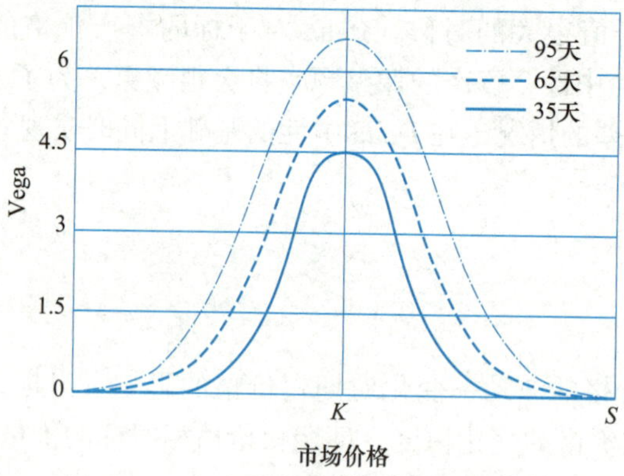

图 5-53　不同期限的 Vega 曲线

1）有效期限越短 Vega 值越小，有效期越长 Vega 值越大。这是因为期限长，波动率变动幅度大的概率更高，对于期权买方机会更多，对于期权卖方风险风险也更大。

2）由式（5-49）可知，在接近到期日的前几天（比如 3 天），若市场价格 S 不变，$\sqrt{T}=\sqrt{3/365}=0.09$ 会变得很小，Vega 风险会变小；如市场价格 S 大幅的上涨或下跌，这时的 Vega 风险会很大，这时极有可能由盈利变成亏损，或由亏损变成盈利。

四、Theta（θ）

（一）定义

Theta 度量了时间变化对期权价格的影响，时间每减少一天导致的期权价格变化，即期权价格相对时间的变化率，根据无红利欧式期权的 B-S 公式，有

$$\theta_c=\frac{\partial c}{\partial T}=-\left[\frac{S\sigma n(d_1)}{2\sqrt{T}}+Kre^{-rT}N(d_2)\right] \tag{5-50}$$

$$\theta_p=\frac{\partial p}{\partial T}=-\frac{S\sigma n(d_1)}{2\sqrt{T}}+Kre^{-rT}N(-d_2) \tag{5-51}$$

其中

$$d_2=d_1-\sigma\sqrt{T}$$

（二）性质

1）从图 5-54 可以看出，认购期权的 Theta 恒小于 0，其刻画了期权价值随时间的减少而逐渐衰减的程度。这表明随着时间的消逝，期权的时间价值逐渐流失，期权价值逐渐减小，期权买方行权的机会降低，期权卖方获利的机会增大。

因此，人们常说：对于期权的买方而言，Theta 是敌人，而对于期权的卖方而言，Theta 是朋友。

2）认沽期权的 Theta 一般为负值，但在深度实值的情况下可能为正，见图 5-54。这是因为，认沽期权是卖出标的物，深实值期权，标的物价格已经没有下跌的可能，行权的机会已经到来。尽快到期行权将获得收益，否则时间长了标的价格上涨了，实值有可能变成虚值，丢掉盈利的机会。这时的时间流失，反而对投资者有利。

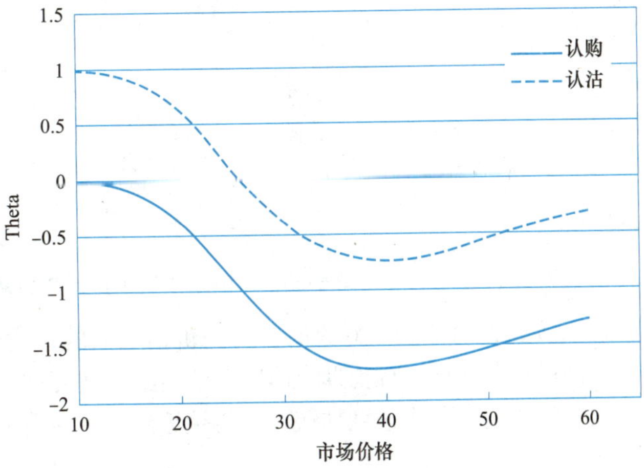

图 5-54 Theta 与市场价格的关系

3）市场价格等于行权价格的平价期权附近，Theta 的绝对值将达到最大，这表明在平价期权附近，到期时间的变化将对期权价值有很多的影响。

4）期权的时间价值随着时间的消逝而减少，导致期权价格逐渐降低，衰减的速度随着到期日的临近将逐渐加快，下降的速度便是 Theta，见图 5-55。

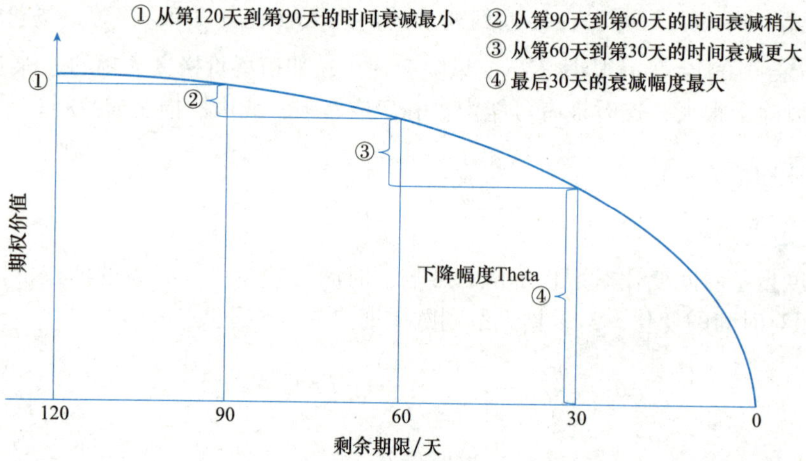

图 5-55　期权价值与剩余期限的关系

5）Theta 与到期日的关系。认购期权的 Theta 与剩余期限的关系见图 5-56。当距到期日较远时，实值、平值和虚值期权的 Theta 值差距不大，其时间价值的消失比较慢（Theta 绝对值较小）。

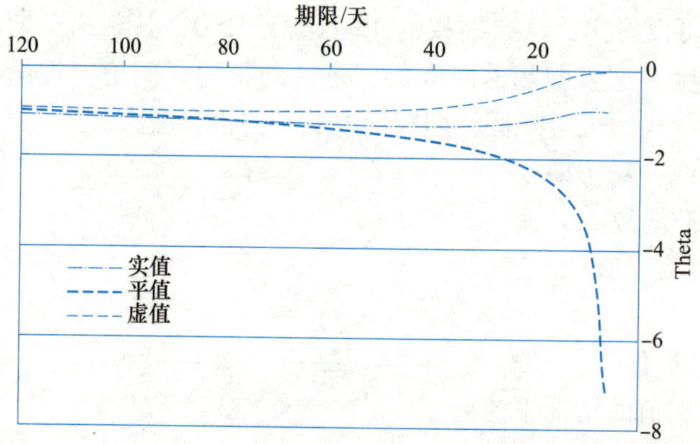

图 5-56　认购期权的 Theta 与到期日的关系

但当接近到期日 15~20 天时，时间价值消失的速度逐渐加快（Theta 绝对值变大）。在到期日的最后几天内，虚值期权时间价值的消失速度相对慢于实值期权时间价值的消失。平值期权时间价值的消失速度加快，且越接近到期日，消失越快，三者差距达到最大。

五、Rho（ρ）

（一）定义

Rho 衡量的是利率变化对期权价格的影响，即利率变化一个百分点，期权价格相应变化的幅度，是期权价格对无风险利率的敏感指标。在数学表达式上，Rho 是期权价格对无风险利率的一阶导数：

$$\rho_c = \frac{\partial c}{\partial r} = Kt\mathrm{e}^{-rt}N(d_2) \tag{5-52}$$

$$\rho_p = \frac{\partial p}{\partial r} = -Kt\mathrm{e}^{-rt}N(-d_2) \tag{5-53}$$

（二）性质

1）认购期权的 Rho>0 是正值时，利率上升使得期权价值上升；认沽期权的 Rho<0 是负值时，利率上升使得期权价值下降。

2）标的价格对 Rho 的影响：对于认购期权，标的价格越高，利率对期权价值的影响越大；对于认沽期权，标的价格越低，利率对期权价值的影响越大。

越是实值的期权，利率变化对期权价值的影响越大；越是虚值的期权，利率变化对期权价值的影响越小。

3）时间对 Rho 的影响：随着期权到期，Rho 单调收敛到 0。也就是说，期权越接近到期，利率变化对期权价值的影响越小。

与其他参数相比，利率波动并不频繁，对期权价格的影响也相对有限。

第十节 期权模拟交易

一、交易界面的功能介绍

启动赢顺 wh6 模拟交易软件后，单击左侧一列的“期权”选项，进入期权模拟交易界面，见图 5-57。图 5-57 用粗实线将交易界面分成期权标的合约交易状态和期权报价上下两个部分。

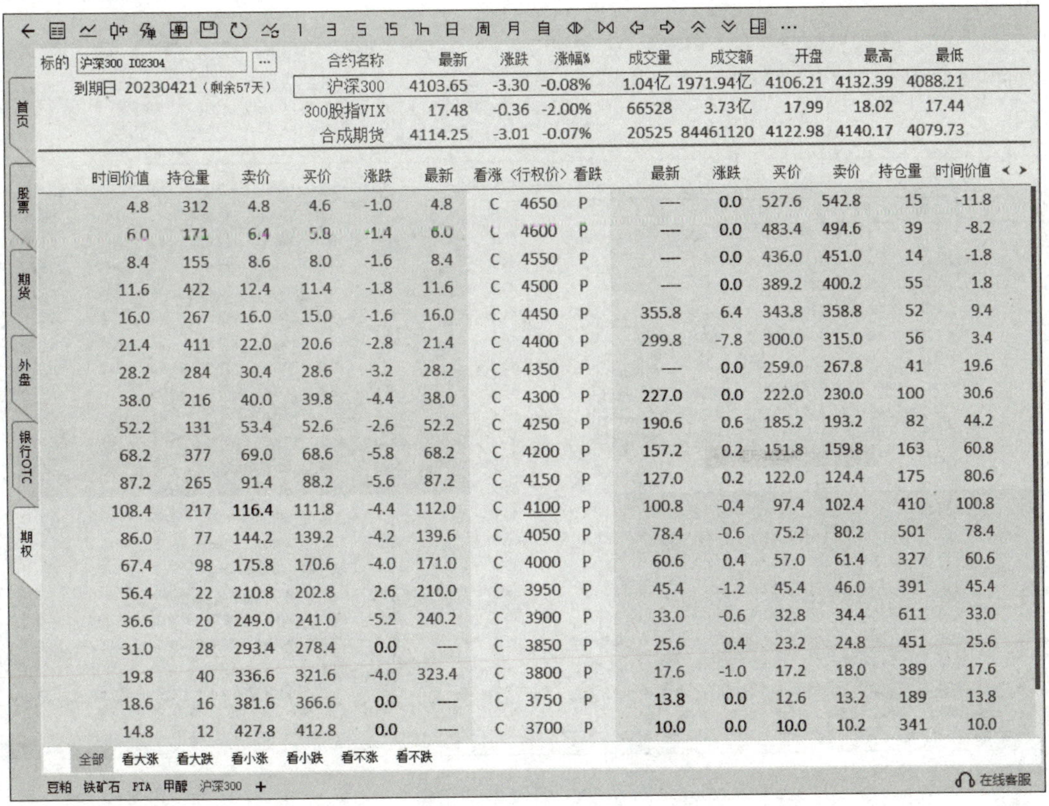

合约名称	最新	涨跌	涨幅%	成交量	成交额	开盘	最高	最低
沪深300	4103.65	-3.30	-0.08%	1.04亿	1971.94亿	4106.21	4132.39	4088.21
300股指VIX	17.48	-0.36	-2.00%	66528	3.73亿	17.99	18.02	17.44
合成期货	4114.25	-3.01	-0.07%	20525	84461120	4122.98	4140.17	4079.73

时间价值	持仓量	卖价	买价	涨跌	最新	看涨	〈行权价〉	看跌	最新	涨跌	买价	卖价	持仓量	时间价值
4.8	312	4.8	4.6	-1.0	4.8	C	4650	P	—	0.0	527.6	542.8	15	-11.8
6.0	171	6.4	5.8	-1.4	6.0	C	4600	P	—	0.0	483.4	494.6	39	-8.2
8.4	155	8.6	8.0	-1.6	8.4	C	4550	P	—	0.0	436.0	451.0	14	-1.8
11.6	422	12.4	11.4	-1.8	11.6	C	4500	P	—	0.0	389.2	400.2	55	1.8
16.0	267	16.0	15.0	-1.6	16.0	C	4450	P	355.8	6.4	343.8	358.8	52	9.4
21.4	411	22.0	20.6	-2.8	21.4	C	4400	P	299.8	-7.8	300.0	315.0	56	3.4
28.2	284	30.4	28.6	-3.2	28.2	C	4350	P	—	0.0	259.0	267.8	41	19.6
38.0	216	40.0	39.8	-4.4	38.0	C	4300	P	227.0	0.0	222.0	230.0	100	30.6
52.2	131	53.4	52.6	-2.6	52.2	C	4250	P	190.6	0.6	185.2	193.2	82	44.2
68.2	377	69.0	68.6	-5.8	68.2	C	4200	P	157.2	0.2	151.8	159.8	163	60.8
87.2	265	91.4	88.2	-5.6	87.2	C	4150	P	127.0	0.2	122.0	124.4	175	80.6
108.4	217	116.4	111.8	-4.4	112.0	C	4100	P	100.8	-0.4	97.4	102.4	410	100.8
86.0	77	144.2	139.2	-4.2	139.6	C	4050	P	78.4	-0.6	75.2	80.2	501	78.4
67.4	98	175.8	170.6	-4.0	171.0	C	4000	P	60.6	0.4	57.0	61.4	327	60.6
56.4	22	210.8	202.8	2.6	210.0	C	3950	P	45.4	-1.2	45.4	46.0	391	45.4
36.6	20	249.0	241.0	-5.2	240.2	C	3900	P	33.0	-0.6	32.8	34.4	611	33.0
31.0	28	293.4	278.4	0.0	—	C	3850	P	25.6	0.4	23.2	24.8	451	25.6
19.8	40	336.6	321.6	-4.0	323.4	C	3800	P	17.6	-1.0	17.2	18.0	389	17.6
18.6	16	381.6	366.6	0.0	—	C	3750	P	13.8	0.0	12.6	13.2	189	13.8
14.8	12	427.8	412.8	0.0	—	C	3700	P	10.0	0.0	10.0	10.2	341	10.0

图 5-57 期权模拟交易界面

（一）期权标的模块

（1）当前期权标的。在图 5-57 界面的左上角“标的”后边的文本框内显示当前期权合约的标的，这里显示的是“沪深 300　I02304”期货合约。

（2）期权标的的选择。单击“…”按钮，打开期权标的的选择的列表框，在这里可以选择期货交易所及其所属的期货合约，见图 5-58。选中后的期货合约显示在左侧的文本框内。

（3）紧随“…”按钮其后的是标的期货合约当前的交易状态的 9 个指标。

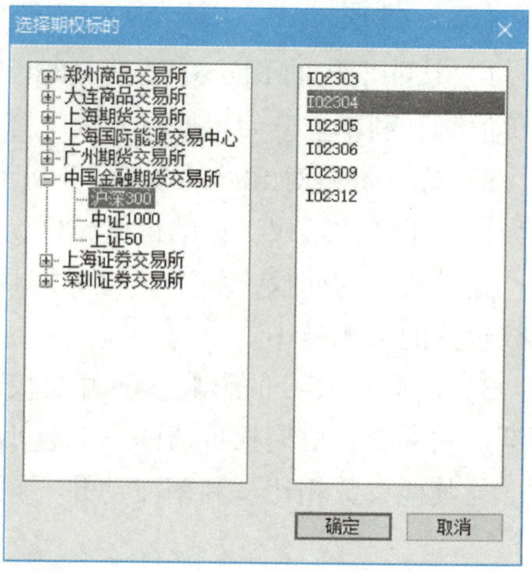

图 5-58　期权标的选择列表框

单击图 5-57 顶部的 K 线图、分时图的图形菜单，或双击期货合约名称，将显示期权标的期货合约的分时图、K 线图，了解标的合约当前的交易状态，确定期权买卖的时机。

（二）期权 T 型期权报价

图 5-57 粗实线下半部分的上端，由期权交易指标行构成了 T 字的一横，界面中间的一列为不同协议价格构成 T 字的一竖，这种布局形式的报价形象直观，称为 T 型报价，见图 5-59。

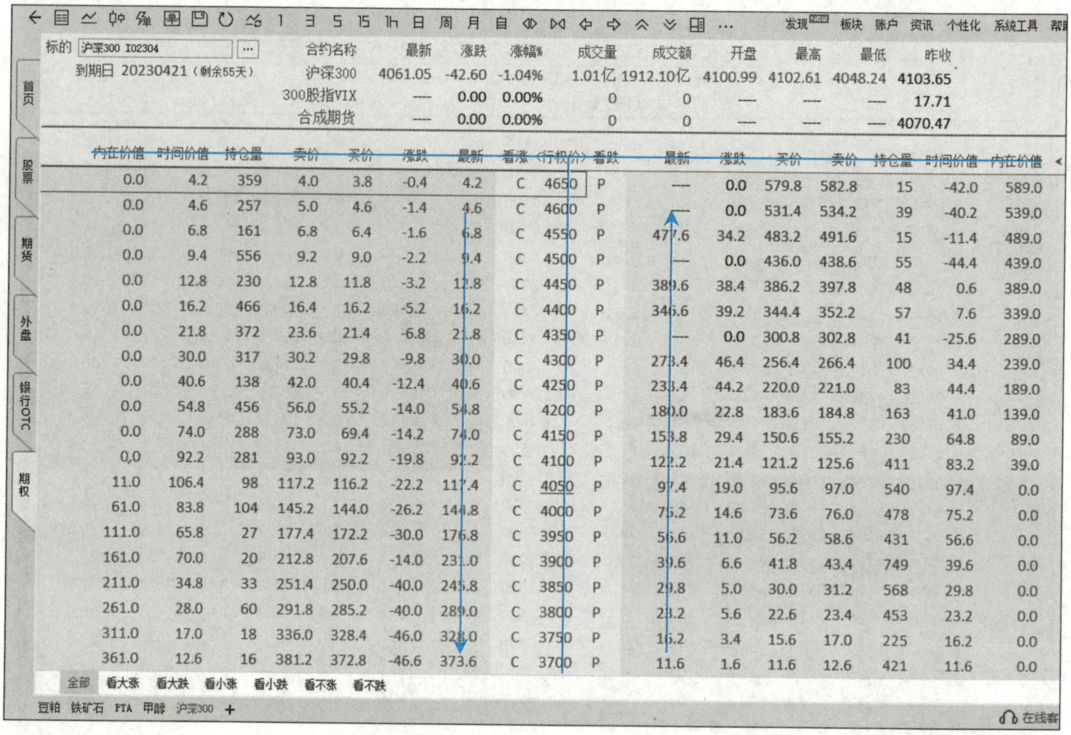

标的　沪深300 I02304　…
到期日 20230421（剩余55天）

合约名称	最新	涨跌	涨幅%	成交量	成交额	开盘	最高	最低	昨收
沪深300	4061.05	-42.60	-1.04%	1.01亿	1912.10亿	4100.99	4102.61	4048.24	4103.65
300股指VIX	—	0.00	0.00%	0	0	—	—	—	17.71
合成期货	—	0.00	0.00%	0	0	—	—	—	4070.47

内在价值	时间价值	持仓量	卖价	买价	涨跌	最新	看涨	〈行权价〉	看跌	最新	涨跌	买价	卖价	持仓量	时间价值	内在价值
0.0	4.2	359	4.0	3.8	-0.4	4.2	C	4650	P	—	0.0	579.8	582.8	15	-42.0	589.0
0.0	4.6	257	5.0	4.6	-1.4	4.6	C	4600	P	—	0.0	531.4	534.2	39	-40.2	539.0
0.0	6.8	161	6.8	6.4	-1.6	6.8	C	4550	P	477.6	34.2	483.2	491.6	15	-11.4	489.0
0.0	9.4	556	9.2	9.0	-2.2	9.4	C	4500	P	—	0.0	436.0	438.6	55	-44.4	439.0
0.0	12.8	230	12.8	11.8	-3.2	12.8	C	4450	P	389.6	38.4	386.2	397.8	48	0.6	389.0
0.0	16.2	466	16.4	16.2	-5.2	16.2	C	4400	P	346.6	39.2	344.4	352.2	57	7.6	339.0
0.0	21.8	372	23.6	21.4	-6.8	21.8	C	4350	P	—	0.0	300.8	302.8	41	-25.6	289.0
0.0	30.0	317	30.2	29.8	-9.8	30.0	C	4300	P	273.4	46.4	256.4	266.4	100	34.4	239.0
0.0	40.6	138	42.0	40.4	-12.4	40.6	C	4250	P	233.4	44.2	220.0	221.0	83	44.4	189.0
0.0	54.8	456	56.0	55.2	-14.0	54.8	C	4200	P	180.0	22.8	183.6	184.8	163	41.0	139.0
0.0	74.0	288	73.0	69.4	-14.2	74.0	C	4150	P	153.8	29.4	150.6	155.2	230	64.8	89.0
0,0	92.2	281	93.0	92.2	-19.8	92.2	C	4100	P	122.2	21.4	121.2	125.6	411	83.2	39.0
11.0	106.4	98	117.2	116.2	-22.2	117.4	C	4050	P	97.4	19.0	95.6	97.0	540	97.4	0.0
61.0	83.8	104	145.2	144.0	-26.2	144.8	C	4000	P	75.2	14.6	73.6	76.0	478	75.2	0.0
111.0	65.8	27	177.4	172.2	-30.0	176.8	C	3950	P	56.6	11.0	56.2	58.6	431	56.6	0.0
161.0	70.0	20	212.8	207.6	-14.0	231.0	C	3900	P	39.6	6.6	41.8	43.4	749	39.6	0.0
211.0	34.8	33	251.4	250.0	-40.0	245.8	C	3850	P	29.8	5.0	30.0	31.2	568	29.8	0.0
261.0	28.0	60	291.8	285.2	-40.0	289.0	C	3800	P	23.2	5.6	22.6	23.4	453	23.2	0.0
311.0	17.0	18	336.0	328.4	-46.0	328.0	C	3750	P	16.2	3.4	15.6	17.0	225	16.2	0.0
361.0	12.6	16	381.2	372.8	-46.6	373.6	C	3700	P	11.6	1.6	11.6	12.6	421	11.6	0.0

全部　看大涨　看大跌　看小涨　看小跌　看不涨　看不跌
豆粕　铁矿石　PTA　甲醇　沪深300　+

图 5-59　期权 T 型报价

紧邻协议价格左边的“看涨”一列取值均为 C，表示左侧由认购（看涨）期权交易指标组成，右边的一列“看跌”值均为 P，表明右侧由认沽（看跌）期权的交易指标组成，看涨看跌两种期权交易指标关于协议价格对称。

我们知道：期权价格=内在价值+时间价值。

图 5-59 两侧靠边的两列的内在价值与时间价值之和等于“最新”期权价即权利金。内在价值等于 0 为虚值期，从图 5-59 可以看出：对于看涨期权，标的的协议价格越高，期权费越低；对于看跌期权，标的的协议价格越高，期权费越高。

持仓量为投资者持有的期权手数，成交量为当日开盘以来成交的手数。同一标的、同一到期日的期权合约，这两个指标大的期权合约，是最活跃的期权合约，是选择期权合约时的重要参考指标。

二、期权的交易策略

期权合约基础的交易策略分别为看大涨、看大跌、看小涨、看小跌、看不涨、看不跌共六种。

位于交易列表中间的行权价格也就是协议价格所在的列，有下画线的行权价格最接近标的市场价格最新价，该期权合约为最接近平价期权的合约，以该期权合约为边界，将期权交易列表分成看大涨看不涨、看小涨；看大跌看不跌、看小跌共四个区域，见图 5-60。

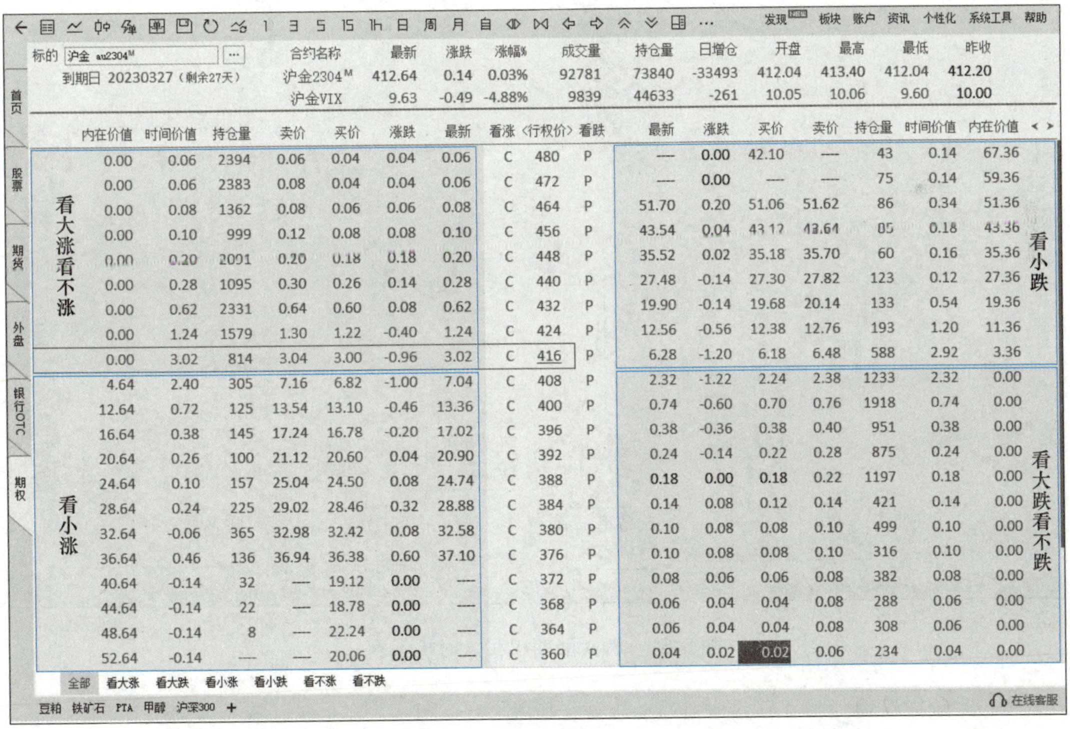

合约名称	最新	涨跌	涨幅%	成交量	持仓量	日增仓	开盘	最高	最低	昨收
沪金2304M	412.64	0.14	0.03%	92781	73840	-33493	412.04	413.40	412.04	412.20
沪金VIX	9.63	-0.49	-4.88%	9839	44633	-261	10.05	10.06	9.60	10.00

区域	内在价值	时间价值	持仓量	卖价	买价	涨跌	最新	看涨	〈行权价〉	看跌	最新	涨跌	买价	卖价	持仓量	时间价值	内在价值	区域
看大涨看不涨	0.00	0.06	2394	0.06	0.04	0.04	0.06	C	480	P	—	0.00	42.10	—	43	0.14	67.36	看小跌
	0.00	0.06	2383	0.08	0.04	0.04	0.06	C	472	P	—	0.00	—	—	75	0.14	59.36	
	0.00	0.08	1362	0.08	0.06	0.06	0.08	C	464	P	51.70	0.20	51.06	51.62	86	0.34	51.36	
	0.00	0.10	999	0.12	0.08	0.08	0.10	C	456	P	43.54	0.04	43.12	43.64	85	0.18	43.36	
	0.00	0.20	2091	0.20	0.18	0.18	0.20	C	448	P	35.52	0.02	35.18	35.70	60	0.16	35.36	
	0.00	0.28	1095	0.30	0.26	0.14	0.28	C	440	P	27.48	-0.14	27.30	27.82	123	0.12	27.36	
	0.00	0.62	2331	0.64	0.60	0.08	0.62	C	432	P	19.90	-0.14	19.68	20.14	133	0.54	19.36	
	0.00	1.24	1579	1.30	1.22	-0.40	1.24	C	424	P	12.56	-0.56	12.38	12.76	193	1.20	11.36	
	0.00	3.02	814	3.04	3.00	-0.96	3.02	C	416	P	6.28	-1.20	6.18	6.48	588	2.92	3.36	
看小涨	4.64	2.40	305	7.16	6.82	-1.00	7.04	C	408	P	2.32	-1.22	2.24	2.38	1233	2.32	0.00	看大跌看不跌
	12.64	0.72	125	13.54	13.10	-0.46	13.36	C	400	P	0.74	-0.60	0.70	0.76	1918	0.74	0.00	
	16.64	0.38	145	17.24	16.78	-0.20	17.02	C	396	P	0.38	-0.36	0.38	0.40	951	0.38	0.00	
	20.64	0.26	100	21.12	20.60	0.04	20.90	C	392	P	0.24	-0.14	0.22	0.28	875	0.24	0.00	
	24.64	0.10	157	25.04	24.50	0.08	24.74	C	388	P	0.18	0.00	0.18	0.22	1197	0.18	0.00	
	28.64	0.24	225	29.02	28.46	0.32	28.88	C	384	P	0.14	0.08	0.12	0.14	421	0.14	0.00	
	32.64	-0.06	365	32.98	32.42	0.08	32.58	C	380	P	0.10	0.08	0.08	0.10	499	0.10	0.00	
	36.64	0.46	136	36.94	36.38	0.60	37.10	C	376	P	0.10	0.08	0.08	0.10	316	0.10	0.00	
	40.64	-0.14	32	—	19.12	0.00	—	C	372	P	0.08	0.06	0.06	0.08	382	0.08	0.00	
	44.64	-0.14	22	—	18.78	0.00	—	C	368	P	0.06	0.04	0.04	0.08	288	0.06	0.00	
	48.64	-0.14	8	—	22.24	0.00	—	C	364	P	0.06	0.04	0.04	0.08	308	0.06	0.00	
	52.64	-0.14	—	—	20.06	0.00	—	C	360	P	0.04	0.02	0.02	0.06	234	0.04	0.00	

图 5-60 六种交易策略区域分布

看大涨看不涨、看大跌看不跌的期权合约，内在价值等于 0 为虚值期权；看小涨、看小跌的期权合约内在价值大于 0 为实值期权。

单击图 5-60 底部的菜单，将显示相应策略合约的列表和相应的收益曲线。

进行期权交易，需要首先判断期权标的物的价格形态。为了描述方便，以期货为期权的标的物，用证券投资技术分析的 K 线图进行形态分析，然后选择相应的交易策略。

由于期货期权采用 T+0 交易模式，当天允许对同一品种进行多次买卖操作，分时图能更精细地刻画价格形态，实际的期权交易，用分时图更方便。

在期权列表图 5-60 中选取期权合约，单击顶部图形菜单的 K 线图标或分时图标，可以及时地查看期权标的期货价格的涨跌趋势与形态。

（一）看涨期权交易策略

看涨期权有看大涨、看小涨和看不涨三种交易策略。

1. 看大涨

（1）适用的场合

如果期货价格 S 处于价格图形的底部，出现将要上涨形态，预计未来还有很大升值空间，见图 5-61，可以进行看大涨期权交易，即买入看涨期权，待期货价格真的上涨了，买入期货赚取价差收益。

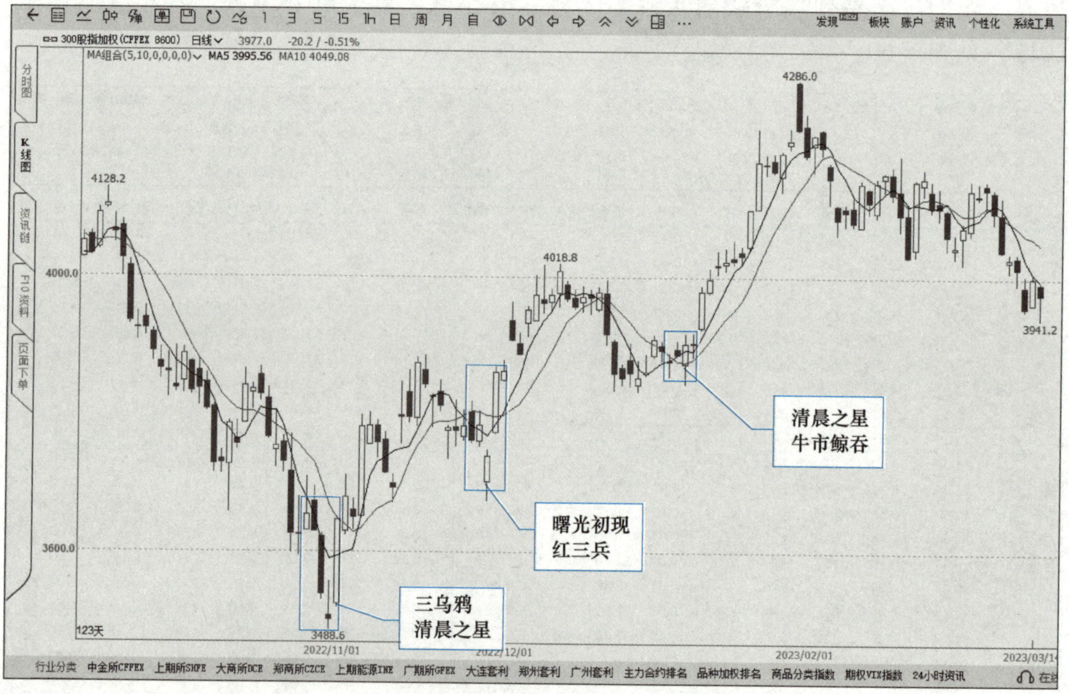

图 5-61 看大涨期权买入时机示例

（2）盈亏分析

在图 5-60 中单击底部菜单“看大涨”选项，出现图 5-62。

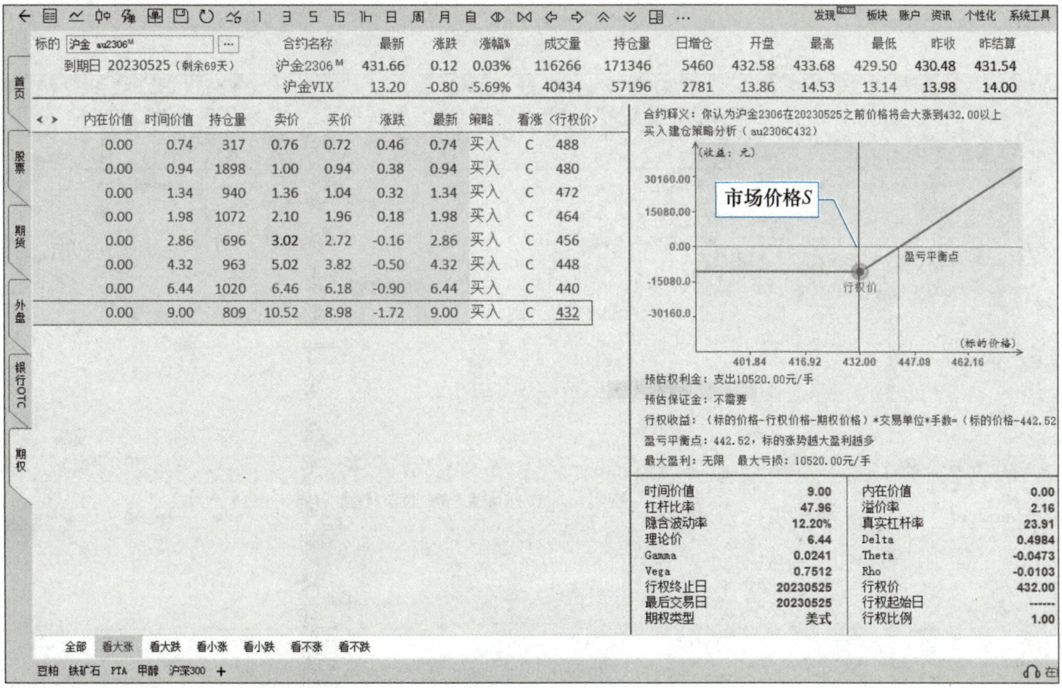

图 5-62 看大涨期权列表

通过分析图可以看出，买入看大涨期权，当标的物的市场价格 S 上涨超过了 $K+C$ 时，选择行权将获得收益：$S-K-C$，收益随市场价格 S 增大而增大。

如果市场价格 S 上涨，权利金 C 也将上涨，也可以卖出期权平仓，赚取权利金的价差收益。

如果与预测的市场价格 S 上涨相反，实际上是下跌了，市场价格 S 始终小于 $K+C$，此时行权将会亏损，可卖出期权平仓，减少权利金的损失，最大风险是权利金 C。

通过图 5-62 看大涨期权合约的列表可以看出，看大涨期权是内在价值等于 0 的虚值期权，买入后若立刻行权肯定亏损，故权利金相对较低。

行权价格自下而上成等差数列增加，行权价格 K 越高，市场价格 S 超过行权价格 K 越难以实现，盈利的可能性减小，故权利金 C 随行权价格 K 的增加而减少。

初学者进行看大涨期权交易，选择高于平价期权或以上一二个档次的浅虚值期权，此时市场价格 S 上涨到 $K+C$ 以上较容易实现，期权费也相对较低。

成交量高的期权，是大家普遍看好的品种，盈利的可能性也大。

深虚值期权费 C 更低，但市场价格 S 很难超过 $K+C$，行权的难度增大，盈利的机会较少。

（3）看大涨期权操作

选定了期权合约，单击顶部图形菜单的下单图标，出现下单窗口，见图 5-63。

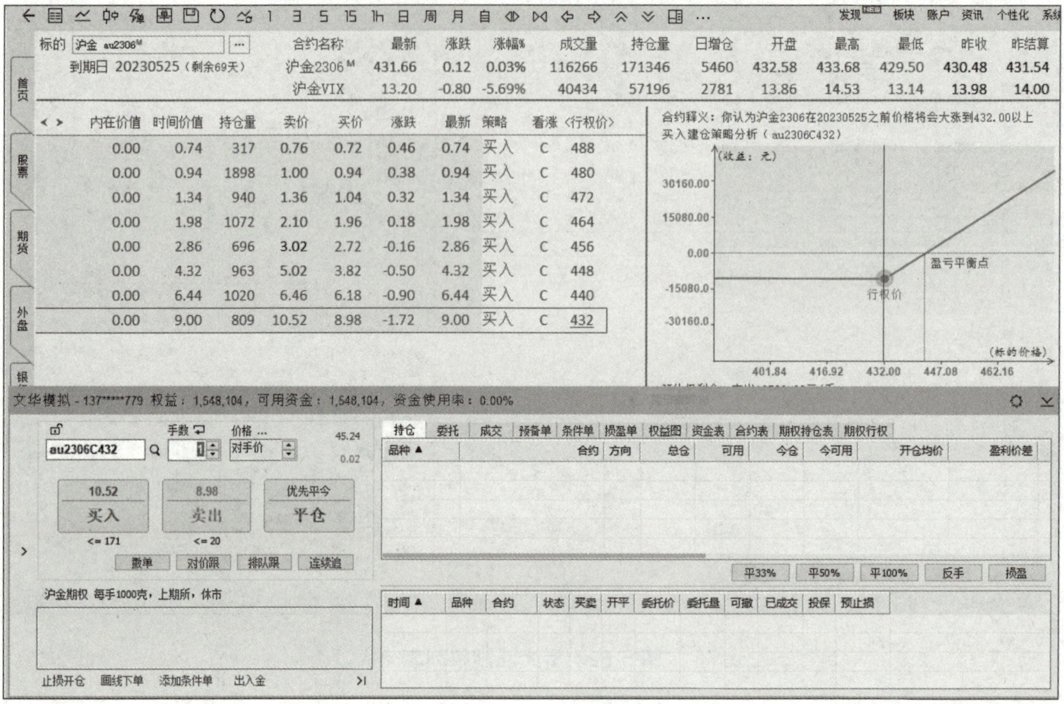

图 5-63 期权下单窗口

这时选中的合约为 au2306C432，合约名称的含义是：标的物是 2023 年 6 月到期的沪铜期货合约，行权价格是 432 元/克。

该合约每手 1000 克，默认交易手数是 1；投资者的资金最多允许买入 171 手，权利金是 10. 52 元/克；最多允许卖出 20 手，权利金 8. 98 元/克。

默认的交易价格是对手价更容易成交，也可以打开列表框，选择自己需要的价格方式。投资者根据自己的需要修改交易的手数，执行买入或卖出操作。

通过右侧的列表，查看持仓、委托、成交、资金等交易信息。买入看大涨期权后需要随时关注期货市场价格 S 的形态，一旦出现价格停止上涨，有下跌的可能，可行权或卖出平仓获利；如果买后市场价格 S 没有上涨，而是一直下跌，需及时卖出平仓以减少权利金损失。

2. 看小涨

(1) 适用的场合

如果期货的价格处于短期涨势回调结束或长期跌势反弹开始，预计后续还有一波上涨行情但幅度不会很大，见图 5-64，可以进行看小涨交易，即买入看涨期权，待期货价格真的上涨了，买入期货，赚取价差收益。

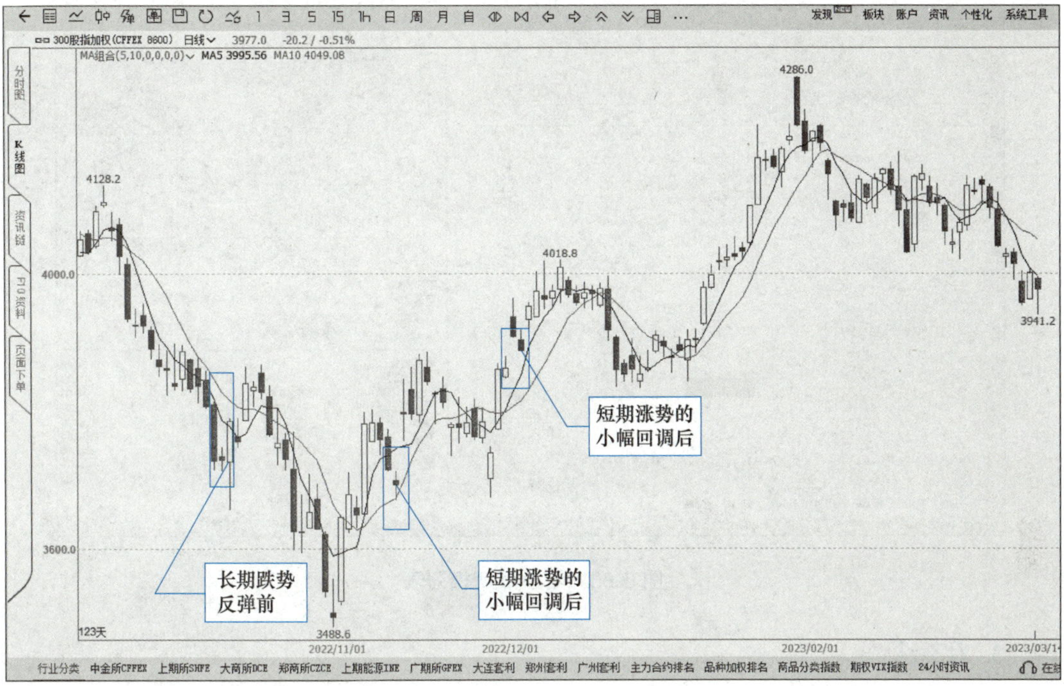

图 5-64 看小涨期权买入时机

（2）盈亏分析

在图 5-60 中单击底部菜单“看小涨”选项，出现看小涨期权列表和收益图 5-65。

可以看出，看小涨期权是内在价值大于 0 的实值期权。行权价格 K 越小市场价格 S 涨到 $K+C$ 以上可能性越大，投资者行权获得的收益 $S-K-C$ 越大，故权利金 C 作为成本随着行权价格 K 的增加而增加。

初学者选择平价期权或低一二个档次的浅实值期权合约，此时市场价格 S 大于 $K+C$ 较容易实现，届时行权即有收益，大的越多收益越大，见图 5-65。

当市场价格 S 上涨了，此时的权利金 C 也会上涨，可以卖出平仓，赚取权利金的差价，合约了结。

如果市场价格 S 没有上涨而是一直下跌且短期无望反转，要及时卖出期权平仓以减少权利金的损失，否则合约到期将损失全部权利金。

通过分析可以看出，看小涨与看大涨分别对实值期权、虚值期权进行交易，盈亏分析方法基本相同。在实际的操作中，如果期货价格上涨，做短线能及时避开期货价格的短暂回调，更多的是进行看小跌交易；如果确实对期货价格后市长期看好，可做长线进行看大涨交易。

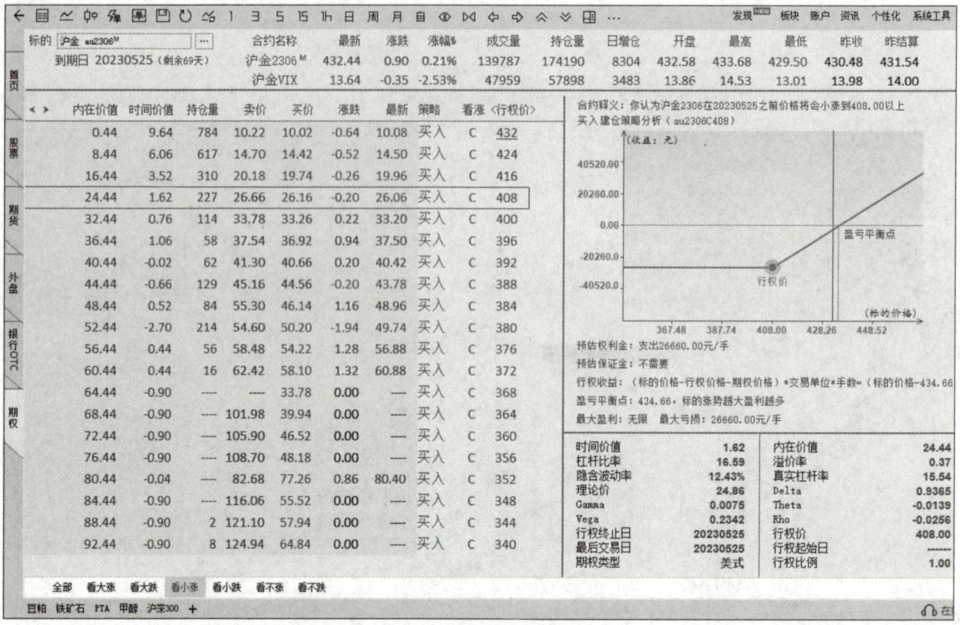

内在价值	时间价值	持仓量	卖价	买价	涨跌	最新	策略	看涨	〈行权价〉
0.44	9.64	784	10.22	10.02	-0.64	10.08	买入	C	432
8.44	6.06	617	14.70	14.42	-0.52	14.50	买入	C	424
16.44	3.52	310	20.18	19.74	-0.26	19.96	买入	C	416
24.44	1.62	227	26.66	26.16	-0.20	26.06	买入	C	408
32.44	0.76	114	33.78	33.26	0.22	33.20	买入	C	400
36.44	1.06	58	37.54	36.92	0.94	37.50	买入	C	396
40.44	-0.02	62	41.30	40.66	0.20	40.42	买入	C	392
44.44	-0.66	129	45.16	44.56	-0.20	43.78	买入	C	388
48.44	0.52	84	55.30	46.14	1.16	48.96	买入	C	384
52.44	-2.70	214	54.60	50.20	-1.94	49.74	买入	C	380
56.44	0.44	56	58.48	54.22	1.28	56.88	买入	C	376
60.44	0.44	16	62.42	58.10	1.32	60.88	买入	C	372
64.44	-0.90	----	----	33.78	0.00	----	买入	C	368
68.44	-0.90	----	101.98	39.94	0.00	----	买入	C	364
72.44	-0.90	----	105.90	46.52	0.00	----	买入	C	360
76.44	-0.90	----	108.70	48.18	0.00	----	买入	C	356
80.44	-0.04	----	82.68	77.26	0.86	80.40	买入	C	352
84.44	-0.90	----	116.06	55.52	0.00	----	买入	C	348
88.44	-0.90	2	121.10	57.94	0.00	----	买入	C	344
92.44	-0.90	8	124.94	64.84	0.00	----	买入	C	340

图 5-65　看小涨期权列表

3. 看不涨

（1）适用的场合

期货价格处于长期跌势反弹结束或短期涨势回调开始，价格已经见顶将盘整或下跌，预计期货价格已经没有上涨可能，将有一轮跌幅，见图 5-66，此时适合卖出看涨期权进行看不涨操作。

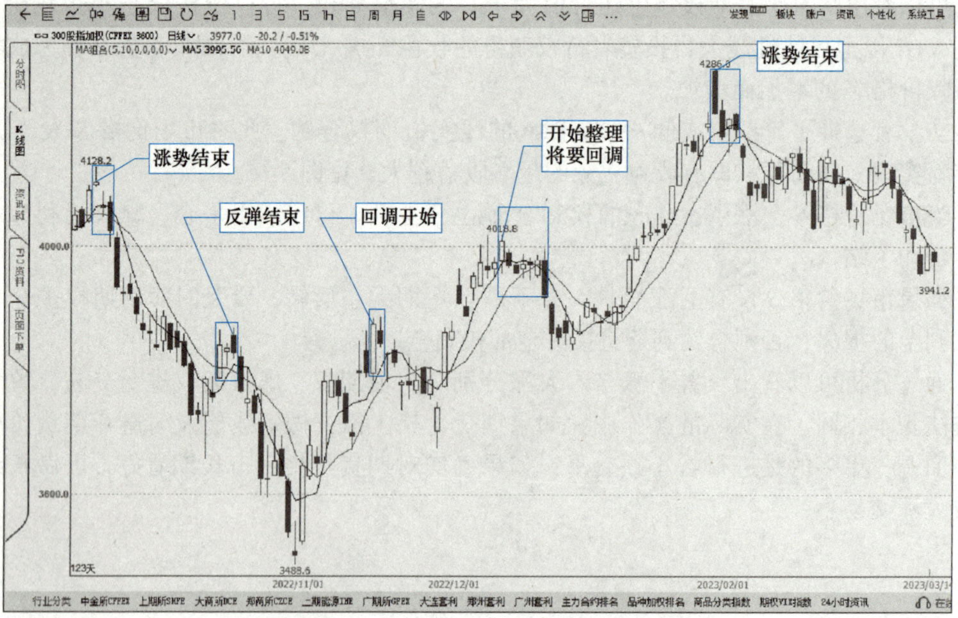

图 5-66　看不涨期权卖出看涨期权时机

（2）盈亏分析

在图 5-60 中单击底部菜单"看不涨"选项，出现的看不涨期权列表与看大涨期权列表为同一个区域，是内在价值等于 0 的虚值期权，但期权收益曲线不同，为卖出看涨期权收益曲线，见图 5-67。

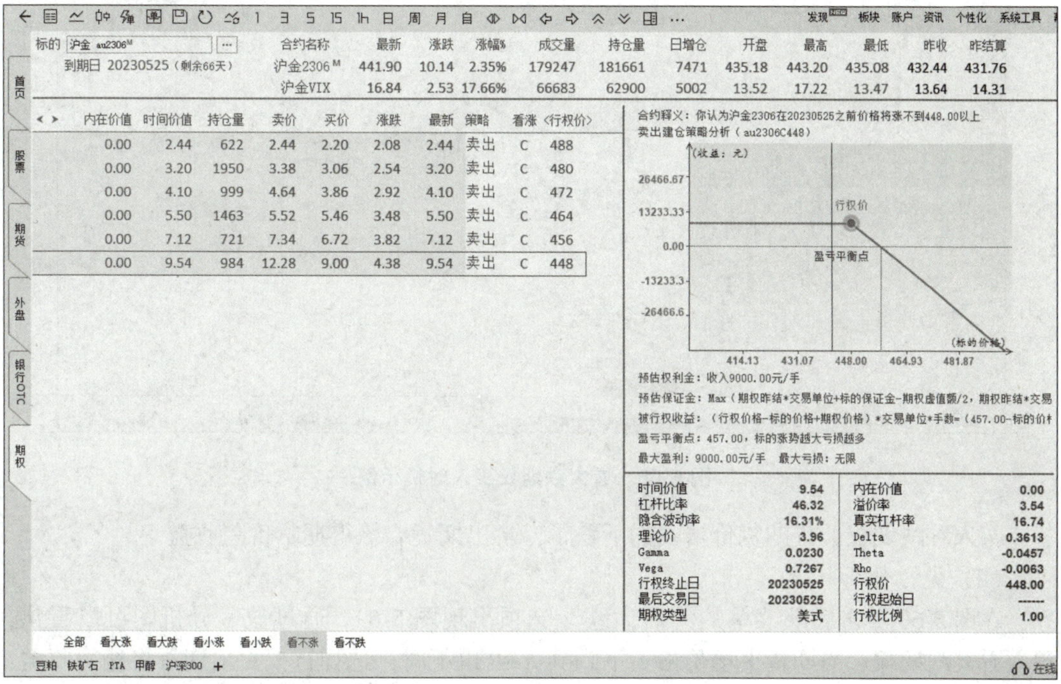

图 5-67　看不涨期权合约列表

如果选择平价期权或以上两档的浅虚值期权卖出，此时行权价格 K 相对较小权利金 C 较高，期权卖方收益也高，但此时市场价格 S 更容易上涨到 $K+C$ 以上，期权买方行权的机会增多，期权卖方风险增大。

深虚值期权行权价格更高，市场价格 S 很难上涨到 $K+C$ 以上，导致期权买方行权的可能性降低，期权卖方获得权利金 C 收益的机会更多，但此时权利金会比较低，期权卖方风险小，收益少。

究竟选择那种策略取决于对后市的判断，如果绝无上涨的可能，就选浅虚值期权交易，否则就选深虚值降低风险。

如果和预测的相反，期货的市场价格 S 真的上涨到了 $K+C$ 以上，且短时间无反转的可能，期权卖方要及时平仓止损，否则损失会很大。

（二）看跌期权交易策略

看跌期权有看大跌、看小跌和看不跌三种交易策略。

1. 看大跌

（1）适合的场合

如果期货市场价格 S 处于趋势的顶部或长期跌势反弹结束，出现将要下跌形态时，预计未来还有很大下跌空间，见图 5-68，可进行看大跌期权交易。

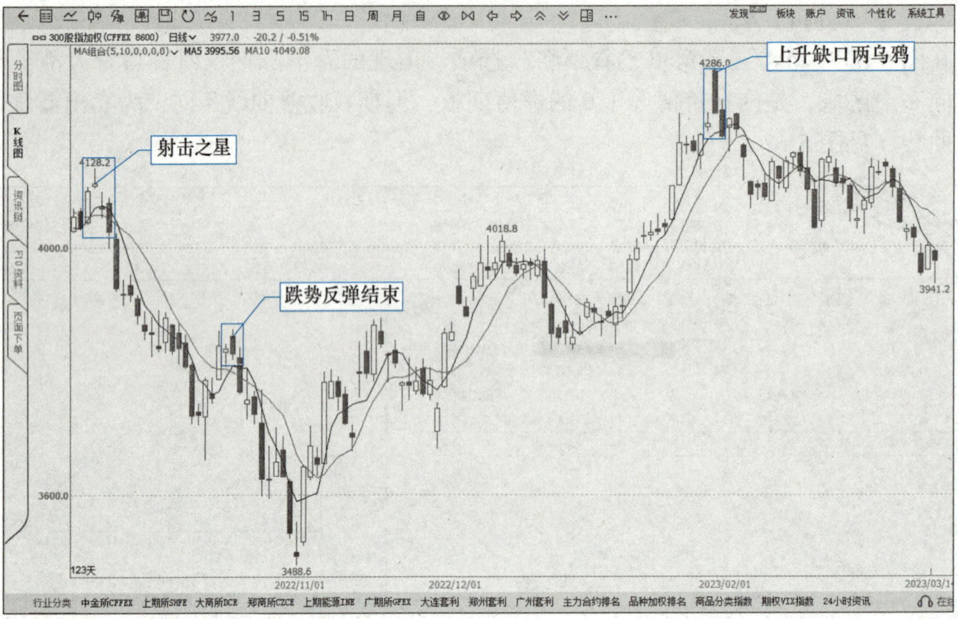

图 5-68 看大跌期权买入时机示例

买入看跌期权，待期货价格真的下跌了，卖出期货，赢得期货价差收益。

（2）盈亏分析

在图 5-60 单击底部菜单的“看大跌”选项出现图 5-69。通过盈亏分析图可以看出，买入看大跌期权，当期货市场价格 S 下跌到 $K-P$ 以下时，选择行权卖出期货将获得收益：$K-S-P$。另一方面，如果市场价格 S 下跌，权利金 P 将上涨，也可以卖出期权平仓，赚取权利金的价差收益。

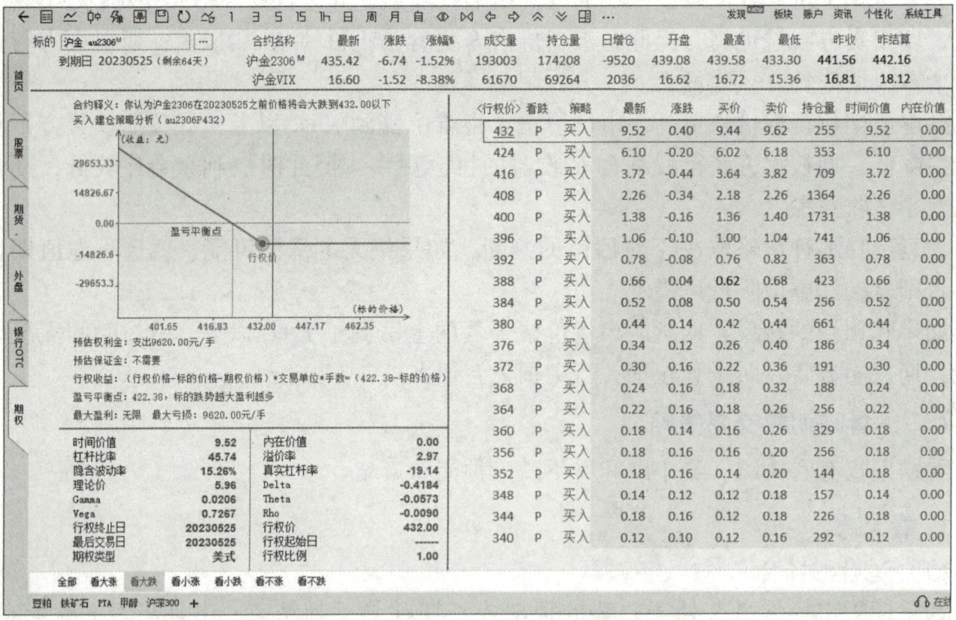

图 5-69 看大跌期权列表

如果与预测的市场价格 S 下跌相反，没有下跌而是上涨了，市场价格 S 始终大于 $K-P$，此时行权将会亏损，可卖出期权平仓减少权利金的损失，此时最大的风险是权利金 P，随着市场价格 S 的下跌风险将增大。

通过图 5-69 看大跌期权合约的列表可以看出，看大跌期权是内在价值等于 0 的虚值期权，买入后若立刻行权肯定亏损，故权利金相对较低。

行权价格自上而下成等差数列减少，行权价格 K 越小，市场价格 S 跌到行权价格 K 以下越难以实现，行权盈利的可能性越小，故权利金 P（最新列）随行权价格 K 的减少而减少。

初学者进行看大跌期权交易，选择平价期权或以下 1、2 个档次的浅虚值期权，此时市场价格 S 下跌低于 $K-P$ 以下较容易实现，期权费也相对较低。

深虚值期权费 P 更低，但市场价格 S 很难跌到 $K-P$ 以下，行权的机会减小，盈利难度增大。

选定期权合约，单击下单图标可进行看大跌的买入交易。

2. 看小跌

（1）适用的场合

如果期货的价格已处于涨势回调开始或长期跌势反弹结束，预计后续还有一波下跌行情但幅度不会很大时，见图 5-70，可以进行看小跌交易，即买入看跌期权，待期货价格真的下跌了，行权卖出期货，赚取价差收益。

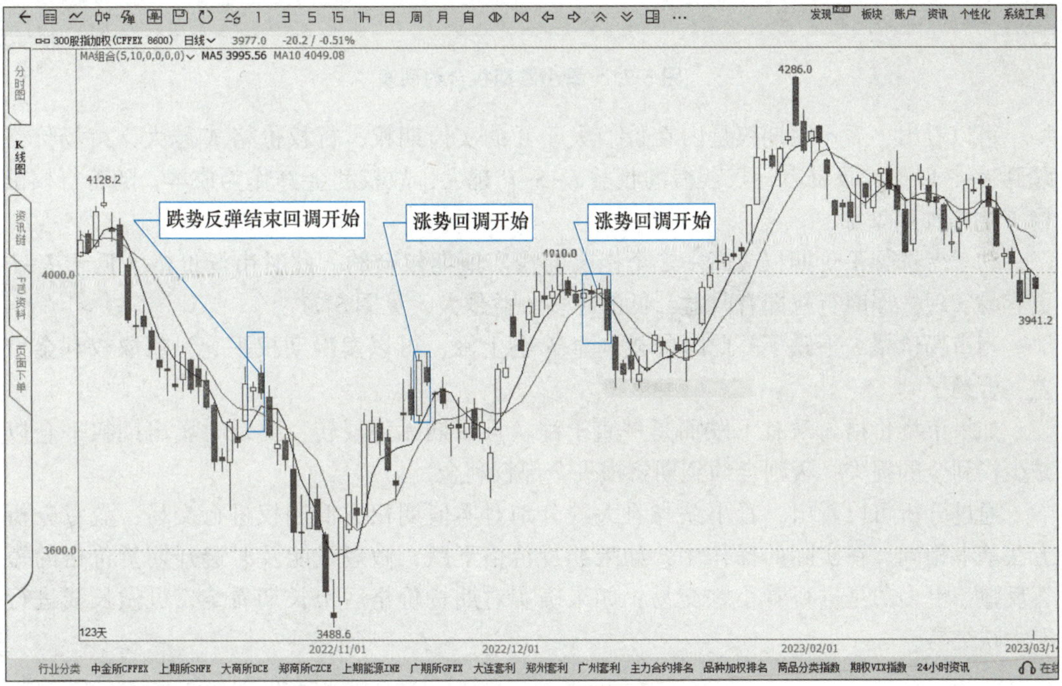

图 5-70　看小跌期权买入时机示例

（2）盈亏分析

单击底部菜单“看小跌”选项，出现看小跌期权列表和收益，见图 5-71。出期货，赚取价差收益。

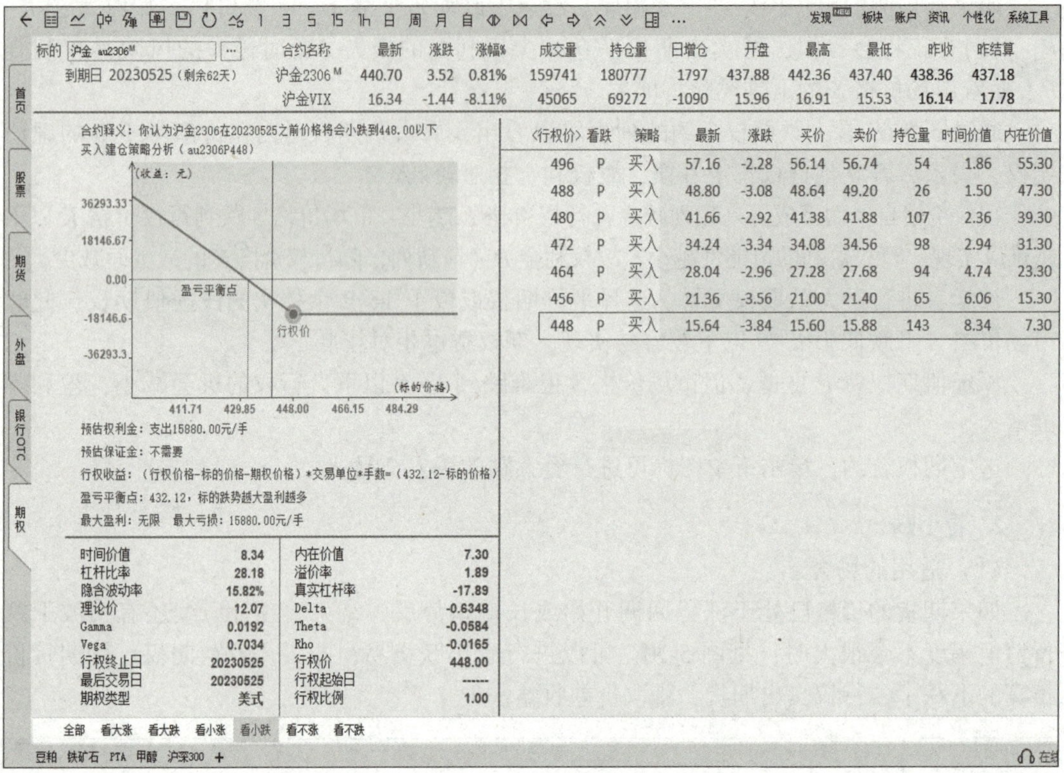

图 5-71 看小跌期权合约列表

可以看出，看小跌期权是内在价值大于 0 的实值期权，行权价格 K 越大，市场价格跌到 $K-P$ 以下，投资者行权获得的收益 $K-S-P$ 越大，故权利金 P 作为成本，随着行权价格 K 的增加而增加。

初学者选择平价期权或高一二个档次的浅实值期权合约，此时市场价格 S 低于 $K-P$ 更容易实现，届时行权即有收益，低的越多收益越大，见图 5-71。

当市场价格 S 下跌了，此时的权利金 P 会上涨，可以卖出期权平仓，赚取权利金价差，合约了结。

如果市场价格 S 没有下跌而是一直上涨，且短期无望反转，要及时卖出期权平仓以减少权利金的损失，否则合约到期将损失全部权利金。

通过分析可以看出，看小跌与看大跌分别对实值期权虚值期权进行交易，盈亏分析方法基本相同。在实际的操作中，如果期货价格下跌，做短线能及时避开期货价格的短暂反弹，更多的是进行看小跌交易；如果确实对期货价格后市长期看空，可做长线进行看大跌交易。

3. 看不跌

（1）适用的场合

期货价格处于长期跌势的底部不会继续下跌、跌势反弹即将开始、涨势回调的结束，价格将停止下跌预计将开始整理或有一轮上涨行情，这些情况适合卖出看跌期权进行看不跌操作，见图 5-72。

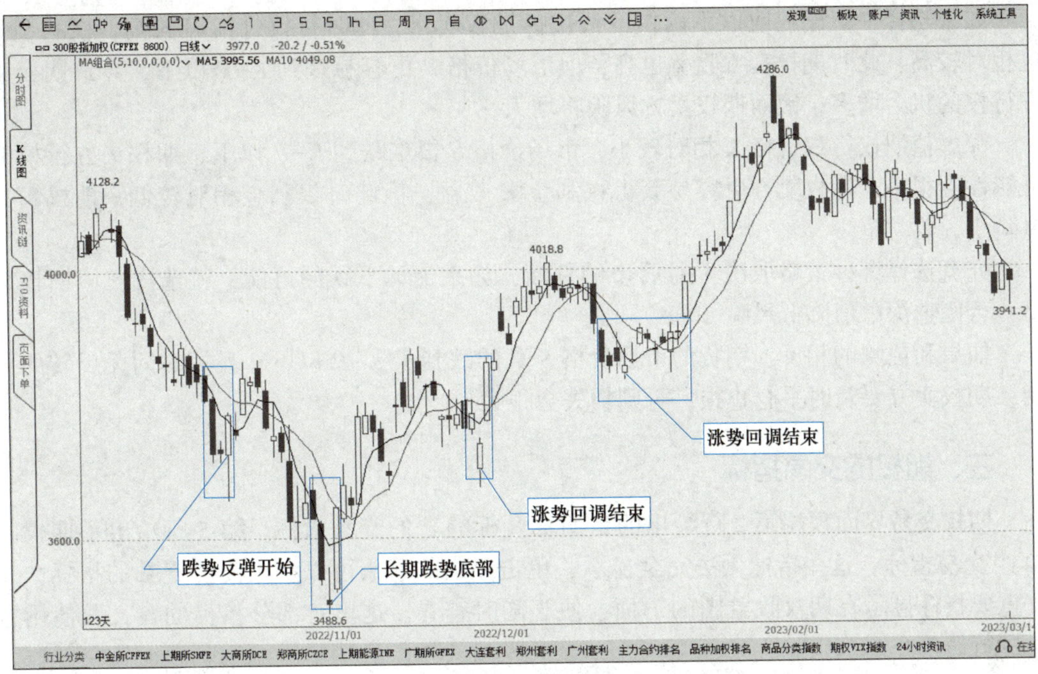

图 5-72 看不跌卖出期权时机示例

（2）盈亏分析

在图 5-60 中单击底部菜单“看不跌”选项，出现的看不跌期权列表与看大跌期权列表为同一个区域，是内在价值等于 0 的虚值期权，但期权收益曲线不同，为卖出看跌期权收益曲线，见图 5-73。

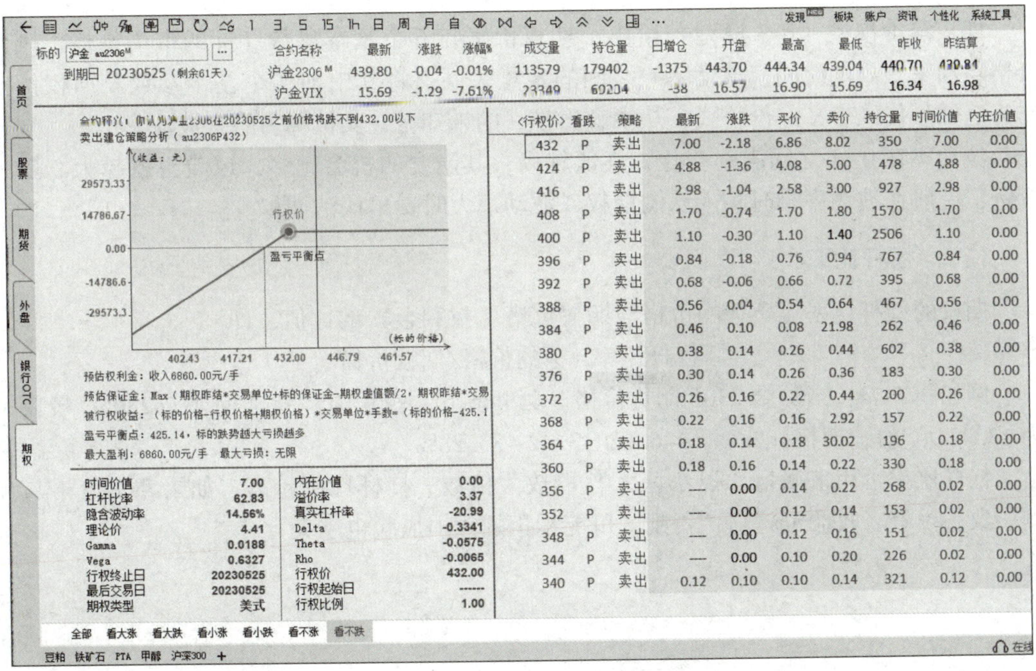

<行权价>	看跌	策略	最新	涨跌	买价	卖价	持仓量	时间价值	内在价值
432	P	卖出	7.00	-2.18	6.86	8.02	350	7.00	0.00
424	P	卖出	4.88	-1.36	4.08	5.00	478	4.88	0.00
416	P	卖出	2.98	-1.04	2.58	3.00	927	2.98	0.00
408	P	卖出	1.70	-0.74	1.70	1.80	1570	1.70	0.00
400	P	卖出	1.10	-0.30	1.10	1.40	2506	1.10	0.00
396	P	卖出	0.84	-0.18	0.76	0.94	767	0.84	0.00
392	P	卖出	0.68	-0.06	0.66	0.72	395	0.68	0.00
388	P	卖出	0.56	0.04	0.54	0.64	467	0.56	0.00
384	P	卖出	0.46	0.10	0.08	21.98	262	0.46	0.00
380	P	卖出	0.38	0.14	0.26	0.44	602	0.38	0.00
376	P	卖出	0.30	0.14	0.26	0.36	183	0.30	0.00
372	P	卖出	0.26	0.16	0.22	0.44	200	0.26	0.00
368	P	卖出	0.22	0.16	0.16	2.92	157	0.22	0.00
364	P	卖出	0.18	0.14	0.18	30.02	196	0.18	0.00
360	P	卖出	0.18	0.16	0.14	0.22	330	0.18	0.00
356	P	卖出	—	0.00	0.14	0.22	268	0.02	0.00
352	P	卖出	—	0.00	0.12	0.14	153	0.02	0.00
348	P	卖出	—	0.00	0.12	0.16	151	0.02	0.00
344	P	卖出	—	0.00	0.10	0.20	226	0.02	0.00
340	P	卖出	0.12	0.10	0.10	0.14	321	0.12	0.00

图 5-73 看不跌期权合约列表

如果选择平价期权或以下两档的浅虚值期权卖出，此时行权价格 K 较高，权利金 P 也相对较高，此时期权卖方收益也高，但市场价格 S 更容易跌到 $K-P$ 以下，导致期权买方行权的机会增多，因而期权卖方风险将增大。

深虚值期权行权价格 K 相对较小，市场价格 S 很难跌到 $K-P$ 以下，期权买方行权的可能性会很小，期权卖方更容易获得权利金 P 收益，但此时权利金相对较低，期权卖方风险小，收益也少。

究竟选择哪种策略取决于对后市的判断，如果绝无下跌的可能，就选浅虚值期权交易，否则选深虚值降低风险。

如果和预测的相反，期货的市场价格 S 真的跌到了 $K-P$ 以下，且短时间无反转的可能，期权卖方要及时平仓止损，否则损失会很大。

三、期权的交易指标

期权交易界面顶端第 2 行给出的是期货（标的）的交易指标。第 5 行给出了期权的 30 个交易指标，这些指标无法完全显示，单击左边的箭头可以移出需要查看的指标，部分重要指标显示在期权收益图的下面，便于随时查看。这里对部分指标的含义及使用方法进行简单介绍。

（一）历史波动率

历史波动率反映标的价格在过去一段时间（一般为 60 天）的波动幅度，由于历史波动率是已经发生的波动率，若要作为投资者将要买卖期权决策的参考，精度不如隐含波动率高。

（二）隐含波动率

期权定价模型（B-S 模型）给出了期权价格与五个基本参数（标的市场价格、执行价格、利率、到期时间、波动率）之间的定量关系，将其中前四个基本参数及期权价格作为已知量代入 B-S 定价公式，从中解出唯一的未知量，其被称为隐含波动率。

波动率在 0~1 之间震荡变化，其值越高，其隐含的机会越多，风险也就越大。期权投资，一般在波动率小时买入认购期权，波动率大时卖出认沽期权。

（三）杠杆比率

期权的杠杆比率等于标的价格与期权价格（权利金）的比值，即

$$杠杆比率=标的价格/期权价格$$

例如图 5-74：当沪金 2306 期货价格 S 为 446. 62 元/份时，看涨期权 au2306C 最新价为 13. 42 元/份，期权杠杆率=446. 62/13. 42=33. 28%。

杠杆比率可用来衡量“以小博大”的放大倍数。杠杆比率越高，如果期货价格与预测一致，投资者收益也越高；否则，可能承担的亏损风险也越大。

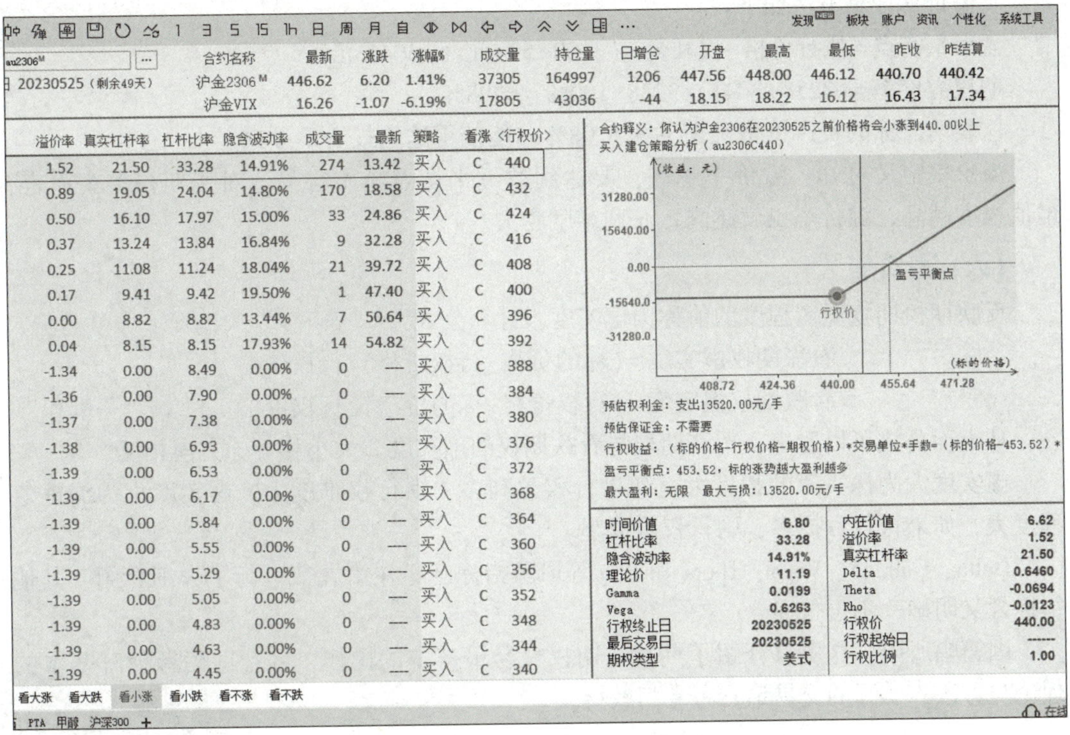

图 5-74 看小涨期权交易指标

（四）真实杠杆率

真实杠杆率也被称为实际杠杆率或收益杠杆率，它用来表示在标的价格变化时，交易者实际发生的盈亏和标的盈亏的比值，即

真实杠杆率 = 期权价格变化率/标的价格的变化率

= (期权价格变化/期权价格)/(标的价格变化/标的价格)

= (标的价格/期权价格)×(期权价格变化/标的价格变化)

= 杠杆比率×delta

Delta 是期权价格关于当标的价格的变化率（0~1）。

从定义可知，杠杆比率并不等于真实杠杆率，原因在于当标的价格上涨或者下跌的时候，期权合约的价格并不是完全同步发生涨跌，而是相差 Delta 倍。实际投资中更多参考真实杠杆率。

看涨期权价格与标的价格同向变化，故为正值；看跌期权价格与标的价格反向变化，故为负值。杠杆率是一把双刃剑，预测对了收益很大，预测错了损失很大，不可追求极端。

（五）溢价率

期权溢价率是指：使期权投资达到盈亏平衡，标的资产价格所需改变（上涨或下跌）的百分比。

以豆粕下跌期权为例，当标的市场价格 S 为 3238 元/t 时，执行价格 K 为 3100 元/t 的看跌期权权利金为 59 元/t，标的资产价格需要下跌多少，买入看跌期权才能达到盈亏平衡？

其溢价率计算方法如下：

盈亏平衡点=执行价格-权利金=(3100-59)元/t=3041元/t

期权溢价率=(3238-3041)/3238×100%=6.08%

这表明，标的资产价格至少下跌6.08%才能使得这笔投资不亏损。

溢价率定义可知：溢价率越高，要达到盈亏平衡点越不容易。对于期权多头而言，虚值程度越高，溢价率也就越高，获利难度越大。

（六）虚实度

反映期权期权虚实程度的值称为虚实度，计算公式为

看涨期权虚实度=(标的价格-行权价格)/行权价格

看跌期权虚实度=(行权价格-标的价格)/行权价格

从上面公式可以看出，看涨期权与看跌期权的虚实度，大小相等，方向相反。

虚实度大为深实值的程度大，如果行权盈利多，则行权难度大；虚实度小为深虚值程度大，如果行权亏损多，则行权难度小。

Delta、Gamma、Vega、Theta和Rho等风险指标已经在第九节进行了详细介绍，其他指标含义明确，不再赘述。

因篇幅所限，这里只介绍了期货、期权交易最基本的操作，以帮助读者理解基本的理论与方法，实际的交易请参考专门教材。

本章小结

1. 期权（Options）又称选择权，是指期权合约购买者在合约规定的期限内，有权按合约规定的价格（Sticking Price）购买或出售约定数量、质量某种商品的合约。

2. 按照期权购买者的权利划分，期权可分为看涨期权和看跌期权；按照期权执行时限划分，期权可分为欧式期权和美式期权；按照期权合约的标的资产性质划分，期权可分为现货期权、期货期权；按照交易场所划分，期权可分为场内期权和场外期权；另外，期权还可分为实值期权、平价期权和虚值期权。

3. 期权价格由内在价值和时间价值两部分构成。期权时间价值在内在价值为零时最大，并随标的资产市场价格与协议价格之间差额的绝对值变大而递减。影响的期权价格的因素有：标的资产的市场价格、期权的协议价格、期权的有效期、标的资产价格的波动率、无风险利率、标的资产收益。

4. 对于由期货和期权合成的期权：合成买方期权可以降低期货的风险；合成卖方期权可以改变卖出期权的方向，从而降低卖出期权的风险。

5. 跨式期权又分为底部和顶部两种情况，当预测标的资产市场价格S会发生较大变化，也就是说市场价格S会远离协议价格K，但无法判断变动方向时，可以采用底部跨式组合；当投资者预测标的资产市场价格S不会有太大变化，会在协议价格K附近波动时，可以采用顶部跨式组合。

6. 当交易者预测牛市将要到来，但又不能肯定，希望把收益和损失都限制在一定范围内时，可以运用对协议价格K买低卖高的牛市价差策略来实现；当预测熊市将要到来，

但又不能肯定，希望把收益和损失都限制在一定范围内时，可以运用对协议价格 K 买高卖低的熊市价差的交易策略来实现。

7. 蝶状价差期权与跨式期权类似，但蝶状价差的亏损是有限的、可控的，而跨式期权的亏损有可能是无限的。

8. 无收益资产欧式看涨期权和看跌期权的平价关系为：$c+Ke^{-r(T-t)}=p+S$；有收益资产欧式期权平价关系为：$c+I+Ke^{-r(T-t)}=p+S$；美式看跌期权有可能提前执行，不具备平价关系。

9. 提前执行无收益资产美式看涨期权是不合理的，而提前执行美式看跌期权和有收益资产美式看涨期权则有可能是合理的。

10. 欧式期权、美式看涨期权的期权价格可以用布莱克-斯科尔斯模型来进行定价；该模型用到了微分方程、偏微分方程、概率统计等数学知识，理论性强、计算精确，其复杂的推导过程不要求掌握。

11. 二叉树期权定价模型可以为美式期权定价，基本思路是：假设资产价格的运动由大量的小幅度二值运动构成，当所分期间趋于无穷大时，资产价格趋于连续价格运动；首先模拟每个节点证券的价格，根据期权到期日证券市场价格计算出到期日期权价格，然后从树形结构图的末端开始倒推，最后得到期权价格。

综合练习

一、名词解释

1. 期权买方　2. 期权卖方　3. 执行价格　4. 期权价格
5. 实值期权　6. 虚值期权　7. 内在价值　8. 外在价值
9. 牛市价差　10. 跨式期权

二、单选题

1. 美式期权是指期权的执行时间（　　）。
A. 只能在到期日　B. 可以在到期日或到期日之前的任何时候
C. 可以在到期日之前的任何时候　D. 不能随意改变

2. 期权的最大特征是（　　）。
A. 买方有是否执行期权的选择权　B. 卖方有是否执行期权的选择权
C. 风险与收益的对称性　D. 对冲系统风险

3. 期权交易的保证金要求，一般适用于（　　）。
A. 期权的买方　B. 期权的卖方　C. 期权买卖双方　D. 均不需要

4. 期权的最大特点是（　　）。
A. 风险与收益的对称性　B. 卖方有执行或放弃执行期权的选择权
C. 风险与收益的不对称性　D. 必须每日计算盈亏

5. 看涨期权的卖方认为，该种金融资产的价格在期权有效期内将会（　　）。
A. 下降　B. 上升　C. 不变　D. 不一定

6. 某公司的股票现价是 23 美元，该公司股票 9 月份看涨期权的执行价格为 25 美元，期权费为 2 美元，如果股价（　　），看涨期权买方将盈利。

A. 涨到 27 美元　　B. 涨到 28 美元　　C. 跌到 23 美元　　D. 跌到 21 美元

7. 一份美式看涨期权的执行价格为 20 美元，现在的股价为 23 美元，则看涨期权的内在价值为（　　）。

A. 20 美元　　B. 23 美元　　C. 3 美元　　D. -3 美元

三、填空题

1. 按购买者权利划分，期权的类型为（　　　　）、（　　　　）。

2. 按执行时限划分，期权的类型为（　　　　）期权、（　　　　）期权。

3. 看涨期权的卖方认为，该种金融资产的价格在期权有效期内将会（　　　　），故（　　　　）看涨期权赚取期权费。

4. 期权的价值可分为（　　　　）和（　　　　）。

5. 期权定价模型主要有两种，分别为（　　　　）和（　　　　）。

6. 对于看跌期权，若在期权合约存续期内，市场价格 S 真的（　　　　）了，买方将执行期权，将标的资产以市场价格 S 于市场上买入，以协议价格 K 卖给期权合约的卖方，其收益为（　　　　）。

7. 对于看涨期权，若标的资产的市场价格 S 真的上涨了（$S>K$），买方将执行期权，以执行价格 K 买入，以市场价格 S 卖出，每份期权合约可获得收益为（　　　　）。

8. 买进一个协议价格为 K_1、期权费为 C_1 的看涨期权，卖出一个到期日相同、协议价为 $K_2(K_1<K_2)$、期权费为 $C_2(C_2<C_1)$ 的（　　　　）期权构成的期权合约组合，称为牛市看涨期权价差。

9. 卖出一个到期日相同、协议价格 K_1 较低、期权费为 P_1 的（　　　　）期权，买进一个协议价格为 K_2（　　　　）、期权费为 P_2 的看跌期权构成的期权组合，称为熊市看跌期权价差。

10. 卖出宽跨式期权，当前标的资产的市场价格 S 位于区间（K_1-C-P，K_2+C+P）之间时，投资者将（　　　　）；当标的资产的市场价格 S 位于区间（K_1-C-P，K_2+C+P）之外时，投资者将（　　　　）。

11. 买入跨式期权，当标的资产的市场价格 S 始终位于区间（$K-C-P$，$K+C+P$）之间时，投资者将（　　　　）；当标的资产的市场价格 S 位于区间（$K-C-P$，$K+C+P$）之外时，投资者将（　　　　）。

四、简答题

1. 为什么交易所只向期权卖方收取保证金而不向买方收取？

2. 当预测股票价格下跌时，投资者可以构造哪些期权组合？

3. 在什么情况下美式看跌期权不会被提前执行？

4. 跨式期权与蝶状期权的投资效果有何区别？

5. 布莱克-斯科尔斯模型与二叉树模型适用的场合有何不同？

五、计算题

1. 投资者根据当前形势预测，某公司的股票价格会有大幅的变化，希望用买入宽跨式期权组合进行投资。

该投资者以协议价格 45 美元、期权费 6 美元买入一份看跌期权；同时以协议价格 55 美元、期权费 4 美元买入一份看涨期权；每份期权 100 股。如果到期前：

1）股价跌至45美元。

2）股价上涨至68美元。

试对该买入宽跨式期权进行盈亏分析。

2. 投资者通过对股市的预测分析，认为未来将出现下跌行情，用熊市看跌期权价差进行投资。他以2美元的价格卖出了执行价格为35美元的该股票看跌期权，以6美元买入了执行价格为45美元的股票看跌期权。试对该熊市看跌期权价差投资策略进行盈亏分析。

3. 3个月期支付股利股票的欧式看涨期权的价格为4美元，执行价格为50美元，标的股票价格为55美元，预期1个月后将发放股利0.6美元，无风险利率为10%。试问：是否存在套利的机会？

4. 股票价格为35美元，执行价格为30美元，无风险年利率为5%，波动率为20%，到期期限为6个月不支付股利股票的期权，试问：若该期权是欧式看跌期权，期权价格是多少？

5. 某股票的当前价格为60美元，今后的每6个月，股票价格或上涨8%或下跌8%，无风险利率为8%，试问1年期执行价格为65美元的欧式看涨期权的价格是多少？

参考文献

[1] 李飞. 金融工程 [M]. 北京：机械工业出版社，2010.
[2] 谭春枝，王忠玉，谢军. 金融工程学理论与实务 [M]. 4版. 北京：北京大学出版社，2023.
[3] 余湄，陈潇祎竞. 金融工程原理及应用 [M]. 北京：对外经济贸易大学出版社，2021.
[4] 李淑锦. 金融工程学 [M]. 杭州：浙江大学出版社，2019.
[5] 程碧波. 金融工程学 [M]. 北京：经济科学出版社，2022.
[6] 郑振龙，陈蓉. 金融工程 [M]. 5版. 北京：高等教育出版社，2021.
[7] 中国期货业协会. 期货及衍生品基础 [M]. 3版. 北京：中国财政经济出版社，2021.
[8] 周玉江，王路萍. 证券投资技术分析 [M]. 北京：北京大学出版社，2021.
[9] 陈松男. 期权交易实战一本精 [M]. 北京：机械工业出版社，2015.
[10] 吴清. 期权交易策略十讲 [M]. 上海：上海人民出版社，2016.
[11] 林苍祥，郑振龙，蔡莳铨，等. 金融工程理论与实务 [M]. 北京：北京大学出版社，2012.
[12] 徐成贤，薛宏刚. 金融工程：计算技术与方法 [M]. 北京：科学出版社，2007.
[13] HULL J C. Options，futures and other derivatives [M]. 5th ed. Englewood Cliffs：Prentice Hall，2007.
[14] DUFFIE D. 动态资产价格理论 [M]. 3版. 北京：世界图书出版公司，2007.
[15] DUFFIE D，SINGLETON K J. Credit rist [M]. Princeton：Princeton University Press，2006.
[16] 姜尚礼. 期权定价的数学模型和方法 [M]. 北京：高等教育出版社，2003.
[17] 陈松男. 金融工程学 [M]. 上海：复旦大学出版社，2002.